Karl-Martin Hentschel / Alfred Eibl
Steuerrevolution

Karl-Martin Hentschel (geb. 1950 in Bad Münder/Niedersachsen) war Abteilungsleiter für Neue Technologien in einem internationalen Medienkonzern, 14 Jahre Abgeordneter und Fraktionsvorsitzender der Grünen während der Regierung Simonis in Schleswig-Holstein. Er ist Autor mehrerer Bücher über Steuern, Klimapolitik und Demokratie. Zur Zeit ist er im Bundesvorstand von Mehr Demokratie e. V. tätig und vertritt Attac im Koordinationskreis des Netzwerk Steuergerechtigkeit.

Alfred Eibl (geb. 1949 in Landshut/Bayern) machte eine Ausbildung zum Ingenieur. Während seiner 42-jährigen Berufstätigkeit war er Betriebsrat, Mitglied der Tarifkommission der IG Metall in Bayern und Aufsichtsratsmitglied eines DAX-Unternehmens. Seitdem arbeitet er im Koordinationskreis von Attac und koordiniert die AG Finanzmärkte und Steuern. Sein Spezialthema sind Geldsysteme und Digitalgeld.

Zusätzliche Informationen zum Buch, alle Grafiken – auch über die im Buch abgedruckten hinaus –, Präsentationsfolien u.v.a.m. zu finden unter: attac.de/basistext-steuer-revolution.

AttacBasisTexte 59

Karl-Martin Hentschel
Alfred Eibl

Steuerrevolution

Ein Konzept zur Rückverteilung von Reichtum, zu mehr Gerechtigkeit und Klimaschutz

VSA: Verlag Hamburg

www.attac.de

www.vsa-verlag.de

Umschlagsgrafik: Nach einem bearbeiteten Entwurf von Emily Sadler, mit Genehmigung des Netzwerk Steuergerechtigkeit

Druck- und Buchbindearbeiten: Beltz Grafische Betriebe GmbH, Bad Langensalza
ISBN 978-3-96488-201-1

Inhalt

Vorbemerkung: Seid Ihr verrückt geworden? 7
10 Thesen 10

Teil I

1. **Eine kurze Geschichte der Steuern** 12
   Die Agrargesellschaften 12
   Die Händlergesellschaften 15
   Der Kapitalismus 17
   Umverteilung im 20. Jahrhundert 21
2. **Das Drama der neoliberalen Weltordnung** 26
   Der Neoliberalismus und die Rolle rückwärts 26
   Das Steuerkarussell 28
   Banken – die ehrenwerte Gesellschaft 34
   Die Finanzkrise und die Krise der Demokratie 36
3. **Die große Transformation** 39
   Grenzen des Wachstums und des Kapitalismus 39
   Das neue Gleichgewicht 42
   Suffizienz- oder Effizienzstrategie 46
   Die Ökonomie der Transformation 49
   Ungleichheit und politisches System 51
4. **Die Philosophie der Gerechtigkeit** 56
   Gleichheit ist Glück 56
   Der Rawlsche Punkt 59
   Was ist Wohlstand? 62
   Linksradikale FDP-Wähler und steuerkritische Geringverdiener 63

Teil II

5. **Grundsätzliche Überlegungen für ein Steuersystem** . . 66
   Zuviele Steuerarten? Einfache Tarife? 67
   Wozu gibt es Steuern und Abgaben? 71
   Die Staatsquote 72
   Den Gini-Index in die Verfassung schreiben 74
   Steuerflucht und Gegenmaßnahmen 80

6. Verbrauchsteuern, Aktien, Klima und Luxus 85
Besteuerung der Finanzmärkte 85
Besteuerung des Konsums – Mehrwertsteuer 87
Klimaabgaben und Klimageld 89
Sonstige Verbrauch- und Lenkungssteuern sowie Zölle . 91

7. Ungleichheit und Umverteilen 95
Ungleichheit und Demokratie 95
Begrenzung des Reichtums 99
Einkommensteuer 104
Vermögensteuern – Eigentumsteuern 110
Steuerrecht für Stiftungen 119

8. Unternehmensteuern 121
Race to the Bottom 122
Gesamtkonzernbesteuerung 126
Gemeindeertragsteuer 129
Weitere Vorschläge und Überlegungen 131

9. Die Finanzierung des Sozialstaates 135
Sozialstaatsfinanzierung als Teil des Steuer- und Abgabensystems 135
Was soll das Sozialsystem leisten? 137
Das Drei-Säulen-System 143

10. Dezentralität und Finanzausgleich 147
Die Rolle der Kommunen 147
Nachteile und Vorteile der Dezentralisierung 149
Autonome Kommunen und Finanzausgleich 152
Vorschläge für ein dezentrales Steuer- und Abgabensystem 155

11. Internationale und nationale Steuerregulierung 158
Steuerhinterziehung ächten 158
BEPS und der Plan des Tax Justice Network 160
Wiederherstellung der Steuermoral 168
Europäische Finanzpolitik 171

Schluss: Wie machen wir die Revolution? 173

Anlagen. Ergänzende Tabellen und Grafiken 175
Quellen und Literatur 177
Stichwortverzeichnis 185

»Ein Großteil der heute bestehenden Ungleichheit ist das Ergebnis staatlicher Politik: dessen, was die Regierung tut, sowie dessen, was sie unterlässt. Die Regierung hat die Macht, Geld von oben nach unten, oder in die Mitte umzuverteilen oder den umgekehrten Weg zu gehen.«
(Josef Stiglitz, Nobelpreisträger für Ökonomie 2001, ehemaliger Chefökonom der Weltbank, 2012)

Vorbemerkung: Seid Ihr verrückt geworden?

Im weltweiten Vergleich hat Deutschland trotz aller Schwächen ein ziemlich gutes Sozialsystem, wenn auch vieles noch verbessert werden sollte. Das ist die eine Seite. Deutschland ist nach den Analysen des Netzwerk Steuergerechtigkeit aber auch ein Steuerparadies für Superreiche und ein idealer Geldwäscheplatz für Waffenhändler, Drogenschmuggler, Steuerflüchtlinge und andere Verbrecher. Die Steuerlöcher summieren sich auf 75 bis 100 Milliarden Euro jährlich. Die Vermögensverteilung in Deutschland ist eine der ungleichsten der Welt (vgl. Buggeln 2023).

Die Ungerechtigkeit des deutschen Steuersystems ist geradezu absurd. Eine Geringverdiener*in zahlt die Hälfte ihres Verdienstes für Steuern und Sozialabgaben – Susanne Klatten, die reichste Frau Deutschlands aus der Unternehmerdynastie Quandt, weniger als 1%. Wenn man die Unternehmensteuern berücksichtigen würde – was aber keinen Sinn macht –, wären es immer noch unter 20%. 1.220 Kinder von Multimillionären erbten im letzten Jahr steuerfrei 43 Milliarden Euro – Geld für eine Kindergrundsicherung für drei Millionen Kinder, die in Armut aufwachsen, ist aber nicht vorhanden. Das Erbe eines Handwerksbetriebes wird in der Regel mit 15% besteuert, die »Schenkungen« von Firmenvermögen über 20 Mio. Euro an Kinder und Enkel nur mit 2%. Die fünf größten Digitalkonzerne der Welt, Alphabet (Google), Amazon, Apple, Meta (Facebook) und Microsoft, zahlen in Deutschland ei-

---

[1] Für eine alleinstehende Geringverdiener*in mit 20.000 Euro Bruttojahreseinkommen betragen die Steuern und Sozialabgaben einschließlich Arbeitgeberanteil und Verbrauchssteuern 49%. Zur Steuerquote von Susanne Klatten siehe Kapitel 7.

nen Steuersatz von 2,5% auf ihre Gewinne. Der Steuersatz in den USA liegt selbst nach der radikalen Steuersenkung durch Trump immer noch fünfmal so hoch.

Das alles hat auch politische Auswirkungen. Während in den goldenen Jahren der Demokratien nach dem 2. Weltkrieg die Ungleichheit in Westeuropa und Nordamerika stark zurückging, nimmt der Abstand zwischen Arm und Reich seit 1980 weltweit wieder zu. Zugleich steht die Menschheit mit Artensterben und Klimawandel vor einer existenziellen Krise, die durch Ereignisse wie Corona-Pandemie und Ukraine-Krieg noch verstärkt wird. In der Folge nahm in den letzten Jahren das Vertrauen der Menschen in die Demokratie dramatisch ab. Wurden im Jahre 2000 erstmals die Hälfte der Menschheit einigermaßen demokratisch regiert, so sind es heute nur noch 30%.

Es stellen sich daher Fragen:

- Wie viel Ungleichheit und Armut sind mit einer reichen Demokratie verträglich?
- Wie finanzieren wir unsere Zukunft (unsere Schulen, Verkehrswege, unsere Gesundheitssysteme und die Kosten für die Energiewende)?
- Und was kann ein Steuersystem zu einer sozialen und nachhaltigen Gesellschaft beitragen?

Vor einigen Jahren begannen wir[2] damit, nachzurechnen, wie ein Steuersystem aussehen müsste, das den Anforderungen, die sich aus diesen Fragen ergeben, gerecht wird. Das Ergebnis hat uns geradezu erschreckt und entmutigt. Spitzensteuersätze von über 90% klingen so radikal, dass man sich kaum traut, diese in eine aktuelle Diskussion einzubringen. Wer aber die Geschichte der Steuersysteme kennt, stellt verblüfft fest, dass solche Prozentsätze keineswegs neu sind. Über Jahrzehnte lagen die Steuern in den USA nach dem 2. Weltkrieg in solchen Höhen, die heute fast nicht mehr vorstellbar sind. Das hat uns ermutigt, weiterzuarbeiten.

Als wir dann diese radikal klingenden Ergebnisse öffentlich vorstellten, kam die zweite Überraschung. Wir hatten erwartet, dass

---

[2] Die Diskussionen erfolgten im Rahmen der bundesweiten Arbeitsgruppe Finanzmärkte und Steuern der Organisation Attac. Das Ergebnis war das Attac-Steuerkonzept; siehe Attac 2022.

die Reaktion sein würde: »Seid ihr verrückt geworden? Das ist doch absurd, was ihr da aufgeschrieben habt. Das ist doch völlig abseits jeder Debatte.« Aber die Reaktionen waren andere. Nach einigen offensichtlichen Schockmomenten bekamen wir bei Präsentationen unserer Vorschläge immer wieder die Rückmeldung, dass unsere Überlegungen überzeugen. Dass sie gut nachvollziehbar sind. Dass es dringend notwendig ist, unsere Ergebnisse in die öffentliche Diskussion um Steuerfragen einzubringen.

Und deshalb haben wir dieses Buch geschrieben. Wir haben versucht, die oben gestellten Fragen aus ökonomischer, politischer und philosophischer Sicht verständlich zu beantworten. Im zweiten Teil des Buches erläutern wir dann die Details und die Hintergründe unseres Konzeptes. Wir sind gespannt, wie stark und lange bei Ihnen der Schockmoment wirken wird. Und dann freuen wir uns über Ihre Rückmeldung.

Karl-Martin Hentschel, Alfred Eibl am 1. September 2023

10 Thesen

Die folgenden Thesen sind die Essenz unserer Überlegungen für ein gerechtes und nachhaltiges Steuer- und Abgabensystem. Darauf basieren die Vorschläge, die in diesem Buch begründet werden.

1. Nettoeinkommen werden auf das Hundertfache des Mindestlohns begrenzt.
2. Vermögen über dem Tausendfachen des jährlichen Mindestlohneinkommens wird sukzessive auf diesen Betrag reduziert.
3. Der Gini-Index[3] für Einkommen soll dauerhaft maximal 20% betragen und der Gini-Index für Vermögen soll dauerhaft maximal 50% betragen.
4. Es gilt das Verursacherprinzip: Alle, die öffentliche Güter benutzen, Rohstoffe der Natur entnehmen oder Schäden verursachen, müssen so hoch belastet werden, dass damit die Folgekosten für die Gemeinschaft und die Natur ausgeglichen werden können.
5. Die Gewinne von international tätigen Unternehmen werden unabhängig vom Firmensitz nach dem Umfang der wirtschaftlichen Tätigkeit in den einzelnen Ländern diesen zugerechnet und versteuert.
6. Vermögen sind immer auch das Ergebnis gesamtgesellschaftlicher Kooperation. Erbe und Schenkung sind leistungslose Einkommen. Deswegen sollen Vermögensteuer und Erbschaftsteuer ab einer gewissen Grenze für Umverteilung sorgen.
7. Jedes Kind hat Anspruch auf eine kostenlose Betreuung und eine kostenlose Bildung bis zum Abschluss der ersten Berufsausbildung.
8. Alle Bürger*innen haben Anspruch auf eine einheitliche Krankenversorgung und Pflege sowie auf eine existenzsichernde Basisversorgung im Alter, bei Krankheit, Beeinträchtigung oder Arbeitslosigkeit.

---

[3] Der Gini-Index ist das am häufigsten verwendete Verteilungsmaß. Mahr dazu in Kapitel 5.

⑨ Die Verteilung der Steuern und Abgaben erfolgt so, dass 10% an die EU, 20% an den Bund, 20% an die Länder und 50% an die Kommunen gehen.

⑩ Diese Grundsätze der Steuer- und Abgabenpolitik werden einklagbar in die Verfassung aufgenommen. Eine unabhängige Kommission überprüft jährlich die Ergebnisse und erarbeitet Vorschläge für eine gesetzliche Weiterentwicklung in einer öffentlichen Stellungnahme.

»Es ist weder moralisch noch politisch zu akzeptieren, dass manche Unternehmen und reiche Einzelpersonen einerseits von den Früchten der Besteuerung profitieren (wie gute Infrastruktur, Bildung und Rechtsstaatlichkeit), und sich andererseits ihrer Verantwortung entziehen, zu deren Finanzierung beizutragen.«
(Charta des Netzwerk Steuergerechtigkeit, NWSG 2014)

Teil I

Eine Anmerkung vorab: Wenn wir allgemein über Staatseinnahmen reden, dann fallen unter den Begriff »Steuern« alle Formen von Abgaben und Steuern sowie sonstige Einnahmen zur Finanzierung des Staates und teilweise auch der Kirchen. Wenn es vor allem im Teil II konkret wird, dann unterscheiden wir »Steuern« (Abgaben ohne Zweckbindung), »Abgaben« (mit Zweckbindung), »Gebühren« und »andere Einnahmen«, wie Dividenden von staatlichen Unternehmen. Wir hoffen, dass sich aus dem jeweiligen Zusammenhang die Zuordnung erschließt.

1. Eine kurze Geschichte der Steuern

Die Geschichte der Steuern ist naturgemäß die Geschichte der Staaten. Sammler- und Jäger-Stämme kannten keine öffentlich bezahlten Aufgaben. Stammeshäuptling zu sein war ein Ehrenamt. Medizinmänner oder -frauen wurden in Naturalien »bezahlt«.

1.1 Die Agrargesellschaften

Die Geschichte der Steuern beginnt mit der Herausbildung der ersten Staaten in Mesopotamien und Ägypten. Nun mussten Soldaten und die Haushalte der Oberschicht und ihrer zahlreichen Bediensteten »finanziert« werden – aber auch schon Infrastrukturbauten wie Kanäle, Festungen, Tempel, Straßen, Brücken, Bewässerungskanäle und Bergwerke sowie die Paläste und Gräber für die Herrscher. Da es noch kein Geld gab, wurden Steuern in

Form von Naturalien erhoben. Das waren in der Regel Getreide, Öl und andere Agrarprodukte, die im Tempel gestapelt wurden.

Der Wert der Waren und damit auch das Maß der Abgaben wurde in Getreidescheffeln oder in Vieheinheiten gemessen. Durch die Arbeiten von David Graeber (vgl. Graeber 2012) wissen wir, dass es Handelsbeziehungen, Kreditsysteme, Steuerverwaltung usw. lange vor Erfindung des Geldes gab. Dazu entwickelte sich eine differenzierte Buchführung aller Verpflichtungen auf Steinplatten, Tonscheiben, Papyrus oder den Knotenschnüren (Quipus) der Inkas in Südamerika. Aus diesen Buchhaltungsformen entstanden auch die ersten Schriften.

Ca. 640 v. Chr. sind nach heutigem Kenntnisstand erstmals in Lydien in Kleinasien Münzen – also Geld – aufgetaucht. Vorher wurden in Griechenland schon Metallstäbe, Ringe und Barren als »Geld« verwendet. Im 6. Jahrhundert begann sich das Prägen von Münzen in immer mehr griechischen Städten auszubreiten (vgl. Harari 2013; vgl. Meier 2009). Auch wird vermutet, dass das Geld zur Leistung von Tributzahlungen der griechischen Städte in Kleinasien an die Perser diente. Der Prägestempel sollte die Herkunft des Geldes dokumentieren.

Die Hauptsteuer in allen Agrarstaaten waren die Abgaben auf die Ernte. Daneben wurden Zölle (Nilzoll, Straßenzoll, Hafenzoll, Stadttorzoll) erhoben, um die Kaufleute zu besteuern. Im Mittelalter kam der Verkauf von Rechten hinzu, wie Stadtrechte oder Marktrechte. Auch Monopole für Salz, Gewürze u. a. wurden gegen Geld verpachtet. Sogar eine Art Erbschaftsteuer gab es schon in Sumer und Ägypten. Ab Kaiser Augustus wurden bis ins 4. Jahrhundert im römischen Reich 5% auf Erbschaften erhoben. Im Mittelalter gab es eine Abgabe an den Lehnsherrn bei Tod für die Übergabe von Erbpachtland – das Mortuarium.

Trotz dieser Vielfalt blieb die Landwirtschaft entscheidend. Im römischen Reich resultierten 20-mal so viel Steuern aus der Landwirtschaft als aus Handel, Industrie und Handwerk (vgl. Nolan/Lenski 2010). Die Hauptaufgabe der Städte war damals noch nicht die Produktion von Waren, sondern lag vor allem im Handel, der Verwaltung, Kultur und Religion. Oft wurden Steuern nur periodisch erhoben – meist im Kriegsfall. Dann wurde das Vermögen –

also der Grundbesitz – mit einer Abgabe belegt. Selbst von Maria Theresia ist bekannt, dass sie für ihre Feldzüge viermal eine Vermögensabgabe erhob.

Eine besondere Form von Steuern war die Fronarbeit – die kostenlose Arbeit auf den Gütern des Adels oder beim Bau von Kanälen, Tempeln und gigantischen Grabmälern wie den Pyramiden. So musste im Inka-Reich ein Drittel der Arbeit für den Sonnengott Inti – die Kirche –, ein Drittel für die Inkas – den Adel – und ein Drittel für die Familie oder den Stamm – zur Selbstversorgung der bäuerlichen Gesellschaft – geleistet werden.

Von Anbeginn der Staatenbildung war die Zunahme der Ungleichheit ein permanentes Problem. Die Reichen und Mächtigen wurden immer reicher. Wer Schulden machte, weil zum Beispiel die Ernte schlecht ausfiel, haftete mit Leib und Leben. Immer mehr Menschen gerieten in Schuldknechtschaft. In der Folge nahm die Armut zu, und die Produktivität der Gesellschaft nahm ab. Niemand verteidigte das Herrschaftsgebiet gegen die Angreifer. Die erste, und man kann schon sagen geniale, Antwort der Sumerer um 2400 v. Chr. auf dieses Problem aller agrarischen Klassengesellschaften war das Sabbatjahr: Alle sieben Jahre wurde die Schuldknechtschaft beendet und die Schulden wurden gestrichen.[4] Nach sieben Sabbatjahren – also 7 x 7 = 49 Jahre – folgte im 50. Jahr das Jubeljahr, in dem die Felder wieder neu an die Familien verteilt wurden (vgl. Hudson 2018). In anderen Gesellschaften gab es Schuldenmoratorien, zum Beispiel beim Regierungsantritt von Monarchen. Das letzte uns bekannte Schuldenmoratorium verordnete der Premierminister und Multimillionär Thaksin Shinawatra 2001 in Thailand, was seiner Partei große Sympathien und die absolute Mehrheit einbrachte – aber schließlich zu seinem Sturz und nach mehreren Wahlen, die seine Partei jedes Mal gewann, zur bis vor kurzem regierenden Militärdiktatur führte.

Ein großes Problem für Bauern und auch Händler war der Wildwuchs von Steuern. Historiker*innen schätzen, dass die Bauern in den frühen Gesellschaften oft die Hälfte ihrer Produkte abliefern

---

[4] Interessanterweise galt für das Privatinsolvenzrecht in Deutschland früher auch eine Insolvenzzeit von sieben Jahren. Sie wurde 2020 auf drei Jahre verkürzt.

mussten (vgl. Nolan/Lenski 2010). Aber trotz dieser häufig existenziellen Belastungen der arbeitenden Klasse konnte die Zentralgewalt (Kaiser oder König) meist weniger als 2% des Bruttoinlandsprodukts an Steuern einziehen. Der größte Teil der Abgaben diente der Versorgung des lokalen Adels mit seinen zahlreichen Dienern, Knappen, Mägden usw. Dazu kamen noch die Steuern für die Landesherrn und der Zehnte für die Kirche. Damit unterhielt diese den Klerus und die prunkvollen Gotteshäuser. Die Kirche war oft auch für die ersten rudimentären Elemente des Sozialstaates wie Armenhäuser und Armenspeisungen zuständig.

1.2 Die Händlergesellschaften

Ab 1400 v. Chr. entstand im heutigen Libanon ein völlig neuer Typus von Gesellschaft: Autonome Handelsstädte. Zunächst waren es die Phönizier, dann die Etrusker in Italien und schließlich die Griechen. Anders als die großen Agrarstaaten lebten sie überwiegend vom Handel (oft auch von Raubüberfällen und Piraterie), vom Bergbau (Silberbergwerke von Athen), von der Holzverarbeitung und vom Handwerk, wie Glasherstellung, Purpurfarbstoff, Metallherstellung und vielem anderen.

Im Unterschied zu den großen agrarischen Staaten bildeten die Händler stets autonome Stadtstaaten – fast immer Hafenstädte. Wurden anfangs oft noch Könige – selten auch Königinnen – gewählt, wurden aus den Kaufmannsstädten zunehmend Oligarchien des Kaufmannsadels. Oft aber entwickelten sich auch mehr oder weniger demokratische Strukturen, häufig mit jährlich wechselnden Regierungsoberhäuptern. Über mehr als 1000 Jahre konnten diese Stadtstaaten ihre relative Unabhängigkeit bewahren. Denn Seefahrer konnten, bevor das römische Reich alle Küsten kontrollierte, nicht wirklich durch die Agrarstaaten beherrscht werden, weil sie mit ihren Schiffen fortfahren und anderswo neue Städte (Kolonien) gründen konnten. Das geschah auch im gesamten Mittelmeerraum, dem Schwarzen Meer und an den Atlantikküsten von Portugal bis nach Mauretanien. Deswegen begnügten sich die Assyrer, Babylonier und Perser meist mit Tributzahlungen der reichen phönizischen und griechischen Kaufmannsstädte und ließen ihnen ihre Autonomie.

Gut informiert sind wir über die Verhältnisse in den griechischen Stadtstaaten. Den korporativen Strukturen dieser Städte entsprach auch das Steuersystem. Die reichen Kaufleute von Athen finanzierten den Staat (s. Sengelin 2011). Es gab die Eisphora, eine Vermögensteuer für mehrere hundert Wohlhabende. Die Leiturgia war mit der Organisation und Finanzierung eines der 100 jährlichen kultischen Feste verbunden. In der Regel alle drei Jahre mussten die reichsten Bürger (im 4. Jahrhundert waren es 400) ein Jahr für den Unterhalt einer Triere – eines Kriegsschiffes – und seiner Besatzung aufkommen (Triarchie).

Die Steuerpflicht begann etwa bei einem Vermögen in Höhe des Arbeitslohns eines Tagelöhners für zehn Jahre – das wären heute 300.000 Euro. Im Jahre 558 waren 1.200 Bürger von 32.000 Bürgern steuerpflichtig. Nicht mitgezählt sind dabei die große Mehrheit der Bevölkerung, die Frauen, die rechtlosen Sklaven und die zugewanderten Metöken ohne Bürger- und Stimmrecht. Letztere waren oft durchaus wohlhabende Handwerker, die auch Abgaben bezahlen, sich aber vor Gericht durch einen Athener Bürger vertreten lassen mussten.

Weitere Steuern wurden erhoben für den Bau der Wasserversorgung, Brunnenerhaltung, Stadtmauern, Straßen, Tempel und anderer Einrichtungen. Auch gab es bereits öffentliche Ärzte und Lehrer. Wichtig waren dazu auch die Zölle auf Waren im Hafen Piräus und an den Stadttoren sowie die Verkaufsteuer für alle auf dem Markt umgeschlagenen Waren. Eine weitere Staatseinnahme waren die Pachtgebühren auf öffentliches Eigentum wie Grundstücke, Gebäude und die Bergwerke. Die Metöken mussten einmal im Jahr eine Aufenthaltsteuer und ggf. zusätzlich die Gewerbesteuer (für das Recht zu arbeiten) bezahlen. Die Bordelle mussten eine Prostituiertensteuer begleichen.

Die Steuerehrlichkeit wurde durch die Antidosis hergestellt. Jeder, der das Gefühl hatte, dass er im Vergleich zu einem anderen Bürger zu hoch besteuert wurde, konnte Antidosis verlangen. Dann wurde das Vermögen von beiden Bürgern vom Gericht festgestellt und für den Fall, dass der andere reicher war und zu wenig Steuern zahlte, mussten beide ihren gesamten Besitz tauschen. Ob das tatsächlich öfter vorkam, ist den Quellen nicht zu entnehmen.

Aber auch in den griechischen Städten nahmen die Ungleichheit und die Schulden einschließlich der Schuldsklaverei immer wieder dramatische Ausmaße an, da die Schuldner mit Leib und Leben hafteten. Die Lösung der Konflikte bestand entweder in Auswanderung und Gründung von Kolonien oder in Aufständen. Dies führte nicht selten zur Machtergreifung von Tyrannen – es sind immerhin über 30 Fälle bekannt. Dann wurde der oligarchische Kaufmannsadel entmachtet. Schließlich kam es in Athen zu den Reformen des Solon: Die Schulden wurden gestrichen, die Schuldknechtschaft abgeschafft, der Boden wurde neu verteilt und es gab zeitweise eine Höchstgrenze für Grundeigentum. Danach nahm die Ungleichheit allerdings wieder zu und es folgten weitere Krisen.

Die Zeit der antiken Stadtstaaten endete, als die Römer das gesamte Mittelmeer beherrschten. Nach dem Zerfall des römischen Reiches entstanden ab dem 9. Jahrhundert erneut zahlreiche autonome Kaufmannsstadtstaaten im Mittelmeerraum (Venedig, Genua usw.) und ab dem 12. Jahrhundert die Hansestädte an Ost- und Nordsee und die freien Reichsstädte im Inland wie Frankfurt, Nürnberg und Köln. Zu den schon bekannten Steuerarten wie Grundsteuern, Zöllen und periodischen Vermögensabgaben für die Unterhaltung der Kriegsflotten kamen in den italienischen Handelsstätten die Akzisen hinzu, also Verbrauchsteuern auf Bier, Wein, Salz oder andere Waren. Zum Teil wurde später auch eine Erbschaftsteuer erhoben.

1.3 Der Kapitalismus

Häufig wird die Geschichte des Kapitalismus erst mit der Erfindung der Dampfmaschine und des mechanischen Webstuhls datiert. Aber sie begann schon vorher.

Die großen Handelsstädte des europäischen Mittelalters waren schon lange zuvor vom Profitstreben geprägt. Münzprägung, Bankwesen, Wechsel und Kredit wurden entwickelt. Die doppelte Buchführung ermöglichte kalkulierte, weitausgreifende Unternehmungen und genaue Berechnung von Gewinn und Verlust. Versicherungsgesellschaften ermöglichten die Risikoteilung. Der Wucherer, der auf den Konkurs des Kreditnehmers hoffte, wandelte sich zum kapitalistischen Geldgeber, der mit seinen Krediten wirtschaftliche Unternehmungen ermöglicht und über den Zins am Erfolg beteiligt ist.

Bedingt durch die technischen Entwicklungen veränderte sich die Kriegsführung. 1477 wurde Karl der Kühne von Burgund, »der letzte Ritter«, von einem Söldnerheer vernichtend geschlagen, maßgeblich finanziert vom Habsburger Sigismund von Tirol, »dem Münzreichen«. Danach war auch dem letzten Herrscher in Europa klar, dass die Sicherung seines Herrschaftsgebietes zukünftig nicht von ergebenen Lehensvasallen abhing, sondern vom Geldreichtum, um Söldnerheere bezahlen zu können. Im Zeichen des Merkantilismus wurden zentrale Steuerbürokratien entwickelt. Die Wirtschaft war zu fördern und Menschen waren ins Land zu holen, denn nur so waren die Steuereinnahmen zu erhöhen. Eine Entwicklung begann, die vom mittelalterlichen personengebundenen Herrschaftsbereich über den absolutistischen Staat letztendlich zum heutigen Steuerstaat führte.

Die Herrschaftsbereiche, die bei diesem Umgestaltungsprozess führend waren, prägten die weitere wirtschaftliche und politische Entwicklung. Nachdem die Spanier Amerika entdeckten und die Portugiesen einen Seeweg nach Südostasien entwickelten, beuteten diese beiden Länder zunächst vor allem die dortigen Rohstoffe aus. Aber die langfristigen Gewinner waren die Niederlande und England. Ihre Kaufleute trieben die wirtschaftliche und staatliche Entwicklung voran – oft mit Unterstützung und auch mal im Streit mit dem jeweiligen Herrscherhaus.

Damit änderte sich etwa ab 1500 auch die herrschende Philosophie. Bis dahin hielt man die Gesellschaftsordnung für unveränderlich und glaubte, die goldenen Zeiten lägen in einer fernen Vergangenheit im Altertum. Nun wurde gesellschaftlicher Wandel denkbar. Kaufleute sammelten nicht Reichtum wie der Adel, sondern sie investierten, um noch reicher zu werden. Der Glaube an das grenzenlose Wachstum wurde zur neuen Religion, dem Kapitalismus (vgl. Benjamin 1991; vgl. Trabold 2014).

Während in klassischen Agrarstaaten, wie in China, Indien, dem osmanischen Reich oder auch im mittelalterlichen Europa, die Regierungen weniger als 2% des Sozialprodukts vereinnahmten,

Abb. 1: Die Steuerkapazität der Staaten, 1500–1850 (Lohntage)

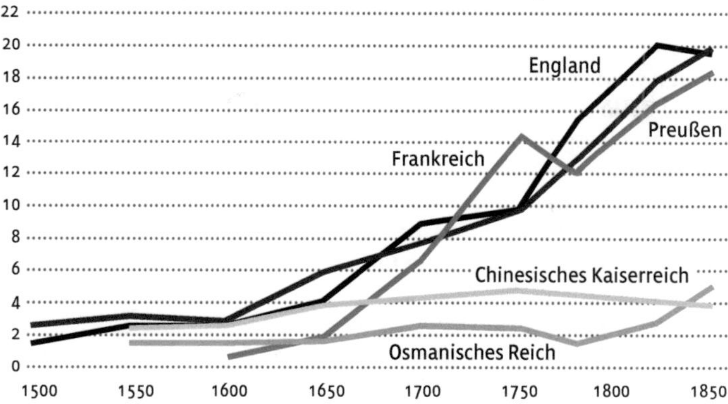

Quelle: Piketty, Thomas: Capital and Ideology. Cambridge 2020. In: piketty.pse.ens.fr/files/Piketty2020SlidesLongVersion.pdf, Figur 9.2 auf Folie 55.

verdoppelte sich dieser Anteil in Europa im 17. Jahrhundert und stieg dann bis Ende des 19. Jahrhunderts kontinuierlich auf bis zu 10% an. Sowohl in England wie auch in Frankreich waren das 17. und 18. Jahrhundert durch permanente Auseinandersetzungen um die Höhe der Steuern geprägt. Die Niederlande wurden offiziell 1648 eine Republik. England wurde 1689 durch die Glorreiche Revolution die erste parlamentarische Monarchie. Damit hatten die reichen Bürger die Macht übernommen. In Frankreich erfolgte dies erst hundert Jahre später.

So wurden die Niederlande und England die ersten beiden Flächenstaaten der Geschichte, in denen die Kaufleute im Laufe des 16. bzw. 17. Jahrhunderts den Landadel als dominierende Schicht ablösten. Die Kaufleute der kleinen spanischen Provinz an der Rheinmündung engagierten mit ihrem Reichtum Söldnertruppen und erkämpften die Unabhängigkeit von Spanien, der größten europäischen Macht. Später besiegten die Engländer die spanische Armada, die größte Flotte der Welt. Sie gründeten Handelsgesellschaften mit dem Privileg, Krieg zu führen – so die Holländer die VOC (Vereenigde Oostindische Compagnie – 1602) für den Gewürzhandel mit Indonesien und die WIC (West-Indische Compagnie – 1621), der es gelang, das Monopol für den Sklavenhandel zwischen Afrika und Amerika durchzusetzen. Auch in Frankreich, Dänemark und Schweden gründeten Kaufleute Westindien-Kompanien sowie die französische Mississippi-Kompanie, die zeitweise große Teile der heutigen USA beherrschte. Die mächtigste Handelsorganisation der Geschichte war aber die BEIC (British East India Company, gegründet 1600). Sie eroberte Indien und hatte bis zu 350.000 Soldaten (überwiegend Inder) unter Waffen – viel mehr als der englische König. Erst 1799 wurde Indonesien holländische Kolonie und erst 1858 wurde Indien britische Kolonie.

Steuerpolitik im frühen Kapitalismus

Steuerpolitisch interessant war die Einführung der Erbschaftsteuer (vgl. Buggeln 2023; vgl. Albers/Bartels/Schularick 2020) in den Niederlanden schon im 16. Jahrhundert. England, Frankreich und Dänemark folgten um 1700, die USA um 1800. In den meisten Feudalreichen war Grund und Boden nicht veräußerbar gewesen, da er entweder an die Familie gebunden oder ein Lehen der Feudalherren war. Mit den gesellschaftlichen Umbrüchen wurde auch dies beseitigt. John Stuart Mill betrachtete Erbschaften als unverdientes Vermögen und wollte die Erbschaftsteuer sogar zur Hauptsteuer machen. Großbritannien führte 1780 die erste progressive Erbschaftsteuer ein – während die progressive Besteuerung der Einkommen erst später erfolgte.

Eine Ausnahme stellt Preußen dar, das diese Steuer erst 1873 einführte, aber selbst dann nicht für die Kinder und Ehegatten. Erst 1906 folgte das gesamte deutsche Reich. 1913 war Deutschland das einzige wichtige Industrieland, indem ein erbendes Kind unabhängig von der Höhe der Erbschaft keine Steuer dafür zahlen musste. Daher machte die Erbschaftsteuer in Deutschland vor dem 1. Weltkrieg nur 1,5% der Staatseinnahmen aus, in Großbritannien dagegen bereits 15%!

Die steuerpolitisch wichtigste Innovation war 1799 die Einführung der Einkommensteuer in Großbritannien. Es handelte sich explizit um eine Einkommensteuer auf den Vermögenszuwachs! 1820 kam dann in Preußen zunächst eine Klassensteuer, die über Zwischenstufen schließlich 1891 durch eine einheitliche progressive Einkommensteuer von 0,6% ab 900 Mark bis 4% ab 100.000 Mark abgelöst wurde. 1848 folgten Bremen und Schleswig-Holstein, 1869 Hessen und 1874 Sachsen. 1840 führte Basel als erster Kanton der Schweiz eine Einkommensteuer ein und 1861 folgte aufgrund des Bürgerkrieges die USA und besteuerte Einkommen über 800 Dollar mit 3%.

Anlass der Verschärfung der Steuerlast war fast immer die Finanzierung von Kriegen, die zu einem Dauerzustand in Europa geworden waren. Die Steigerung der Produktivität ermöglichte steigende Steuerquoten.[5] Die daraus resultierenden hohen Staatseinnahmen waren die Grundlage für die wachsende militärische Überlegenheit Europas gegenüber dem Rest der Welt und die Eroberung der Kolonialreiche. Das Anwachsen der durchschnittlichen Staatsquote von 1600 bis 1900 führte jedoch nicht zur Umverteilung. Trotz der politischen Umbrüche und der französischen Revolution stieg die Konzentration des Vermögens weltweit weiter an und erreichte vermutlich 1914 am Vorabend des ersten Weltkrieges das historische Maximum. In fast allen europäischen Staaten waren zu diesem Zeitpunkt über 80% des Vermögens in der Hand des oberen Zehntels der Bevölkerung, in Großbritannien waren es sogar über 90%. Neun Zehntel der Gesellschaft waren – bis auf die kleinen Grundstücke der Kleinbauern – besitzlos.

1.4 Umverteilung im 20. Jahrhundert

Der 1. Weltkrieg hatte eine Dimension wie noch kein Krieg zuvor. Um den Krieg zu finanzieren, wuchs die Staatsquote in den beteiligten Staaten auf nie gekannte Höhen. Der Spitzensteuersatz für Einkommen in den USA stieg auf über 70%. Die Macht der Oberschicht aus Adel und Großbürgertum wurde massiv erschüttert. Am Ende kam es zu Revolutionen sowie zur Einführung bzw. Ausweitung des Wahlrechts in zahlreichen Ländern. Die Menschen erwarteten nun von einer vom Volk gewählten Regierung, dass es gerechter zugeht. In Deutschland setzte der Finanzminister Matthias Erzberger (katholische Zentrum-Partei) 1919/20 die größte Steuerreform der deutschen Geschichte durch.

---

[5] Die Steuerquote ist der Anteil der Steuern am Nationaleinkommen.

Insgesamt traten während seiner kurzen Amtszeit von nur einem dreiviertel Jahr 16 Finanz- und Steuergesetze in Kraft. Kernstück waren die Zentralisierung der Finanzverwaltung und die Erhebung der reichseinheitlichen progressiven Einkommensteuer mit einem Spitzensteuersatz von 60% (zuvor 4%) und einem Lohnsteuerabzug durch den Arbeitgeber. Der Spitzensteuersatz für Erbschaften von Kindern und Ehegatten lag anfangs bei 75%, für nicht Verwandte sogar bei 90%. Er wurde dann aber bald mehrfach gesenkt – ab 1925 auf nur noch 15%. Von Bedeutung war weiterhin die Umsatzsteuer von 0,5%, die durch eine Luxusumsatzsteuer von 15% ergänzt wurde und die Einführung der Körperschaftsteuer[6] für Unternehmen von anfangs 10%.

Erzberger musste in der Folge erleben, wie brisant eine gerechte Steuerpolitik selbst für einen konservativen bürgerlichen Politiker sein kann. Insbesondere die Reichsnotopferabgabe auf Vermögen zur Bezahlung der Kriegsschulden machte Erzberger zur Zielscheibe und Hassfigur rechter Propaganda, die von vermögenden Kreisen unterstützt wurde. 1920 trat er nach falschen Anschuldigungen trotz Freispruch zurück. Nach mehreren Mordanschlägen wurde er 1921 schließlich von zwei deutschnationalen Attentätern mit acht Schüssen ermordet. Am Tag seiner Beerdigung fanden in Hunderten von Städten Kundgebungen statt – allein in Berlin folgten dem Aufruf des Gewerkschaftsbundes, der SPD, USPD und KPD (aber nicht seiner eigenen Partei, dem Zentrum!) 500.000 Menschen. Die Mörder flohen ins Ausland und kehrten 1933 unbehelligt zurück. Sie wurden erst nach dem 2. Weltkrieg durch das Eingreifen der Alliierten verurteilt, aber bald wieder entlassen.

Der 2. Weltkrieg führte dann zu einer nie zuvor denkbaren Anhebung der Steuersätze und Sozialausgaben. In den USA wurde nach Kriegseintritt 1942 der Spitzensteuersatz der Einkommensteuer auf 94% angehoben. In Großbritannien lag er sogar auf über 100% für Gewinne, die das Vorkriegsniveau übertrafen, und blieb bis 1978 bei 95%. Die Erbschaftsteuerspitze wurde in den USA auf bis zu 77%, in Großbritannien auf bis zu 65% angehoben.

---

[6] Die Körperschaftsteuer ist die Steuer auf den Gewinn von Unternehmen.

In Deutschland hatten die Nazis den Krieg ohne Steuererhöhungen komplett durch Schuldenaufnahme finanziert. Daher lagen nun Milliarden an nicht gedeckten Einlagen auf den Konten, während Millionen hungerten und in den zerbombten Städten mehrere Familien in einer Wohnung oder gar in Wellblechhütten wohnten. Die Alliierten erhöhten nun den Spitzensteuersatz für Einkommen auf 95% ab einem Einkommen von 250.000 Reichsmark, den für Erbschaften auf 60% und die Körperschaftsteuer ebenfalls auf 65%, ohne dass diese auf die Einkommensteuer angerechnet wurde.

Anschließend erfolgte in der BRD in zwei Schritten eine große Umverteilungsaktion des Reichtums. Wollten anfangs die Alliierten die Kriegsgewinne abschöpfen, wurden dann vor dem Hintergrund des anschwellenden Ost-West-Konfliktes die Produktivvermögen nicht angetastet. Mit der Währungsreform 1948 erfolgte dagegen eine Enteignung aller Geldvermögen um 93,5%. Sachvermögen, Löhne, Mieten oder Schulden wurden dagegen 1:1 umgestellt. Erst 1952 folgte der Lastenausgleich: Diejenigen, denen erhebliches Sachvermögen verblieben war (insbesondere betraf das Immobilien), mussten einen Lastenausgleichsabgabe in Höhe von 50% ihres Vermögens bezahlen. Die wirklich Reichen kamen aber trotzdem relativ ungeschoren davon, da der Abgabezeitraum auf 30 Jahre gestreckt wurde. Dadurch betrug die Belastung nur 1,67% pro Jahr, sodass die Raten leicht aus den Erträgen der Vermögen geleistet werden konnten. Aber trotzdem waren der Lastenausgleich, die Währungsreform und der Marshall-Plan die Grundlage des Wirtschaftswunders, da die Auszahlungen zu Milliarden an öffentlichen und privaten Investitionen führten.

Die DDR ging einen völlig anderen Weg. Der Staatshaushalt finanzierte sich überwiegend über Abgaben der volkseigenen Betriebe und Genossenschaften. Steuern spielten nur eine geringe Rolle. Die hohe Vermögensteuer von 2,5% auf Vermögen über 500.000 Mark führte zum gewollten Bedeutungsverlust größerer privater Betriebe.

In den USA blieb der Spitzensteuersatz auf Einkommen noch bis 1963 auf über 90%, in Großbritannien sogar bis 1978. Dagegen wurde er in Westdeutschland bereits ab 1952 schrittweise wieder gesenkt – zunächst auf 72% und bis 1958 auf 53%. Auf diesem Le-

Abb. 2: Der Aufstieg des Sozialstaats in Europa, 1870–2015 (Anteil am BIP in %)

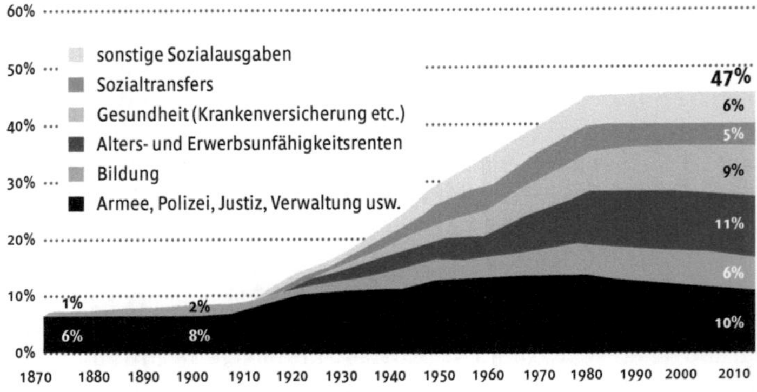

Quelle: Piketty, Thomas: Capital and Ideology. Cambridge 2020. In: piketty.pse.ens.fr/files/Piketty2020SlidesLongVersion.pdf, Figur 10.15 auf Folie 71 (5.12.2023).

vel zwischen 53 bis 57% blieben er dann bis 1999. Auch die Spitzenbelastung von Erbschaften wurde schrittweise bis auf 15% ab 1955 gesenkt. Damit lag die Steuerlast für die unteren Einkommen im internationalen Vergleich in Westdeutschland hoch, die Steuerlast für die oberen Einkommen aber durchweg niedriger – was die erneute hohe Konzentration des Vermögens in Deutschland bereits in den 1960er-Jahren erklärt. Immerhin schaffte es die sozialliberale Koalition unter dem Kanzler Willi Brandt 1974 nochmal, einen Schritt in Richtung Umverteilen zu tun und hob den Spitzensatz für die Erbschaften auf 35% an, was zu einer Verdoppelung des Aufkommens führte.

Die *obenstehende Grafik* zeigt das Ergebnis der zweiten großen Expansion der Staatshaushalte in der Geschichte. Hatte die erste Phase von 1600 bis zum ersten Weltkrieg zu einer Verfünffachung der Staatsquote von 2% auf 10% geführt, so stieg die Staatsquote in den Industriestaaten in der kurzen Spanne von 1914 bis etwa 1980 nochmal um das Vierfache. Anlass dieser Ausweitung waren erneut die Weltkriege, die zur Totalmobilisierung der gesamten Gesellschaften geführt hatten. Wichtig dafür waren neue statistische Methoden und Datenerhebungen. Sie ermöglichten es, zivile Produktionskapazitäten für die Rüstung umzubauen ohne die

Grenzen der Belastbarkeit für die Zivilgesellschaft zu überschreiten. Im Zentrum stand dabei das zu steigernde Bruttoinlandsprodukt (BIP) und seine Verwendung.

Es kam aber noch etwas hinzu. Die Mobilisierung großer Teile der Bevölkerung im 1. und 2 Weltkrieg war nur möglich, weil die Klassenschranken gesenkt wurden – zuerst an der Front und dann auch im Hinterland, wo die Arbeitskräfte immer knapper und die Frauen immer selbstbewusster wurden. So ist es zum Beispiel kein Wunder, dass die britische Sozialgesetzgebung überwiegend während der beiden Weltkriege geschaffen wurde (vgl. Hentschel 2013).

Die Grafik gibt das Ergebnis für Europa wieder. 1914 flossen die Staatsausgaben noch zu 80% ins Militär sowie in Polizei, Justiz und Verwaltung und nur ein kleiner Rest in die Bildung und das Sozialsystem. 1980 hatte sich dies radikal geändert. Jetzt flossen 70% in Bildung, Rente, Gesundheit, Kindersicherung usw. Heute sind es sogar drei Viertel. Aus dem Militärstaat ist im Laufe des 20. Jahrhundert der Sozialstaat geworden. Heute spricht man von der Nachkriegszeit als den goldenen Jahren des Kapitalismus. Viele Ökonomen glaubten, der Kapitalismus mit seinen negativen Seiten sei nun überwunden oder werde das zumindest bald sein.

Tatsächlich hatte in dieser Zeit die Ungleichheit erheblich abgenommen. Die hohen progressiven Steuersätze auf Einkommen, Vermögen und Erbschaften hatten dazu geführt, dass das reiche Zehntel der Gesellschaft nicht mehr fast 90%, sondern nur noch zwischen 50 und 60% besaß. Daneben war die sogenannte Mittelschicht entstanden, 40% der Bevölkerung, die mindestens ein Teil ihres Eigenheimes oder ihrer Wohnung besaßen. Was man aber nicht vergessen sollte: Die Hälfte der Bevölkerung besaß weiterhin kaum etwas – lediglich 5% des Vermögens der Gesellschaft. Also vielleicht ein Auto, etwas Mobiliar und eventuell eine Lebensversicherung. Ein Viertel besaß gar nichts und das ärmste Zehntel hatte stattdessen Schulden. Trotzdem hatten alle noch das Gefühl, dass es immer besser wird. Was aber tatsächlich passierte, schildern wir im kommenden Kapitel.

»Die Ökonomie ist die einzige Wissenschaft, in der sich zwei Menschen einen Nobelpreis teilen können, weil ihre Theorien sich gegenseitig widerlegen.«
(Joseph E. Stiglitz im Interview mit Stephan Kaufmann, Stiglitz 2004)

2. Das Drama der neoliberalen Weltordnung

Die große wirtschaftspolitische Wende kam Mitte der 1970er-Jahre nach der ersten Ölkrise. Vielleicht war sie das erste Signal, das ankündigte, dass die Erde ein endlicher Planet ist.[7] Als die Energiepreise durch die Produktionseinschränkung der OPEC[8] dramatisch stiegen und die Wachstumsraten sanken, wuchs die Arbeitslosigkeit in der Bundesrepublik erstmals seit 1955 wieder auf über 5% – während gleichzeitig die Staatsverschuldung und die Inflation zunahmen. Nun gewannen neoliberale Ökonomen die Oberhand und bestimmten die Politik. Sie versprachen – heute muss man sagen »sie phantasierten« –, dass mit niedrigen Steuern und einer Deregulierung der Finanzmärkte wieder hohe Wachstumsraten zu erreichen wären.[9]

2.1 Der Neoliberalismus und die Rolle rückwärts

Und so kam es zur Rolle rückwärts. Vorturnerin war die konservative Ministerpräsidentin Margaret Thatcher in Großbritannien. Sie senkte die Spitzenbelastung für Einkommen von 83% auf 40%, um das Wirtschaftswachstum wieder anzustacheln. Und sie führte nach zweihundert Jahren progressiver Besteuerung von Erbschaften einen Einheitssteuersatz ein. In den USA senkte Präsident Reagan den Spitzensteuersatz für Einkommen – der unter Kennedy

---

[7] Siehe dazu Kapitel 3.

[8] OPEC (Organization of the Petroleum Exporting Countries) – das Kartell erdölexportierender Länder ist eine 1960 gegründete internationale Organisation, die durch Absprachen über Fördermengen den Weltmarktpreis für Öl weitgehend bestimmen kann

[9] »Neoliberal« wird hier, wie heute üblich, für die marktfundamentalistischen Theorien von Friedrich Hayek und Milton Friedman gebraucht. Der Kern ihrer Theorien besteht in der Auffassung, dass die Märkte sich optimal selbst regulieren und staatliche Eingriffe nur schaden.

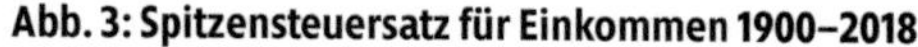

Abb. 3: Spitzensteuersatz für Einkommen 1900–2018

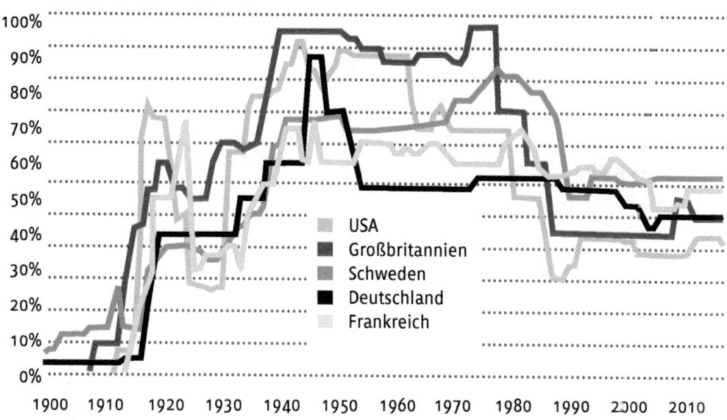

Quelle: Piketty, Thomas: Capital and Ideology. Cambridge 2020. In: piketty.pse.ens.fr/files/Piketty2020SlidesLongVersion.pdf, Figur 10.11 auf Folie 67 (5.12.2023).

noch bei 91% gelegen hatte, in mehreren Schritten auf schließlich 25% und machte die USA zu einem Niedrigsteuerland.

Die Politik von Reagan und Thatcher hatte eine Signalwirkung weltweit. In der Folge entstand ein Steuersenkungswettbewerb – sowohl bei den Personensteuern wie auch bei den Unternehmensteuern. Der Spitzensteuersatz auf Einkommen sank seit 1980 in den OECD-Ländern von 58 auf 42%, der Steuersatz für Großunternehmen sank in der gleichen Zeit von 48 auf 25%. Mittlerweile haben zwei Drittel aller Länder keine Erbschaftsteuern mehr (vgl. Schmitt/Hauschild 2023).

Auch in Deutschland wurde die Körperschaftsteuer von 51% schrittweise auf schließlich 15% im Jahr 2008 reduziert. 1992 begann die Regierung Kohl, die Firmenvermögen schrittweise von der Erbschaftsteuer zu befreien. Die Vermögensteuer wurde 1997 ganz ausgesetzt und auch der Einkommensteuerspitzensatz wurde – nun von Rot-Grün – von 56% auf 42% abgesenkt – dann allerdings wieder auf 45% angehoben. Das Ergebnis dieser Politik stellt das immer betonte Leistungsprinzip auf den Kopf. Im Jahrbuch Steuergerechtigkeit 2023 wurde berechnet: Der Anteil an

Steuern und Abgaben von ihrem Einkommen liegt heute für Einkommensmillionäre nicht mal halb so hoch wie für Normalverdiener (vgl. Trautvetter/Jirmann/Kern-Fehrenbach 2023).

Ohne die Berücksichtigung der Unternehmensteuern zahlen Milliardäre in Deutschland zum Teil sogar Steuersätze unter 1%. Und diese Betrachtung macht Sinn und war bis 1977 auch üblich. Denn sieht man die Unternehmensteuern als den Beitrag eines Unternehmens für die Infrastruktur (Bildung, Verkehr, öffentliche Sicherheit usw.) des Staates, in dem sich die Betriebsstätte befindet, dann ergibt es keinen Sinn, so zu tun, als sei dies eine Art zusätzliche Einkommensteuer der Besitzer*in – wie heute meist argumentiert wird!

2.2 Das Steuerkarussell

Das Ergebnis der neoliberalen Wende war aber nicht nur ein gnadenloser internationaler Steuerwettbewerb um niedrigere Steuersätze. Selbst die nominal festgeschriebenen Steuern wurden und werden häufig nicht bezahlt. Denn nicht nur die Steuersätze sind gesenkt worden. Gleichzeitig ist die Steuermoral rapide gesunken, weil Steuerhinterziehung zum Kavaliersdelikt wurde und bewusst Steuerschlupflöcher nicht mehr geschlossen wurden (vgl. Saez/Zucman 2020; vgl. Meinzer 2015). So ist die Steuerflucht zu einer Art Volkssport für Reiche geworden. Ein bekannter prominenter Flüchtling ist Michael Kühne, der Hauptsponsor des HSV, der in der Schweizer Steueroase Lausanne sein Leben genießt. Viel verbreiterter – aber illegal – ist das Verschieben von Geldern in Steueroasen wie Panama, was seit 1990 zunehmend systematisch von Steuerberatungen ihren Kund*innen angeboten und von Tausenden Privatpersonen gerne praktiziert wird.

Noch relevanter ist das Steuerkarussell der internationalen Konzerne. Insbesondere die Internet-Giganten Amazon, Apple, Meta (u.a. Facebook), Microsoft und Alphabet (Google), aber auch viele deutsche Traditionskonzerne, wie zum Beispiel die Deutsche Bank, die Bayer AG, BASF oder E.ON, begannen damit Gewinne und Vermögen in Steueroasen zu verschieben. Dazu hat auch die Wettbewerbspolitik der EU entscheidend beigetragen. Das Wort Steueroasen suggeriert zwar, dass es sich dabei um idyllische Inseln in der Karibik oder dem Pazifischen Ozean handelt. Das ist nicht gänzlich falsch. Bekannt geworden sind u. a. die Cayman Islands, die kaum noch Steuern erheben und überwiegend von den Honoraren der zahlreichen Anwaltskanzleien leben.

Doch dieses Narrativ verschleiert die zentrale Rolle von Großbritannien und der EU bei dieser Entwicklung. Großbritannien besitzt immer noch zahlreiche Außenterritorien, die eine eigene Steuergesetzgebung haben wie die Virgin Islands und die Bermudas. Dazu kommen die Kanalinseln, die gar nicht zum UK gehören, sondern im Privatbesitz des Königs sind. Auch die Niederlande besitzen solche steuerautonomen Oasen wie Aruba und Curacao. In der EU existiert die Besonderheit, dass die Grenzen für Waren und Geld offen sind, aber die EU die Steuern nicht regeln darf. Daher konnten sich eine Reihe kleinerer EU-Staaten wie Irland, die Niederlande, Luxemburg, Malta und Zypern – sowie die handelsmäßig mit der EU verbundene Schweiz und Liechtenstein – selbst zu Steuerparadiesen entwickeln.

Ein früher besonders »kreativer Nutzer« der damit verbundenen Gestaltungsmöglichkeiten war Ingmar Kamprad, der Patriarch von IKEA. Er gestaltete seinen Konzern konsequent nach Steuervermeidungsgesichtspunkten. So legte er die internen Verrechnungspreise zwischen den firmeneigenen Wäldern in Russland, den Holzfabriken in der Slowakei, den Möbelfabriken in Belarus (Billy-Regale) und den Möbelhäusern in Deutschland so fest, dass die Gewinne überwiegend dort anfielen, wo die Steuern am niedrigsten waren. Außerdem mussten die Möbelhäuser Lizenzgebühren an eine Firma in den Niederlanden leisten, die aufgrund eines Privilegs für kreative Unternehmen (Patentbox) nur 5 statt sonst 25% Körperschaftsteuer zahlen musste. Der Höhepunkt war dann die »Schenkung« des Namens IKEA von Kamprad an seine eigene Interogo Foundation (die Familienstiftung und Geldsammelmaschine für die Versorgung der Familie Kamprad) in Liechtenstein. Diese verkaufte den Namen IKEA auf Kredit an eine IKEA-Tochter in den Niederlanden, die seitdem Milliarden Euro steuerfreie Gewinne als Zinsen an die Interogo überwiesen hat.

Ein anderes Beispiel ist die Firma Apple. Die Milliarden, die Apple in Deutschland verdiente, wurden als Gewinne in Irland ausgewiesen. Das beliebte Modell für die Steuervermeidung hieß »Double Irish with a Dutch Sandwich«. Dazu benötigte ein Konzern zwei Tochterfirmen in Irland und eine (den Sandwich) in den Niederlanden und verschob die Gewinne durch interne Transaktionen zwischen diesen Firmen so lange, bis sie fast steuerfrei waren. Als die EU das beklagte, wechselte Apple auf die Kanalinsel Jersey – die offiziell auch vor dem Brexit nicht zum UK gehörte – und schaffte wieder einen Steuersatz von um die 2%. Google dagegen bevorzugte die Bermudas – auch dies eine Inselgruppe im Besitz des UK mit eigener Steuergesetzgebung. So transferierte Google Milliarden in der EU erwirtschafteter Gewinne steuerfrei als Lizenzgebühren an eine Tochter auf den Bermudas, der angeblich der Such-Algorithmus gehört.

Der absolute Gipfel der Schamlosigkeit waren dann die Cum-Ex und Cum-Cum-Geschäfte. Sie waren Ergebnis der wachsenden Bedeutung der Steuerabteilungen bei den großen Banken, die darauf spezialisiert sind, immer neue Mechanismen zu erfinden, um mit Steuern zu tricksen. Cum-Ex-Geschäfte wurden vielen Kund*innen von renommierten Banken wie der Commerz-Bank regelrecht aufgedrängt – da die Banken mitverdienten. Insgesamt ist der Staat um einen zweistelligen Milliardenbetrag betrogen worden. Mittlerweile wurde zumindest Cum-Ex vom Bundesfinanzgericht als glatter Betrug eingestuft. Und es gab erste Verurteilungen zu Gefängnisstrafen.

Im Laufe der letzten 20 Jahre wurde die Steuervermeidung für die meisten Konzerne zum Geschäftsmodell. Das hat dazu geführt, dass sich eine eigene Welt-Liga von Beratungsfirmen (»The Big Four« genannt) gebildet hat: Deloitte, PricewaterhouseCoopers (PWC) und Ernst&Young (E&Y) mit Sitz in London und die KPMG mit Sitz in der Schweiz. Dabei handelt es sich nicht – wie sich mancher vielleicht vorstellt –, um hilfreiche kleine Unternehmensberatungen, sondern vielmehr um eine gigantische weltweite Beratungsindustrie, die in nahezu allen Großkonzernen der Welt tätig ist, sowie Regierungen berät (und manipuliert?). Denn die Big Four beschäftigen zusammen 1,3 Millionen Mitarbeiter in ca. 160 Ländern und erwirtschaften einen Umsatz von 180 Mrd. US-Dollar.

Auch die Skandale der Big Four sind legendär: So wurden beim Luxemburg-Leaks-Skandal 28.000 Seiten bekannt, in denen dokumentiert war, wie PWC die Steuererklärungen von Konzernen wie IKEA, Pepsi, Apple, der Deutschen Bank oder Amazon generalstabsmäßig so manipuliert hatte, dass die Steuerquote auf teilweise unter 0,1% gedrückt wurde. Ein Chefberater wurde bekannt durch die Aussage vor dem Steuerkomitee des britischen Parlaments, für PWC sei etwas legal, wenn die Chance, vor Gericht zu bestehen, bei 50% liege. Ernst&Young zahlte 110 Mio. US-Dollar Strafe im Zusammenhang mit dem Zusammenbruch der Lehman-Brothers wegen Bilanztricks, sowie 95 Mio. Euro beim Konkurs der Maple-Bank. Weiterhin laufen gegen E&Y Hunderte von Klagen wegen des Wirecard-Skandals und ein zweijähriges Verbot der Übernahme von Mandaten deutscher Firmen. Verurteilt wurde E&Y auch wegen Bilanzfälschung bei der Banco National in Brasilien, wegen Insiderhandel und wegen des Gupta-Skandals in Südafrika. Auch Deloitte geriet in die Schlagzeilen. Es soll VW um Honorarrechnungen ausgerechnet bei der Aufarbeitung des Diesel-Abgas-Skandals betrogen haben und wurde 2019 von dem staatlichen Energieversorger ESKOM in Südafrika wegen Korruption verklagt.

Der Raubzug gegen die Entwicklungsländer
Die Hauptleidenden der Steuerdumping-Politik der internationalen Konzerne sind jedoch die Entwicklungs- und Schwellenländer (vgl. Cobham 2022). Das Tax Justice Network schätzt, dass 10% des Vermögens der Welt – etwa 30 Billionen US-Dollar – bereits in Steueroasen untergebracht wurden – darunter ein Drittel aus den Entwicklungs- und Schwellenländern. Jedes Jahr werden eine Billion US-Dollar Gewinne von den Ländern, wo Rohstoffe gewonnen, Waren produziert oder verkauft werden, in Steueroasen ausgewiesen, wo die Geschäftstätigkeit meist nur in der Miete eines Briefkastens besteht. Die Steuerverluste der Entwicklungsländer sind höher als die gesamte Entwicklungshilfe. 2021 haben einkommensschwache Länder 28% ihrer Steuern für die Rückzahlung von Schulden ausgegeben. Das ist viermal so viel wie die Ausgaben für Gesundheit und zwölfmal so viel wie für die soziale Sicherung (vgl. Schmitt/Hauschild 2023).

Abb. 4: Anteil des in Steueroasen gehaltenen Finanzvermögens, 2015 in %

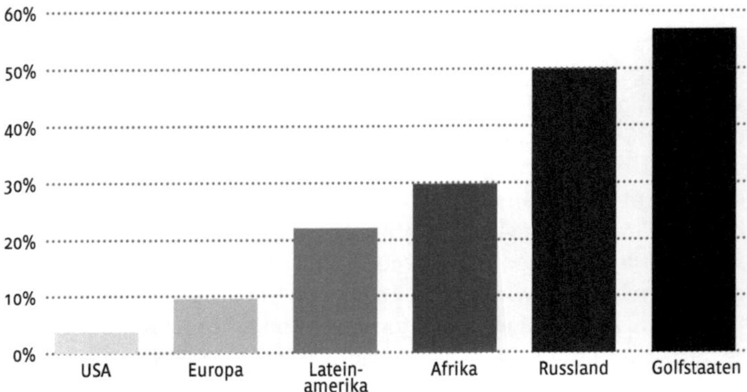

Quelle: piketty.pse.ens.fr/files/Piketty2020SlidesLongVersion.pdf, Figur 12.5 auf Folie 96 (5.12.2023).

Schließlich muss noch eine weitere Gruppe von Ländern besonders erwähnt werden – Autokratien und schwache Demokratien mit einer kleptokratischen Oberschicht. Die Bevölkerungen dieser Staaten leiden in doppelter Weise durch die Kapitalflucht und Steuerflucht ihrer reichen Oberschicht. Zum einen gehen den Ländern Milliarden an Kapital verloren. Zum anderen wird dadurch die wirtschaftliche Entwicklung dieser Länder massiv behindert. Das gilt besonders für Schwellenländer wie Südafrika und Brasilien und für rohstoffreiche Länder wie die Ölstaaten im Nahen Osten und in Afrika *(siehe Abb. 4)*.

Länder wie die USA – aber auch Indien – sind dagegen weniger betroffen. Aufgrund ihrer Größe und Bedeutung sind sie offenbar in der Lage, ihre Magnaten und Konzerne zu zwingen, das Geld im Land zu lassen. Andernfalls fürchten diese negative Konsequenzen für ihre Geschäfte im Land. Ob das auch für China gilt, ist nicht klar. Es gibt Autoren, die sagen, dass China sogar die Hauptquelle der Offshoregelder ist, die dann anschließend über Hongkong wieder zurückgeschleust und in China investiert werden (vgl. Baker 2005; vgl. Xiao 2004).

Die doppelte Rolle der USA

Die US-Milliardäre haben heutzutage weniger Anreize, ihr Geld im Ausland anzulegen. Dies liegt daran, dass die USA mittlerweile fast alle Steueroasen gezwungen hat, die Kontodaten von US-Bürgern an die US-Steuerbehörde zu melden, wo sie voll versteuert werden. Allerdings sieht die Lage für US-Firmen, in denen das Geld der Milliardäre größtenteils steckt, völlig anders aus. Insbesondere die Internet-Konzerne haben dreistellige Milliardenbeträge in den darauf spezialisierten Steueroasen untergebracht. Dabei handelt es sich überwiegend um sogenanntes immaterielles Vermögen, vorrangig geistiges Eigentum (IP – intellectual property), das »Rohmaterial der Steuervermeidung«. Die weltweit verstreuten Töchter des Konzern zahlen dann für die Nutzung des IP. Der berühmteste Fall ist der Google-Algorithmus, der einer Tochter von Alphabet auf den Bermudas gehört.

Die zweite Form von Vermögensverlagerung ist die Kreditvergabe im Konzern. Die einzelnen Gesellschaften bekommen geschickt konstruierte Kredite von einer Konzerntochter in der Steueroase, die dafür ordentlich mit Zinszahlungen vergütet wird. Durch die steuerfreien Gewinne wächst das Vermögen in der Oase und neue Kredite können von dort vergeben werden. Der Steuersatz für Unternehmensgewinne liegt auf den Bermudas bei 0 (in Worten: Null) Prozent. Gabriel Zucman schätzt, dass die Hälfte aller weltweit in Steueroasen ausgewiesenen Gewinne von US-Firmen erbracht werden, ein weiteres Viertel von EU-Firmen. Neben den Internet-Konzernen folgen an zweiter Stelle die Pharma-Giganten (Life-Science). Die wichtigste Steueroase für Konzerne ist das EU-Mitglied Irland – wo mehr virtuelles Kapital lagert als in der Karibik (aber ohne die Bermudas) insgesamt. An dieser Situation hat auch die Steuerreform von Präsident Trump[10] nichts geändert. Er senkte zwar die Unternehmensteuern in den USA von 35 auf 21%, was die Firmen freute. Eine wesentliche Rückführung von Gewinnen aus dem Ausland fand aber nur sehr begrenzt statt.

---

[10] Der Tax Cuts and Jobs Act von 2017 (TCJA) war offensichtlich ein Flop. Es gab wohl nicht Rückführungen von Offshoregeldern in die USA im erwarteten Volumen.

2.3 Banken – die ehrenwerte Gesellschaft

Das zweite große Projekt der neoliberalen Politik von Reagan, Thatcher und Co. neben dem Steuersenkungswettbewerb war die Deregulierung der Finanzmärkte. Tatsächlich waren die Finanzmärkte nach der durchgreifenden Regulierung von 1944 und danach (Bretton-Woods-System) über dreißig Jahre stabil. Die neoliberalen Wissenschaftler und Politiker glaubten, dass sei selbstverständlich – denn nach ihrer Theorie sollten sich die Finanzmärkte optimal selbst regulieren. Das Gegenteil war der Fall. Mit der Deregulierung kehrten auch die Finanzkrisen des Kapitalismus zurück. Als erstes führte die Deregulierung der Banken in den USA zum Zusammenbruch der Sparkassen. Dann folgte die Lateinamerikakrise, in den 1990er-Jahren die Japanische Bankenkrise, 1997 die Asienkrise, dann die Russlandkrise, die Dotcomkrise und schließlich kulminierte alles in der großen Finanzmarktkrise, in der die Staaten und damit die Steuerzahler mit dreistelligen Milliardenbeträgen das Finanzsystem retten mussten, damit nicht die gesamte Wirtschaft wie in den 1930er-Jahren zusammenbrach.

Obwohl die deregulierten Märkte immer instabiler wurden, wurden die Banken keineswegs vorsichtiger. Sie vertrauen darauf, im Notfall gerettet zu werden und verloren jede Scham. Ein besonders auffälliges – aber nicht untypisches – Beispiel ist die HSBC (Hongkong & Shanghai Banking Corp.), ehemals die wichtigste britische Bank in China mit Sitz in Shanghai – nun die größte Bank Europas mit Sitz in London mit einer Bilanz von 2,5 Billionen britischen Pfund im Jahre 2022. Ihre Spezialität: Sie ist die Nummer 1 »bei islamischen Anleihen«. Das sind Geschäfte, bei denen die Kredite nach der Vorschrift des Propheten Mohammed nicht mit Zinsen, sondern mit Disagios finanziert werden. Trotz dieses engen Religionsbezugs ist das Sündenregister dieser Bank beeindruckend: In den letzten Jahren wurde die HSBC zu Geldstrafen von insgesamt circa drei Milliarden Dollar in den USA, Frankreich, der Schweiz und Großbritannien verurteilt. Die von Gerichten festgestellten Delikte reichen von illegaler Berechnung von Scheckgebühren, Geldwäsche für Terroristen und Drogenhändler, illegalen Zwangsverkäufen von privaten Häusern in den USA, deren Kredite sie billig als Paket gekauft hatte, Finanzierung von islamistischem Terror, über Kindersoldaten in Afrika, Handel mit Blutdiamanten und so weiter. In Gerichtsurteilen wurde festgestellt, die HSBC zeige das »Bild einer kriminellen Organisation« oder es wurde ihr eine »durch und durch versaute Unternehmenskultur« bescheinigt (vgl. Süddeutsche Zeitung 2012; vgl. Gallarotti 2015).

Ein zweites Beispiel ist der kürzlich von der Schweizer Bankenaufsicht erzwungene Verkauf der altehrwürdigen Züricher Bank Credit Suisse an ihren Konkurrenten UBS. Was war dem vorausgegangen? Nachdem die CS zugeben musste, dass sie jahrelang ihre Finanzberichte manipuliert hatte und die Notwendigkeit bestand, das Eigenkapital in großem Umfang aufzustocken, ging der Aktienkurs auf Sinkflug und große Privatkunden aus Saudi-Arabien zogen ihr Geld ab. Zuvor war bereits bekannt geworden, dass jahrelang bulgarische Drogenschmuggler ihr Geld bei der CS gewaschen hatten. 2014 musste sie 885 Mio. US-Dollar Strafe zahlen wegen Verkaufs von Immobilienkrediten an Fannie Mae und Freddie Mac mit falschen Angaben. Durch ein Datenleak wurde bekannt, dass die CS mit bekannten Verbrechern, Diktatoren und Steuerflüchtigen weiter Geschäfte gemacht hatte. Und dem bitterarmen Staat Mosambik lieh die CS angeblich eine Milliarde Franken für den Aufbau einer Thunfisch-Flotte. Leider kam das Geld nie an, dafür aber 50 Mio. auf den Privatkonten von Bankbeschäftigten.

Auch die Deutsche Bank musste mindestens fünfmal Strafen in Höhe von dreistelligen Millionenbeträgen wegen Geldwäsche und Steuerhinterziehung (»russischer Geldsalon«), Manipulation des Libor und anderem zahlen. Andere Banken mit dreistelligen Millionenstrafen in den letzten zehn Jahren waren Barclays, RBS, Citigroup, JPMorgan, Royal Bank of Scotland, UBS und Standard Chartered. Man kann es auch so ausdrücken: In dem ehemals vertrauensvollsten aller Geschäfte, dem Bankwesen, scheinen Geldwäsche, Betrug, Manipulation und Finanzierung von Terrorismus und Drogenhandel zum Normalfall geworden zu sein. Strafen unter einer Milliarde Euro bzw. Dollar werden anscheinend nur noch als sinnvolle Ausgaben abgebucht. Die »Erfindung« und Organisation des Cum-Ex-Geschäftes – eines offensichtlich kriminellen Steuerbetrugssystems – war fast schon die logische Konsequenz dieser Entwicklung.

2.4 Die Finanzkrise und die Krise der Demokratie

Die große Finanzkrise 2007 war ein weiterer Wendepunkt in der Geschichte des Kapitalismus. Es wurde offensichtlich, dass die Versprechungen der neoliberalen Ökonom*innen und Politiker*innen Luftschlösser waren und die Krisen zunehmen. In Westeuropa kam es zu einem Einbruch der Industrieproduktion um 20% und weltweit zu einer Zunahme der Hungernden um 100 Mio. Menschen. Nicht die Banken, nicht die Konzerne, sondern die Staaten wurden nun gebraucht, um eine unkontrollierbare Kettenreaktion von zusammenbrechenden Banken und Firmen zu verhindern. Laut der Deutschen Bundesbank nahmen aufgrund der Krise bis Ende 2010 die Schulden der öffentlichen Haushalte in Deutschland um 335 Milliarden Euro oder 13,4% des BIP zu – insbesondere durch die Verstaatlichung der Hypo Real Estate und die Auflösung der WestLB. Weltweit wurden die Verluste durch die Finanzkrise auf mehrere Billionen US-Dollar geschätzt.

Als Reaktion auf die Krise begann eine internationale Diskussion über die Regulierung der Finanzmärkte. Mit den Paketen Basel III und Basel IV[11] wurden eine Reihe von Maßnahmen beschlossen wie die Erhöhung der Eigenkapitalvorschriften. Die kürzliche Pleite der Silicon Valley Bank und der Zwangsverkauf der Credit Suisse machen deutlich, dass immer noch nicht ausreichende Konsequenzen gezogen worden sind. Wieder einmal müssen Steuerzahler*innen dafür bezahlen, dass Milliarden Dollar oder Franken von Investoren gerettet werden, um Schlimmeres zu verhindern. Die dringend nötige Aufspaltung der zu großen »systemrelevanten« Banken und die rechtliche Trennung des klassischen Bankgeschäfts von den spekulativen Bereichen wurde immer wieder vertagt.

Mit dem Vertrauensverlust durch die Krise kehrte auch die erneut wachsende Ungleichheit und die offene Kritik am Kapi-

---

[11] Basel I bis IV (auch Basler Akkord) waren bzw. sind die Empfehlungen für das Eigenkapital von Banken. Sie müssen jeweils von den nationalen Regierungen bzw. der EU-Kommission umgesetzt werden. Der Name ist abgeleitet vom Sitz der Bank für Internationalen Zahlungsausgleich in Basel, die diese Empfehlungen entwickelt. Mitglieder sind zurzeit 28 Zentralbanken der wichtigsten Wirtschaftsnationen (5 Amerika, 9 Asien, 1 Afrika, 1 Australien, 12 Europa).

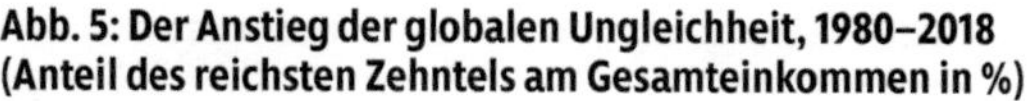
Abb. 5: Der Anstieg der globalen Ungleichheit, 1980–2018 (Anteil des reichsten Zehntels am Gesamteinkommen in %)

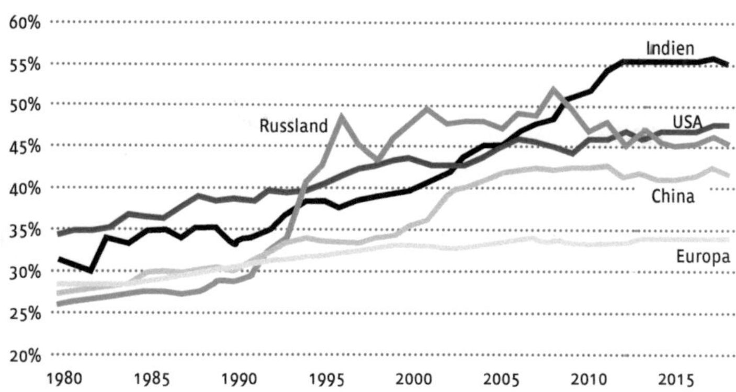

Quelle: Piketty, Thomas: Capital and Ideology. Cambridge 2020. In: piketty.pse.ens.fr/files/Piketty2020SlidesLongVersion.pdf, Figur 0.3 auf Folie 7 (5.12.2023).

talismus ins Bewusstsein der Menschen zurück. Dabei wird die Ungleichheit der Einkommen viel sensibler von den Menschen wahrgenommen als die Ungleichheit der Vermögen. Die Steuersenkungen für Reiche und Konzerne verbunden mit den wachsenden Verbrauchsteuern und Sozialabgaben, haben dazu geführt, dass die Schere zwischen Arm und Reich weltweit immer größer wurde. In den USA hat die Ungleichheit bereits wieder ein Ausmaß wie in den 1920er-Jahren erreicht. Wie die Grafik zeigt, liegen mit den USA und Indien die beiden größten Demokratien der Welt an der Spitze der Ungleichheit. Nur die EU ist im Vergleich noch eine Insel der Seligen. Aber auch hier ist die Tendenz zu wachsender Ungleichheit unverkennbar.

Im Jahre 2012 beauftragte die G20[12] die OECD damit, ein Konzept zur Eindämmung der Steuerflucht zu erarbeiten. Darauf basierend wurden auch schon einige Maßnahmen beschlossen: Eine internationale Mindeststeuer von 15% für Großunternehmen, die Einführung einer weltweiten Bilanz für internationale Großkon-

---

[12] G20 – Gruppe der Zwanzig: Die Gruppe besteht aus 19 der wirtschaftlich wichtigsten Staaten plus der EU.

zerne, die Schaffung von nationalen Unternehmensregistern, aus denen hervorgeht, wem die Firma gehört, und ein internationaler Austausch von Steuerdaten. Aber die Mehrheit der armen Länder betrachtet diese Beschlüsse als völlig unzureichend. Ende 2022 ereignete sich ein Paukenschlag: Die Generalversammlung der Vereinten Nationen beschloss auf Antrag einer Gruppe von afrikanischen Ländern, dass die UN die Steuerpolitik übernehmen soll mit dem Ziel, eine UN Tax Convention nach dem Vorbild der Climate Convention zu beschließen.

Die unbefriedigenden Entwicklungen haben beunruhigende Folgen: Seit der Jahrtausendwende und der Weltfinanzkrise sinkt das Ansehen der Demokratien weltweit. In vielen Demokratien geht die Wahlbeteiligung zurück und autoritäre Parteien gewinnen Stimmen. Auf Basis seiner Analysen kommt Thomas Piketty (vgl. Piketty 2014) zu seiner zentralen Aussage, dass die Abnahme von Ungleichheit im Kapitalismus stets ein Ergebnis von massiven staatlichen Eingriffen in Folge gesellschaftlicher Krisen war. Die wichtigsten waren die extreme Steuerpolitik während und nach den beiden Weltkriegen und die Regulierung der Märkte als Folge der Weltwirtschaftskrise von 1929. Nachdem die Politik sich ab 1980 wieder zurückzog, nahm die Ungleichheit wieder zu und wächst weiter bis zu extrem ungerechten Verhältnissen an, wie es insbesondere die Entwicklung in den USA deutlich macht. Wenn sich diese Entwicklung fortsetzt, werden wieder Zustände wie vor dem ersten Weltkrieg entstehen, die die Gesellschaft zerreißen und die Demokratie destabilisieren.

Als Konsequenz aus seinen Ergebnissen fordern Piketty und andere Autoren politisches Eingreifen. Natürlich nicht neue Kriege und Krisen, sondern progressive Vermögens- und Einkommensteuern. In Analogie zu der erfolgreichen Politik Roosevelts hält er Spitzensätze bei der Einkommensteuer und der Erbschaftsteuer von über 90% für Milliardäre für erforderlich. Nur so sei dieser Trend umzukehren.

Die Notwendigkeit einer solchen Politik wird noch verstärkt durch die großen umwelt- und klimapolitischen Herausforderungen. Diese werden wir im folgenden Kapitel darstellen.

»Eine zweite Arche Noah wird es nicht geben, die uns in eine bessere Zukunft hinüberrettet.« (Richard v. Weizsäcker, zit. n. Kaminski 2020)

3. Die große Transformation

1972 erschien ein unscheinbares Büchlein, das nicht den Eindruck erweckte, es sei ein Bestseller, von dem eines Tages 30 Millionen Exemplare in 30 verschiedenen Sprachen verkauft werden würden (vgl. Meadows/Randers/Behrens 1972).[13] Denn es enthielt nur die trockene Analyse einer Simulation des Computerprogramms »World 3«. Es hieß »Die Grenzen des Wachstums«. Was so viel Furore machte, war die Aussage, dass es noch vor dem Jahr 2100 zu einem Zusammenbruch der Weltwirtschaft kommen würde, wenn nicht massiv gegengesteuert würde. Tatsächlich hat dieses Büchlein die Parameter für jede Art von Zukunftsvision grundlegend geändert.

Warum war der Glaube (von hochdotierten Wissenschaftlern und Nobelpreisträgern – fast ausschließlich Männer) in das unbegrenzte Wachstum ein Irrtum? Zum Verständnis erzählen wir gerne eine wahre Geschichte: 1944 brachte die US-Küstenwache 29 Rentiere auf die abgelegene St. Matthew-Insel in der Beringsee. Bis 1963 war die Population auf 6.000 Rentiere gewachsen. Allerdings gab es bereits Krisensignale. Die durchschnittliche Wuchshöhe der Flechten, von denen sich die Rentiere ernährten, war von 10cm auf 1cm zurückgegangen. Und das Durchschnittsgewicht der Rentiere hatte um 40% abgenommen. Als dann ein harter Winter folgte, brach die Population zusammen. Im Jahre 1966 zählten Wissenschaftler nur noch 42 Tiere. Wenige Jahre später war die Population ausgestorben. Was lernen wir daraus?

3.1 Grenzen des Wachstums und des Kapitalismus

Auch in der Geschichte der Menschheit ereignete sich mehrmals ein solcher zumindest regionaler Kollaps (vgl. Diamond 2005). Meist war die Bevölkerungsdichte durch die Menge der verfüg-

---

[13] Es war ein Bericht an den Club of Rome, eine internationale Wissenschaftler-Vereinigung.

baren Nahrungsmittel begrenzt. In einigen Sonderfällen war es auch die Wassermenge oder die begrenzte Menge anderer Rohstoffe, die Zivilisationen kollabieren ließ. Ein besonders eindrucksvolles Beispiel ist der ökonomische Zusammenbruch der Hochkultur auf der Osterinsel. Auf dieser Insel im Pazifik sank die Bevölkerung auf ein Zehntel, nachdem alle Wälder abgeholzt worden waren.

Heute geht es aber nicht um das Schicksal einer Insel, sondern um die ganze Erde. Und es gibt noch einen grundlegenden Unterschied zu vergleichbaren historischen Situationen. Es handelt sich nicht um einen einzigen Faktor, der knapp zu werden droht und das weitere Wachstum begrenzt. Meadows und seine Mitautoren haben vielmehr eine Vielzahl von Parametern ausgemacht, bei denen unsere Gesellschaft nahezu zeitgleich an eine Grenze zu stoßen droht:

- Umweltfaktoren: Es gibt eine Reihe von Grenzen für die Belastung der Umwelt wie Giftemissionen (Beispiel DDT), die FCKW-Emissionen, die das Ozonloch verursacht haben, die Überdüngung und andere. Bisher konnte darauf durch internationale Abkommen reagiert werden. Die Grenze für die Emission von Treibhausgasen, die den Klimawandel auslösen, ist also nur eine von vielen Herausforderungen. Allerdings hat sie eine unvergleichlich größere Dimension, weil die Verhinderung des Klimawandels gravierende Eingriffe in die gesamte Produktionsweise – zum Beispiel in das Bauwesen, die Energiewirtschaft, die Autoindustrie, die Kunststoffchemie und die Ernährung erfordert.
- Ressourcenknappheit: Es gibt eine ganze Reihe von Rohstoffen, die bereits knapp zu werden drohen. Das gilt besonders für viele Metalle.
- Erschöpfung der Energiequellen: Sowohl die fossilen Energiequellen wie auch die radioaktiven Energiequellen gehen viel schneller zu Ende, als lange geglaubt wurde.
- Nahrungsknappheit: Trotz aller agrartechnischen Fortschritte scheint auch die Nahrungsproduktion aufgrund der begrenzten bebaubaren Fläche auf ein Maximum zuzusteuern. Durch Bodenerosion gehen sogar erhebliche Flächen verloren.

Die Analysen mit Hilfe von World 3 (und späteren ausgefeilteren Programmen) haben ergeben, dass praktisch alle Grenzen noch innerhalb dieses Jahrhunderts erreicht werden. Wenn man im Programm »World 3« eine dieser Grenzen herausnimmt, indem man zum Beispiel die verfügbaren Ackerflächen oder Rohstoffe künstlich erhöht, dann läuft das Programm sofort gegen eine andere Grenze. Kaum jemandem ist bewusst, wie explosiv das Wachstum der letzten 150 Jahre war. Als die Großeltern der Autoren Ende des 19. Jahrhunderts geboren wurden, lebten weniger als eine Milliarde Menschen auf der Erde. In unserer Jugend in den 1950er-Jahren waren es schon 2,5 Milliarden. Heute sind es bereits 8 Milliarden. Im Jahre 2050 werden zwanzigmal so viele Menschen auf der Erde leben wie zur Zeit der französischen Revolution. Da ist der Begriff »Explosion« angemessen.

Diese Kombination von Bevölkerungsexplosion, explosiver Zunahme des Energie- und Rohstoffverbrauchs und explosiv wachsenden Emissionen in die Umwelt führt dazu, dass die Menschheit überall an die Grenze der Belastbarkeit des Globus stößt. Das Wachstum geht zu Ende – muss zu Ende gehen – weil die Erde endlich ist! Daran ist nicht zu rütteln. Nun haben wir offensichtlich nur zwei Alternativen: Entweder es gelingt uns, rechtzeitig dieses Wachstum zu stoppen, oder wir fahren unsere Zivilisation ökologisch gegen die Wand, mit verheerenden ökologischen, ökonomischen und in der Folge auch politischen Konsequenzen.

Nun könnte man einfach sagen: Okay – wir haben ja in den entwickelten Ländern genug, warum brauchen wir noch mehr? Leider ist das nicht so einfach. Denn die ständige Expansion – das Wachstum – hat in den letzten dreihundert Jahren nicht nur unsere Wirtschaft, sondern unsere gesamte Lebensweise, unser Finanzsystem und auch unsere Kultur, unser Denken und unsere Demokratie entscheidend geprägt. Machen wir uns klar: Diese expansive Wachstumsphase ist das, was wir üblicherweise »Kapitalismus« nennen.

Wenn wir das Wachstum beenden, dann beenden wir damit dieses ungeheuer dynamische Wirtschaftsmodell, das Karl Marx als Kapitalismus beschrieben hatte – und zwar nicht durch eine politische Revolution, sondern einfach deshalb, weil »die Rentiere kein

Futter mehr haben«. Das mag ein Alptraum sein für die Vorstände, aber auch für die Arbeiter vieler Industrien und Rohstoffkonzerne. Auch so mancher Linke und Sozialist, der in der Tradition des dreihundertjährigen Kampfes gegen den Kapitalismus steht, kann oder will es nicht glauben. Nur: Das Ende des Kapitalismus ist nicht die erhoffte Erlösung. Es stellt uns vielmehr vor völlig neue Probleme. Es stellt uns vor die Frage: Was nun?

Wenn es gut geht, dann erreichen wir ein neues Gleichgewicht – die Zukunftsgesellschaft, von der wir heute noch nicht wissen, wie sie aussehen wird. Ulrich Beck sprach von einer Metamorphose der Gesellschaft – um damit den radikalen Bruch zu kennzeichnen, vor dem wir stehen (vgl. Beck 2016). Andere reden von Postwachstumsgesellschaft, postmoderner Gesellschaft, Multioptionsgesellschaft, Wissensgesellschaft, Informationsgesellschaft, Erlebnisgesellschaft (vgl. Pongs 2007). Alle diese Bezeichnungen kennzeichnen unterschiedliche Aspekte der Welt von Morgen.

Wir werden im Folgenden lieber von »Gleichgewichtsgesellschaft« sprechen. Das trifft die bevorstehende Aufgabe besser. Denn das entscheidende Kriterium der zukünftigen Gesellschaft ist nicht Wachstum, womit üblicherweise der wachsende Verbrauch von menschlichen und natürlichen Ressourcen gemeint ist, sondern die Schaffung von ökologischen Kreisläufen. Das ökonomische Denken und die reale Wirtschaft sind vom »Verbrauch« auf »Erhalt« umzustellen. Unter welchem Label der Umstellungsprozess läuft, wie z. B. »Green New Deal« oder anders, ist nicht relevant.

3.2 Das neue Gleichgewicht

Wir stehen also vor der Herausforderung, unsere gesamte Lebens- und Produktionsweise so anzupassen, dass die Menschheit wieder mit der Natur und den Ressourcen dieses Planeten im Gleichgewicht leben kann. Was bedeutet das nun für die Ökonomie und für das politische Handeln? Wie können wir das Bestmögliche tun, um uns auf die Situation einzustellen? Diese Frage haben sich in den vergangenen Jahrzehnten viele Ökologen und Ökonomen gestellt. Man kann diesen Prozess in folgenden sieben Aufgaben zusammenfassen:

1. Die Umstellung auf Erneuerbare Energien

Auch ohne Klimawandel würden die fossilen Rohstoffe in diesem Jahrhundert zu Ende gehen. Wir hätten nur maximal 50 Jahre länger Zeit. Die radioaktiven Brennstoffe reichen bei einer weiteren Nutzung der Atomenergie sogar nur für wenige Jahrzehnte (vgl. Hentschel 2013). Daher müssen wir in Zukunft unsere Energie ausschließlich aus Erneuerbaren Energien – also im Wesentlichen aus Sonne, Wind, Wasser (Stauseen, Gezeiten) und Reststoffe aus Biomasse (Gülle, Kompost, aber kein Anbau mehr wie Mais oder Raps!) gewinnen.

2. Die Recyclingwirtschaft

Auch die Rohstoffvorhaben werden immer seltener und die Ausbeutung wird immer teurer und belastet zunehmend die Umwelt. Das betrifft vor allem viele Metalle. Schon heute steigen die Recycling-Quoten bei vielen Rohstoffen kontinuierlich an. Die Reduzierung der Klimagase erfordert ebenfalls einen beschleunigten Übergang zur Recyclingwirtschaft. Das ist aber erst der Anfang. Nun stehen wir vor der Aufgabe, neue Produkte systematisch so zu konzipieren und die Produktionsprozesse so zu organisieren, dass wir zu einer Recyclingwirtschaft übergehen, in der all die Rohstoffe, die nicht nachwachsen, fast hundertprozentig wiederverwendet werden.

3. Das Artensterben – Flächen für die Natur

Um die Biosphäre zu retten, ist noch ein weiteres Vorhaben zwingend erforderlich. Wir müssen genügend Naturräume sichern, damit auch solche Arten überleben können, die sich der vom Menschen gestalteten Kulturlandschaft nicht anpassen können. Und das betrifft in Mitteleuropa bereits die Hälfte aller Arten. Insbesondere die Extrembiotope wie Feuchtgebiete und Trockengebiete sterben in unserer fast schon industriell gestalteten Agrarsteppe aus. Deswegen müssen ausreichend große Schutzgebiete und Nationalparks ausgewiesen werden und sie müssen so vernetzt werden, dass die Arten auf natürliche Weise wandern können. Aber selbst wenn wir 20 oder gar 30% der Fläche unter Naturschutz stellen, reicht das nicht aus. Wenn wir verhindern wollen, dass sich in den Böden immer mehr Gifte ansammeln, dann müssen die Landwirtschaft und Forstwirtschaft als die Hauptnutzer des ländlichen Raumes in den kommenden Jahrzehnten vollständig auf ökologische Bewirtschaftungsformen umgestellt werden.

4. Null Emissionen

Alles Leben auf der Erde ist Teil der Biosphäre, einer verglichen mit dem Erddurchmesser hauchdünnen Schicht, die unseren Globus bedeckt. Wir Menschen sind Teil dieser Biosphäre und brauchen sie zum Leben. Zurzeit emittieren Wirtschaft und Verbraucher*innen zehntausende von verschiedenen Substanzen in die Umwelt, die in der Natur nicht vorkommen und deshalb nur sehr schwer und mit teilweise zerstörerischen Folgen abgebaut werden können. Die Weltmeere verwandeln sich zunehmend in eine Suppe aus Mikroplastik.

Wir dürfen deshalb keine Stoffe mehr in Luft, Wasser und Erde emittieren, die dort von Natur aus nicht oder nicht in diesen Mengen vorkommen. Kunststoffe müssen so »designed« werden, dass sie vollständig abbaubar sind und wieder in den Naturkreislauf eingehen können. Verbindungen wie zum Beispiel das weit verbreitete PVC, das über Jahrhunderte nicht abgebaut wird und dann starke Gifte wie Dioxin hinterlässt, müssen verboten werden. Diese Aufgaben zu lösen, erfordert einen weitgehenden Umbau unserer gesamten Chemieindustrie. Die erforderliche Kraftanstrengung, um dies zu bewerkstelligen, wird möglicherweise noch schwieriger werden als die 40 Jahre andauernden Verhandlungen um das Klimaabkommen und ist nach der Umsetzung des Klimaabkommens (hoffentlich) und des Artenschutzabkommens die nächste große internationale Aufgabe.

5. Das Bevölkerungswachstum stoppen

Die Bevölkerung der Menschheit darf nicht weiter wachsen. Denn selbst wenn wir die genannten vier Punkte umsetzen, bleiben die verfügbaren landwirtschaftlich nutzbaren Flächen und die Gesamtmenge der Rohstoffe begrenzt. Ein Wohlstand für alle ist auf einem begrenzten Globus nur für eine begrenzte Bevölkerungszahl möglich. Das Ende des Bevölkerungswachstums lässt sich jedoch nicht verordnen. Das erfordert soziale Rahmenbedingungen wie eine Altersabsicherung, die es den Menschen akzeptabel erscheinen lässt, auf die Sicherheit der Großfamilie zu verzichten. Der entscheidende Hebel für die Begrenzung der Geburtenrate scheint jedoch nach den Untersuchungen des Ökonomen und Nobelpreisträgers Amartya Sen die Bildung der Frauen zu sein (vgl. Sen 2000). Selbst in Staaten mit einem niedrigen Prokopfeinkommen wie dem südindischen Bundesstaat Kerala war eine erfolgreiche Senkung der Geburtenrate möglich, nachdem dort die allgemeine Schulpflicht auch für Mädchen durchgesetzt wurde.

6. Treibhausgase und Klimawandel stoppen
Seit etwa 70 Jahren weiß die Wissenschaft, dass aufgrund der zunehmenden Konzentration von Treibhausgasen in der Atmosphäre sich die Erde wie ein Treibhaus erwärmt.

Die aktuellen Berichte des Weltklimarates seit 2018 haben die Situation erneut zugespitzt. Sie machen nun deutlich, dass wir möglichst unterhalb einer Erwärmung von eineinhalb Grad bleiben müssen. bis dahin war man von zwei Grad ausgegangen. Dieses 1,5-Grad-Ziel ist nur erreichbar, wenn die Transformation der Welt in eine klimaneutrale Gesellschaft und Wirtschaft bereits bis 2050 gelingt. Die Hochemissionsländer wie Deutschland sollten sogar schon 2040 kaum noch Treibhausgase emittieren.

7. Die Transformation der Ökonomie
Wenn wir diese sechs Aufgaben in Angriff nehmen, dann wird die Politik mit einer siebten Aufgabe konfrontiert, die sich vermutlich als die schwierigste herausstellen wird: Wir brauchen auch eine neue Ökonomie. Dies betrifft alle ökonomischen Systeme – von der Weltwirtschaft und dem Weltfinanzsystem über das nationale Gesellschafts- und Bankenrecht bis hin zu den Steuer-, Renten- und Sozialsystemen. Denn viele dieser Systeme sind in den letzten zweihundert Jahren so gestaltet worden, dass sie auf ständiges Wachstum angelegt waren. Jetzt brauchen wir eine Ökonomie, die entweder ohne Wachstum, mit weniger Wachstum oder mit einem anderen Wachstum funktioniert.

3.3 Suffizienz- oder Effizienzstrategie

Dabei stellt sich zunächst die Frage, was mit dem Ende des Wachstums gemeint ist? Häufig wird dies auf das Bruttoinlandsprodukt – also eine ökonomische Kennzahl – bezogen. Dies ist aber sicherlich nicht gemeint. Denn im Kern geht es beim »Ende des Wachstums« um den realen Ressourcenverbrauch. Beim Flächenverbrauch geht es sogar um mehr als das »Ende des Wachstums«, nämlich um eine Reduzierung der genutzten Flächen – verbunden mit Neuaufforstung, Umwandlung von Nutzflächen in Urwälder oder andere Naturschutzflächen usw. Im Bereich des Recycling geht es darum, die nicht nachwachsenden Rohstoffe immer wieder zu benutzen. Die Nutzung nachwachsender Rohstoffe dagegen kann in einem gewissen Umfang zunehmen, wenn die begrenzten Flächen das zulassen.

Zur Beendigung der Wachstumsökonomie werden zwei Antworten – zwei Strategien – für die Metamorphose vorgeschlagen: Die Suffizienzstrategie und die Effizienzstrategie. Die Erstere will das Wachstum stoppen, indem wir unsere Bedürfnisse reduzieren und den gegebenen Grenzen unserer Welt anpassen (vgl. Paech 2012; vgl. Herrmann 2022). Deswegen wird auch von der Degrowth-Theorie gesprochen. Die Effizienzstrategie dagegen will die Produktion immer effizienter und die Ressourcen sparender einsetzen und so den Verbrauch an Energie, Bodenflächen und Rohstoffen vom Wachstum entkoppeln. Deswegen spricht man auch von einer Entkopplungsstrategie. Damit ist gemeint: Der Lebensstandard kann wachsen (grünes Wachstum), aber der Verbrauch an Ressourcen wird drastisch reduziert.

Tim Jackson gilt als der prominenteste Ökonom der Suffizienzstrategie (vgl. Jackson 2009). Für ihn gibt es zwei inhärente Ursachen für das kontinuierliche Wachstum: Auf der einen Seite steht das Bemühen der Wirtschaft, den Absatz kontinuierlich zu steigern. Dies ist vor allem ein Problem von Monopolen und großen Kapitalgesellschaften, die auf das Wachstum angewiesen sind, um die erwarteten Dividenden zu liefern. Sie produzieren permanent neue und interessante Produkte, um die Nachfrage anzuregen. Diese Konzerne müssen sich umstellen – bzw. müssen umgestellt werden. Kleine und mittlere Unternehmen – insbesondere Familienunternehmen – haben weniger Probleme. Sie wollen oft lediglich den Lebensunterhalt der Eigentümerfamilien und der Beschäftigten sichern. Sie sind nicht auf Wachstum – wohl aber auf Kontinuität angewiesen.

Als zweite Ursache des Wachstums identifiziert Jackson uns selbst, die Konsument*innen. Wir kaufen viele Konsumgüter nicht, um unsere materiellen Bedürfnisse zu befriedigen. Wir kaufen bestimmte Label und bestimmte Geräte, weil wir damit einen Lebensstil dokumentieren wollen. Jackson drückt es so aus: »Konsumgüter sind eine symbolische Sprache, in der wir ständig miteinander kommunizieren, nicht über die Güter an sich, sondern über das, was wirklich zählt: Familie, Freundschaft, Zugehörigkeit, Gemeinschaft, Identität, sozialer Status, Bedeutung des Lebens.« Wir kaufen also Güter, damit man uns bemerkt, uns einbezieht, uns mag, unser Freund wird. Um mehr Glück zu bekommen, wird immer mehr gekauft – und je ungleicher die Gesellschaft ist, desto stärker versuchen wir mehr zu »scheinen« als zu »sein«. Der Schweizer Ökonom Mathias Binswanger nannte diesen Effekt »Die Tretmühlen des Glücks – Wir haben immer mehr und werden nicht glücklicher« (Binswanger 2006).

Deshalb wird dieser Wettbewerb um mehr Status und der damit verbundene Stress verstärkt, wenn die Unterschiede bei den Einkommen größer sind. Durch mehr Gleichheit in der Gesellschaft wird der Statuswettbewerb dagegen gedämpft (vgl. Wilkinson/Pickett 2010).[14] Auch hier kann das Steuersystem eine wichtige Funktion erfüllen.

Das Fazit von Tim Jackson lautet: Es gibt sowohl bei den Produzent*innen als auch bei den Konsument*innen starke psychologische und strukturelle Impulse (Konkurrenz), die das Wachstum ständig antreiben. Grundsätzliche ökonomische Hindernisse, das Wachstum zu stoppen, gibt es dagegen nicht. Die ökonomischen Systeme würden auch ohne Wachstum weiter funktionieren.

Es gibt aber erhebliche Probleme mit dieser Suffizienzstrategie: Zum einen mag eine drastische Konsumreduzierung für die reichen Länder noch plausibel klingen. Aber angesichts des be-

---

[14] Mehr dazu in Kapitel 4.

stehenden Elends in großen Teilen der Welt ist es für viele Staaten kaum realistisch, den Menschen zu predigen, sie sollten sich einschränken. Zum anderen führt eine Konsumreduktion keineswegs zur Klimaneutralität und auch nicht zur Recyclingwirtschaft. Wir wollen ja die Emissionen nicht halbieren, sondern auf null senken!

Darauf versucht die Effizienzstrategie eine Antwort zu geben. Einer ihrer bekanntesten Vertreter, Ernst Ulrich von Weizsäcker, stellte in seinem Buch »Faktor Fünf« das Konzept vor, wie die Energieproduktivität, die Stoffproduktivität und die Transportproduktivität verfünffacht werden können (vgl. Weizsäcker/Hargroves/Smith 2010). Auf diese Weise soll der Wohlstand mehr als verdoppelt und zugleich der Ressourcenverbrauch halbiert werden. Der Gedanke dieser Strategie ist relativ einfach: Wenn wir es schaffen, trotz Wachstum des BIP den Verbrauch an Ressourcen und die Belastung der Umwelt schneller als das Wachstum zu reduzieren, also Produktion und Ressourcenverbrauch zu entkoppeln, dann wird nachhaltiges Leben auch in Zukunft möglich sein.

Wenn wir zum Beispiel die Energieproduktion zu 100% auf Erneuerbare Quellen umstellen, dann produzieren wir viel weniger CO_2, als wenn wir die Hälfte des Stroms einsparen. Wenn wir ein Passiv-Plus-Haus bauen, dann sparen wir nicht nur Energie, wir können im optimalen Fall durch Solarthermie und Photovoltaik sogar noch welche dazu gewinnen. Und was ist mit dem Beton und Stahl der Anlagen? Nun – beim Stoffverbrauch kommt es darauf an, dass die Gesamtmenge des Materials, das verarbeitet wird, durch Recycling konstant gehalten wird und nur solche Emissionen in die Umwelt freigesetzt werden, die die Natur wieder verarbeiten oder kompensieren kann. Zugleich muss die Produktion von Baustoffen und Heizanlagen einschließlich der dafür erforderlichen Rohstoffe ebenfalls klimaneutral erfolgen.

Stellt man die beiden Strategien gegeneinander, dann stellt man fest, dass sie sich keineswegs gegenseitig ausschließen – sondern eher ergänzen. Vermutlich wird keine der beiden Strategien allein ausreichen, um die Wende hinzubekommen – es geht also in der Praxis nicht um ein »Entweder-Oder«, sondern um eine intelligente Kombination, bei der sich die beiden Ansätze ergänzen können.

Tatsächlich sieht es zum Glück so aus, dass die technische Machbarkeit des Übergangs nicht mehr das eigentliche Problem darstellt. Die technologischen Fragen sind bereits weitgehend gelöst. Die Energieversorgung durch Wind, Sonne und Wasser ist machbar. Die Umstellung des Transportsektors auf elektrische Fahrzeuge ebenfalls. Die Umstellung der Chemieindustrie wird eine extreme Herausforderung sein. Aber technisch stellt selbst der Ausstieg aus der Clorchemie keine unlösbare Aufgabe dar. Das größte Problem wird nach heutigem Kenntnisstand die Umstellung der Landwirtschaft sein.

Natürlich wird es Restemissionen von Treibhausgasen geben. Die müssen kompensiert werden – durch Aufforstung oder durch technische Verfahren. Das wird sehr teuer und muss von den Emittenten bezahlt werden – aber auch das ist machbar. Es geht also »nur« noch um die ökonomische, finanzielle und politische Bewältigung des Überganges, also um das Management des Technologiewechsels hin zum neuen Gleichgewicht.

3.4 Die Ökonomie der Transformation

Wie aber können wir eine so gewaltige Umstellung bezahlen? Es gibt einige Studien, die das Projekt Energiewende oder einzelne Teile davon durchgerechnet haben (vgl. Hentschel/Krenzer u. a. 2020; vgl. Fraunhofer IWES 2014; vgl. IEK 2019). Dabei betrachten die Autor*innen die Energiewende wie eine Investition eines Unternehmens, also zum Beispiel wie den Neubau einer Fabrik. So kam das Fraunhofer IWES zu folgendem Ergebnis: Die Energiewende ist ein »risikoarmes Investitionsvorhaben« mit »positiver Gewinnerwartung«. Selbst ambitionierte Klimaziele wie eine vollständige Umstellung auf Erneuerbare Energien rechnen sich. Sobald die Umstellung erfolgt ist, führt das Projekt Energiewende wegen der sinkenden Energiekosten zu großen Gewinnen (Rendite 4–7% pro Jahr) für die Gesellschaft. Die dann noch anfallenden laufenden Kosten für Investitionen und Betrieb der Anlagen liegen deutlich unter den heutigen Kosten für fossile Brennstoffe. Die Energiewende würde sich auch dann lohnen, wenn Deutschland sie im nationalen Alleingang durchführt. Einige Wirtschaftszweige wie die Stahlindustrie und die Zementindustrie können den Übergang aber nicht selbst finanzieren und müssen beim Neubau oder Umbau ihrer Anlagen aus Steuermitteln unterstützt werden.

Insgesamt werden die zusätzlichen Kosten für die Umstellung Deutschlands auf eine klimaneutrale Gesellschaft zwischen eineinhalb und zweieinhalb Billionen Euro liegen (vgl. BCG 2018). Der größte Teil davon fällt auf den Ausbau der Erneuerbaren Energien einschließlich der Netze und Speicher und auf die Dämmung der Häuser und den Einbau neuer Heizanlagen. Legt man die Kosten auf 20 Jahre um, dann fallen zusätzlichen Kosten von ca. 80 bis 130 Mrd. Euro pro Jahr an – also etwa 3–4% des Bruttoinlandsproduktes. Das ist eine gewaltige, aber bewältigbare Anstrengung. Ein Großteil der Investitionen kann von den Akteuren selbst finanziert werden. Staatliche Zuschüsse werden vor allem im Wohnungssektor, beim Ausbau der Fernbahn- und Stadtbahnnetze und beim Umbau der Stahl-, Chemie- und der Zementindustrie erforderlich sein. Hinzu kommt der Umbau der Landwirtschaft, der überwiegend über die Agrarmittel der EU erfolgen soll, aber auch nicht kostenneutral sein wird. Rechnet man insgesamt mit einem Anteil des Staates (EU, Bundesregierung, Länder bis hin zu den Kommunen) von 20%, dann sind jährlich zusätzliche Mittel in der Größenordnung von bis zu 25 Mrd. Euro erforderlich. Da ein Großteil der Investitionen für den Haussektor in den Kommunen und für den Ausbau der Stadtbahnen insbesondere in den Städten anfallen wird, kommt es darauf an, dass diese dafür finanziell ausreichend ausgestattet werden.

Auf der Gegenseite der Rechnung stehen die Kosten für Rohstoffe und insbesondere die für fossile Brennstoffe. Sie lagen im Jahre 2011 bei knapp 100 Milliarden Euro mit sinkender Tendenz. Im Laufe der Energiewende werden diese Kosten jährlich weniger werden. Das Fraunhofer IWES hat für eine Transformationszeit von 40 Jahren folgende Kalkulation angestellt: Würde man die gesamte Energiewende über Kredite finanzieren, dann würde der sogenannte »Break-Even«-Punkt bereits nach 15 Jahren erreicht. Ab dann sind die zusätzlichen Investitionen + die Restsumme für die fossilen Brennstoffe + die Zinsen zusammen geringer, als es die Kosten für fossile Brennstoffe ohne Energiewende wären. Wenn die zusätzlichen Investitionen über Kredite finanziert werden, dann kann ab diesem Zeitpunkt damit begonnen werden, die Kredite zurückzuzahlen.

Will man allerdings die Klimaneutralität schon 2040 erreichen, dann muss in den ersten Jahren deutlich mehr investiert werden. Allerdings sinken dann die Ausgaben für fossile Brennstoffe ebenfalls viel früher und schneller. An den grundsätzlichen Aussagen der Fraunhofer-Studie würde sich dadurch nichts ändern. Die Gesamtrentabilität der Investitionen steigt sogar, je schneller die Transformation durchgeführt werden kann. Die Geschwindigkeit hängt aber nicht nur von den bereitgestellten Mitteln, sondern vor allem von den verfügbaren Arbeitskräften ab. Der größte Engpass wird vermutlich die Zahl der Handwerker für die energetische Sanierung des Gebäudesektors sein.

3.5 Ungleichheit und politisches System

Die spannende offene Frage besteht darin, wie sehr auch das politische und ökonomische System transformiert werden muss. Denn bei der Menge an Transformationskosten, die der Staat, die Bürger*innen und die Wirtschaft aufbringen müssen, können wir es uns aus Gründen der Gerechtigkeit und der Erhaltung des sozialen Friedens einfach nicht leisten, auf das große Steuerpotenzial der Reichsten der Gesellschaft weiter zu verzichten oder die Ungleichheit sogar weiter wachsen zu lassen.

Denn fest steht eine sehr unerfreuliche Tatsache: Die Ungleichheit hat in den letzten Jahrzehnten in allen Staaten zugenommen – besonders auffällig in den USA, Russland, China und Indien. Wahrscheinlich ist es kein Zufall, dass seit der Jahrtausendwende die Demokratien erheblich an Ansehen verloren haben. Das gilt besonders für die USA, die lange Zeit für Menschen in aller Welt ein Vorbild und Zufluchtsort war.

Die folgende Tabelle stellt dar, wie es mit der Ungleichheit der Einkommen und der Vermögen in den wichtigsten Staaten aussieht. An der Spitze der Ungleichheit stehen (noch?) demokratische Staaten wie die USA, Südafrika und Brasilien – alles übrigens Staaten, die ehemals rassistische Regime waren und in denen vermutlich die Vergangenheit nachwirkt. Relativ gut schneiden die

Tab. 1. : Ungleichheit der Einkommen und der Vermögen

Gini-Index Vermögen*		Gini-Index Einkommen		Gemittelt
USA, Russland, Schweden	> 85 %	Südafrika, Brasilien, Mexiko	> 45 %	**USA, Brasilien, Südafrika**
Deutschland, Brasilien, Indien, Saudi-Arabien, Südafrika, Nigeria, Indonesien	> 80 %	Iran, Türkei, USA, Teile Südamerika	> 40 %	**Russland, Mexiko, Saudi-Arabien**
Mexiko	> 75 %	China, Indien, Russland, Nigeria, Indonesien	> 35 %	**Indien, Nigeria, Indonesien**
China, Kanada, GB, Iran	> 70%	GB, EU, Kanada, Japan, Australien	> 30 %	**Deutschland, Schweden, China, Iran**
Australien, restliche EU, Japan	< 70 %	Skandinavien	< 30 %	**Kanada, GB, EU, Japan, Australien**

*Der Gini-Index ist der am häufigsten verwendeten Maßstab für Ungleichheit. Er liegt in einer Spannbreite von 0% (alle sind absolut gleich – also echter Kommunismus) und 100% (einer besitzt alles, alle anderen haben nichts). Die reale Ungleichheit bei den Einkommen nach Abgaben und Sozialtransfer liegt in Deutschland bei etwa 31%, in Schweden bei 28 %, in Großbritannien bei 33%, in den USA bei 42%, in Brasilien über 51%, in Südafrika bei 63%. Die Ungleichheit bei den Vermögen ist durchweg viel höher. In Deutschland zum Beispiel über 80%. Siehe Wikipedia. Quelle: Eigene Berechnung.

EU, Japan, Kanada und Australien ab. Aber auch da hat die Ungleichheit zugenommen!

Betrachtet man nur die Einkommen, dann findet man die geringste Ungleichheit wie erwartet in den skandinavischen Ländern – dahinter folgen die EU, Japan und die angelsächsischen Länder Großbritannien, Kanada und Australien – nicht dagegen die USA, wo die Ungleichheit dramatisch zugenommen hat.

Bei den Vermögen findet man die geringste Ungleichheit in der EU, Australien und Japan. Es gibt aber drei überraschende Ausreißer: So liegt neben den USA auch das ehemals sozialistische Russland und ausgerechnet Schweden an der Spitze der Ungleichheit. Und auch Deutschland fällt in der EU mit einem Gini-Index von über 80% völlig aus dem Rahmen.

Es stellt sich also die Frage: Sind die Demokratien in der Lage, die Ungleichheit wirksam und deutlich zurückzuführen und den nötigen Umbau der Gesellschaft zu bewältigen?

Die Gefahr ist offensichtlich. Die Transformation betrifft die Wirtschaft, die Landwirtschaft, unseren Konsum, den Verkehr, unsere Häuser, unsere Energieversorgung – zusammengefasst: Unsere gesamte Lebensweise. Wir merken zurzeit, welche gewaltigen Widerstände dadurch hervorgerufen werden. Daher muss man damit rechnen, dass die Transformation scheitern wird, wenn die Menschen das Gefühl haben, dass es dabei ungerecht zugeht und dass sich nur die Reichen den Umstieg auf Elektroautos, Wärmepumpen und biologische Nahrungsmittel leisten können.

Und es hilft auch nichts, darauf zu verweisen, dass autoritäre Staaten in Bezug auf Klimapolitik und Gerechtigkeit nicht besser dastehen. Denn überall gerät die liberale Demokratie zunehmend unter Druck. Die Wählerschaft von rechtsautoritären Parteien, die den Klimawandel oder Corona oder andere Bedrohungen einfach leugnen, wächst: Donald Trump in den USA, Boris Johnson und der Brexit in UK, Viktor Orbán in Ungarn und zuletzt der Wahlsieg von Giorgia Meloni in Italien, einer früheren Bewunderin des Faschismus, von dem sie sich aber zuletzt distanziert hat. Sie geben angesichts der Globalisierung den »Fremden« die Schuld – seien es US-Konzerne, Einwander*innen oder die Europäische Union. Anstatt Lösungen für Probleme zu suchen, propagieren sie das Durchsetzen der eigenen nationalen Interessen auf Kosten anderer. Oder sie sehen Eliten – Reiche, intellektuelle Besserwisser oder gar Verschwörungen am Werk und stellen sogar die Demokratie insgesamt in Frage.

Wir stehen also damit vor drei parallelen Herausforderungen:

- Die Transformation hin zu einer klimaneutralen und ökologisch stabilen Gleichgewichtsgesellschaft;
- Der Umbau des Steuer- und Sozialsystems, um mehr Gerechtigkeit und Chancengleichheit herzustellen;
- Die Weiterentwicklung der Demokratie, um den Einfluss der bildungsfernen Schichten zu stärken.

In der folgenden Grafik *(Abb. 6)* versuchen wir den Zusammenhang darzustellen: Eine engagierte Klimapolitik kann nur erfolgreich sein, wenn sie die Frage der sozialen Gerechtigkeit mitdenkt. Es ist daher auffällig, dass die Frage der Gerechtigkeit auf der politischen Agenda zur Zeit nur noch eine marginale Rolle spielt. Der

Abb. 6: Das Dreieck für gute Politik

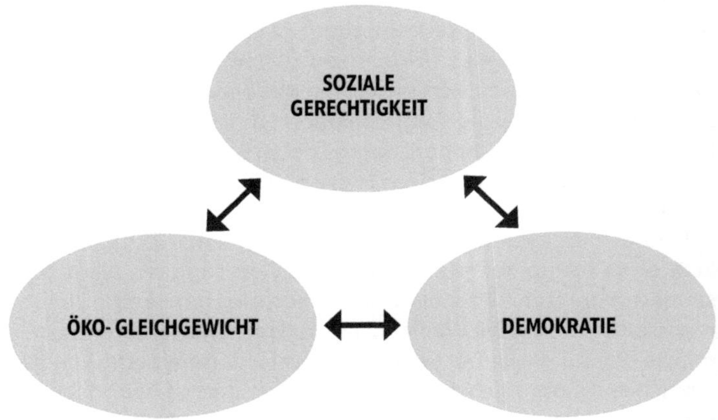

Quelle: Eigene Darstellung

Philosoph Michael Sandel stellt dazu fest, dass die politischen Debatten immer mehr von nur einem Drittel der Bevölkerung, den Akademikern bestimmt werden (vgl. Sandel 2020). Dieser in der Regel bessersituierte Teil der Bevölkerung stellt mittlerweile die große Mehrheit in den Parlamenten, in den Medien, aber auch in den Verbänden und Bürgerinitiativen. Die Mehrheit der Bevölkerung, die zu den Verlierern der letzten Jahrzehnte gehört, hat dadurch das Gefühl, dass sie in den politischen Diskursen keine Rolle mehr spielt. Deshalb fällt die Polemik eines Donald Trump, der sich über die »Besserwisser« lustig macht, bei vielen auf fruchtbaren Boden.

Daher muss sich auch im politischen System etwas ändern. Wir müssen die Demokratie weiterentwickeln, um den massiven Lobbyeinfluss einzuschränken und um den Verlierern der letzten 30 Jahre, der ärmeren Hälfte der Bevölkerung, wieder eine Stimme zu geben. Ein Versuch sind zum Beispiel geloste Bürgerräte, in denen alle Bevölkerungsschichten repräsentativ vertreten sind. Auffällig ist auch die wachsende Zahl von Bürgerentscheiden und Volksinitiativen, die die Transformation auf die Agenda setzen. Die Politik macht einen gravierenden Fehler, wenn sie aus Angst vor falschen Entscheidungen vor Volksentscheiden zurückschreckt. Die Schweiz und einige andere Länder machen uns seit über 100 Jahren vor, dass die Menschen nicht nur wählen, sondern auch Sachentscheidungen treffen können. Manchmal (nicht immer) sogar bessere als das Parlament. Vor allem führt das aber dazu, dass über 80% der Menschen in der Schweiz Vertrauen in die Demokratie haben, während bei uns mittlerweile über die Hälfte glaubt, dass sie keinen Einfluss auf die Politik hat.

Im Ergebnis kann man feststellen, dass ohne eine Weiterentwicklung der Demokratie die notwendigen Reformen kaum erreicht werden können. Umgekehrt erhöht aber auch eine engagierte Klima- und Sozialpolitik den Druck zur Weiterentwicklung der Demokratie. Die Klimatransformation wiederum ist keineswegs eine rein technisch-ökologische Angelegenheit. Sie kann nicht allein von der Regierung oder der Industrie organisiert werden. Sie ist auch eine kulturelle und soziale Umwälzung. Deshalb wird sie nur gelingen, wenn Millionen von Menschen und Tausende von Kommunen, Verbänden, Vereinen, Betrieben und Parteien sie gemeinsam gestalten. Dazu aber müssen die Lasten der Transformation gerecht verteilt und die Menschen aktiv beteiligt werden.[15]

Ein zentraler Bestandteil der Transformation des ökonomischen und politischen Systems ist eine radikale Umgestaltung unseres Steuersystems. Bevor wir uns aber im Teil II den notwendigen Veränderungen im Steuersystem zuwenden, wollen wir zunächst klären, was wir unter einer gerechten Gesellschaft verstehen.

---

[15] Die Diskussion über die Zukunft der Demokratie und ihre notwendige Veränderung und Weiterentwicklung kann in diesem Buch nicht geführt werden. Siehe dazu Hentschel (2019).

»Ungleichheit ist Gift für die Demokratie«
Roger de Weck, Ex-Chefredakteur der »Zeit«

4. Die Philosophie der Gerechtigkeit

Wer ein gerechtes Steuersystem entwerfen möchte, die oder der muss eine Vorstellung davon haben, warum wir ein gerechtes Steuersystem brauchen, was unter gerecht zu verstehen ist und welche unterschiedlichen Meinungen es dazu gibt. Wir beginnen mit der Frage, wie sich mehr oder weniger Ungleichheit auf die Menschen auswirkt.

4.1 Gleichheit ist Glück

Die beiden britischen Gesundheitsforscher*innen Richard Wilkinson und Kate Pickett haben diese Frage empirisch untersucht (Wilkinson/Pickett 2010). Ihnen fiel auf, dass einige gesundheitsrelevante Phänomene wie Drogenabhängigkeit, Fettleibigkeit und psychische Störungen in den entwickelten Staaten sehr unterschiedlich häufig vorkommen. So leiden in Texas siebenmal so viele Menschen an Fettsucht wie in der Schweiz. Interessanterweise spielt dabei das Bruttoinlandsprodukt pro Kopf, also der durchschnittliche Reichtum des Landes, keine Rolle – jedenfalls nicht in den entwickelten Staaten.[16] Dann machten sie jedoch eine spannende Entdeckung: Alle untersuchten Phänomene treten in Ländern mit großen Einkommensunterschieden viel häufiger auf als in Ländern mit weniger Ungleichheit.

Daraufhin betrachteten die beiden Forscher*innen andere soziale Themen: Eine Verdoppelung der Ungleichheit führt im Mittel zu einem Anstieg der Zahl der Gefängnisinsassen pro Einwohner um das Dreifache. Während die Kriminalität erheblich wächst, sinkt das Bildungsniveau. Die Zahl der Geburten von Minderjährigen

[16] Wenn man arme Entwicklungsländer mit den entwickelten Staaten vergleicht, dann gilt das nicht. Dann führt mehr Wohlstand auch zu weniger sozialen Problemen. Aber in der Spanne zwischen Portugal und Norwegen spielen die Unterschiede zwischen den Staaten keine Rolle; entscheidend sind nur die Einkommensunterschiede innerhalb der Gesellschaft.

versechsfacht sich sogar, die Fettleibigkeit steigt um das Zweieinhalbfache an. Im nächsten Schritt bildeten sie aus zehn dieser Faktoren einen Index und verglichen den mit den Einkommensunterschieden in allen entwickelten Ländern. Das Ergebnis war frappierend: Je größer die Einkommensunterschiede in einem Land, desto größer der Index.

Man kann das auch umdrehen. Wenn eine Regierung etwas gegen Drogensucht, Kriminalität, Fettleibigkeit, Bildungsversagen usw. tun möchte, dann sollte sie für weniger Ungleichheit sorgen. Damit könnte sie nämlich viel mehr bewirken als teure Präventionsprogramme gegen Drogen, Einstellung von mehr Polizisten, mehr Ernährungsberatung und Ausbau der Schulen. All das ist sicher sinnvoll. Aber wenn es gelingt, die Ungleichheit zum Beispiel vom englischen auf das dänische Niveau zu senken, dann wird mehr erreicht als durch alle teuren Programme!

Nun stellt sich natürlich die Frage, wie dieser Zusammenhang erklärt werden kann. Der Glücksökonom Richard Layard erzählt dazu folgende Geschichte (vgl. Layard 2005): Er hatte eine Gruppe von Medizinstudenten an der Harvard-Universität gefragt, in welcher der beiden folgenden Welten sie lieber leben wollen:

- Welt a: Das Durchschnittseinkommen liegt bei 25.000 Dollar im Jahr, Sie selbst verdienen aber 50.000 Dollar.
- Welt b: Das Durchschnittseinkommen liegt bei 250.000 Dollar im Jahr, Sie selbst verdienen aber nur 100.000 Dollar.

Die liberale Theorie würde natürlich postulieren, dass die meisten Studierenden ihr Einkommen maximieren wollen und deshalb die Gesellschaft b) wählen würden. Dem war aber nicht so. Die große Mehrzahl wollte lieber nur 50.000 Dollar verdienen, wenn sie dann mehr verdienen als ihre Mitmenschen. Ihnen war also ihre Stellung in der Gesellschaft wichtiger als ihr absolutes Einkommen. Dieses Phänomen ist in anderen Untersuchungen mehrfach bestätigt worden. Dabei geht es den Menschen nicht darum, mehr als andere zu verdienen. Sie wollen nur nicht deutlich weniger haben. Vor allem geht es um den Vergleich mit ihren Freund*innen und Nachbarn – ihrer Peer-Group. Nicht der absolute Lebensstandard ist also entscheidend für das Wohlbefinden. Die Menschen wollen zwar mehr verdienen – aber vorrangig geht es ihnen dabei darum, in der sozialen Stufenleiter nicht abzufallen. Das Gefühl, dass viele ihrer Bekannten mehr als sie selbst haben, löst offensichtlich Stress aus und führt zu Unwohlsein.

Nun könnte man meinen, dass es in allen Gesellschaften der Oberschicht besser geht und der Unterschicht schlechter – egal wie hoch das absolute Einkommen ist. Aber interessanterweise ist auch das nicht der Fall. In Gesellschaften mit großen Einkommensunterschieden geraten nicht nur die unteren Schichten unter Stress, sondern auch die oberen.

Dazu ein Beispiel: In einer Untersuchung wurde die Kindersterblichkeit bei armen und reichen Menschen in Schweden mit der in England und Wales in den 1980er-Jahren verglichen (vgl. Leon u.a. 1992). Das Ergebnis war sehr unterschiedlich. In England und Wales starben die Kinder der ärmsten sozialen Schicht doppelt so oft wie die der Reichen. Noch häufiger starben die Kinder der alleinerziehenden Mütter. In Schweden gab es keinen solchen Zusammenhang. Aha – könnte man denken: Schweden hat ja auch eine einheitliche kostenlose Gesundheitsversorgung für alle. Aber das erklärt nicht die Unterschiede. Denn die Kindersterblichkeit in Schweden ist in allen sozialen Schichten niedriger als in England und Wales. Sogar die Kinder der englischen Oberschicht, die sich ja mit Sicherheit eine perfekte Gesundheitsversorgung leisten können, sterben häufiger als die der schwedischen Unterschicht.

Wilkinson und Pickett ziehen aus dieser und vielen anderen Untersuchungen, die sie zitieren, den Schluss: Mehr »Gleichheit« lohnt sich für alle Menschen, nicht nur für die Unterschicht. Offensichtlich wirkt sich mehr Ungleichheit und das Gefühl fehlender Gerechtigkeit auf das gesamte Zusammenleben der Menschen aus, von den Gefängnissen über das Bildungssystem bis hin zur Gesundheit. Der Statuswettbewerb zwischen den Menschen nimmt zu. In den Ländern mit extremer Ungleichheit wie in Südafrika, Brasilien oder auch in einigen Regionen der USA verkriechen sich die Reichen in »gated communities«, in eigene bewachte Stadtviertel, wo niemand ohne Ausweis oder Einladung reinkommt. Der soziale Stress nimmt zu, der Überlebenskampf wird härter. Und zwar für alle Schichten. Daher lautet der Untertitel der deutschen

Ausgabe des Buches von Wilkinson und Pickett: »Warum gerechte Gesellschaften für alle besser sind.«

Aus diesem Befund der beiden Wissenschaftler kann man sicherlich einen ersten groben Handlungsauftrag für die Politik ableiten, die Gesellschaft möglichst gerecht zu gestalten. Natürlich sollte man den von Wilkinson und Pickett gewählten Index empirisch überprüfen. Und natürlich ist es möglich, dass eine völlige Angleichung der Einkommen und Vermögen ebenfalls nicht zu optimalen Ergebnissen führt. Aber da die Einkommensverteilung in Schweden im weltweiten Vergleich für vergleichsweise wenig Ungleichheit steht, kann man daraus ableiten, dass zumindest ein Steuersystem, das die Ungleichheit auf schwedisches Niveau reduziert, mit hoher Wahrscheinlichkeit viele Probleme moderner Gesellschaften reduzieren würde. Daher stellt sich an diesem Punkt die Frage: Was sollte die Politik anders machen? Was wäre eine optimale Einkommens- und/oder Vermögensverteilung? Was erwarten die Menschen? Wollen sie, dass alle das gleiche verdienen oder besitzen? Oder welche Unterschiede werden von den meisten Menschen akzeptiert?

4.2 Der Rawlsche Punkt

Im Dezember 2016 veröffentlichte das Meinungsforschungsinstitut Forsa eine repräsentative Umfrage zum Thema Gerechtigkeit (vgl. Wüllenweber 2016). Die Ergebnisse waren eindeutig. Bei allen Fragen antworteten weit über 80%, dass sie den Ist-Zustand als ungerecht einstuften. So fanden 84% der Befragten es nicht gerecht, wenn Mitglieder des Vorstandes von Unternehmen Gehälter von mehreren Millionen Euro erhalten. Aber was würden die Menschen als gerecht empfinden? Wünschen sie sich die absolute Gleichheit, wie im idealen Kommunismus?

Der Journalist Robert Misik hat dazu eine klare Meinung (vgl. Misik 2010): »Dass Manager pro Stunde 20.000 Euro verdienen, also einen Betrag, auf den viele Menschen in einem ganzen Jahr nicht kommen, empfinden (Menschen) als ›ungerecht‹. Aber sie bewerten es nicht automatisch als unfair, wenn jemand, der etwas gelernt hat, der ehrgeizig war und sich in seinem Beruf qualifiziert hat und dann aufgestiegen ist, 200.000 Euro im Jahr verdient

– also grob gesprochen, das Zehnfache des Durchschnittsverdieners. Die gleichen Menschen empfinden es dagegen nicht als fair, wenn Menschen 40 Stunden und mehr arbeiten und dann mit Hungerlöhnen von 900 Euro nach Hause gehen.« Interessanterweise entsprachen 200.000 Euro ungefähr dem Gehalt von deutschen Bundesministern – also den einzigen Spitzenmanagern in Deutschland, die sich der Wahl stellen müssen.

Tatsächlich hat sich schon seit Generationen die Philosophie und Ökonomie mit der Frage der Gerechtigkeit beschäftigt. Ich habe die unterschiedlichen Positionen in der nachfolgenden Grafik dargestellt. Rechts findet man das alte Ägypten: Für die Pharaonen war es gerecht, dass den Göttern alles gehörte – und das hieß dem Pharao. Den Armen gehörte nichts. Sie lebten auf dem Existenzminimum. Niemand hatte einen Anreiz, sich zu engagieren. Die Gesellschaft war über Jahrtausende statisch – auch der gesamte Wohlstand blieb begrenzt.

Der altgriechische Aristokrat Platon hielt dagegen eine Klassengesellschaft für gerecht, wenn es keine Willkür gibt, sondern verlässliche Regeln, auf die sich jeder – vom Sklaven bis zum Regierenden – verlassen kann und soziale Mobilität möglich (wenn auch nicht sehr wahrscheinlich) ist. Dass Adlige und Nichtadlige unterschiedlich behandelt wurden, dass es rechtlose Sklaven gab und ein erheblicher Teil der Stadtbewohner Ausländer (Metöken) waren, die kein Wahlrecht hatten, war für ihn akzeptabel. Aber ein willkürlicher Zugriff auf das Vermögen von Bürger*innen, wie er in Autokratien üblicherweise möglich ist, hielt er für ungerecht. Die Unterschiede zwischen den Klassen waren weiterhin groß. Aber: es lohnte sich, sich zu engagieren. Daher stieg der Wohlstand für alle.

Dagegen schildert Thomas Morus, britischer Lordkanzler und katholischer Heiliger, in seinem Roman Utopia im 16. Jahrhundert eine Gesellschaft mit absoluter Gleichheit, aber ohne Freiheit (vgl. Morus 1986). In dieser Gesellschaft – die in der Grafik links zu finden ist, besitzen und bekommen alle das Gleiche. Da alle gleich sind, besitzt oder verdient die ärmere Hälfte auch genau das Gleiche wie die Wohlhabenden. Damit liegt der Anteil der Armen beim möglichen Maximum. Da aber niemand mehr bekommen kann,

Abb. 7: Typen der Gerechtigkeit*

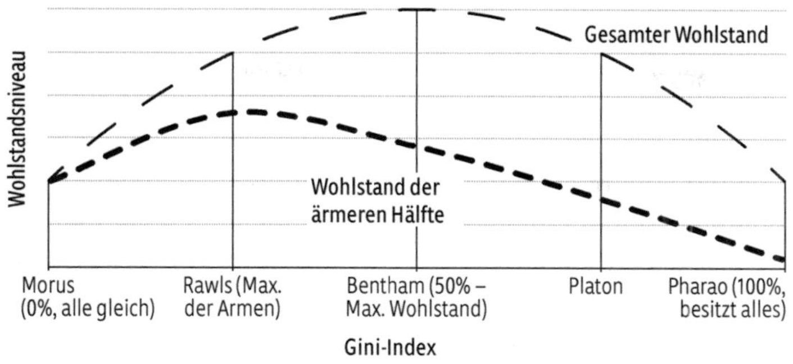

*Diese Grafik habe ich selbst erstellt. Sie basiert auf einer Darstellung von Thomas Ebert (siehe Ebert 2010). Was in dieser Grafik auf der senkrechten Achse als Maß für den Wohlstand gemessen wird, lasse ich an dieser Stelle zunächst noch offen.

egal wie sehr er oder sie sich anstrengen, habe ich angenommen, dass der gesamte Wohlstand relativ begrenzt ist.

Der britische Ökonom und liberale Vordenker Jeremy Bentham gründete die Denkschule des Utilitarismus: Demnach ist eine Gesellschaft optimal, wenn der Nutzen (Utility) aller Menschen – also der gesamte Wohlstand – maximiert wird (vgl. Bentham 2007). Das finden wir in der Mitte. Die Unterschiede zwischen den Wohlhabenden und den Armen sind immer noch sehr groß.

Als bedeutendster Gerechtigkeitsphilosoph des 20. Jahrhundert gilt John Rawls. Nach seinen Überlegungen ist soziale und ökonomische Ungleichheit nur dann gerechtfertigt, wenn sie für die Schwächsten der Gesellschaft Vorteile bringt (vgl. Rawls 1979). Wir nennen das den Rawlschen Punkt. Hier produziert die Gesellschaft zwar nicht so viel Wohlstand wie bei Bentham, aber den Armen geht es hier von allen Gesellschaften am besten.

Bei der Bewertung der unterschiedlichen Vorschläge müssen wir aber noch definieren, was eigentlich auf der senkrechten Achse gemessen wird. »Ist es das Vermögen?« So sahen es die alten statischen Agrargesellschaften. Oder das Einkommen? Das entspricht eher dem Denken im Kapitalismus. Oder kommt es auf die Lebensqualität oder das Glück an?

4.3 Was ist Wohlstand?

Diese Frage wurde vom Gerechtigkeitsphilosophen und Ökonomie-Nobelpreisträger Amartya Sen und der Philosophin Martha Nussbaum diskutiert (vgl. Nussbaum 2011; vgl. Sen 2000). Für sie sagte die Verteilung des Geldvermögens oder Einkommens noch nicht alles über die Gerechtigkeit einer Gesellschaft aus. Denn für ärmere Menschen kommt es nicht nur auf die Menge des Geldes an. Für sie kann es wichtiger sein, wenn Schulen und Arztbesuche kostenlos sind und ein guter öffentlicher Verkehr existiert.

Deshalb entwickelten sie als Maß für den Wohlstand einer Gesellschaft bzw. von einzelnen Menschen den sogenannten Capability Approach. Ihnen geht es um die Auswirkungen auf den einzelnen Menschen. Sie messen deshalb die Gerechtigkeit einer Gesellschaft daran, wie groß für die Menschen ihre Fähigkeit (englisch: capability) ist, ihr Leben nach eigenen Wünschen zu gestalten. Deswegen kommt es nicht nur auf die Verteilung des Geldes an, sondern auch auf die Umwelt, auf öffentliche Einrichtungen wie Schulen, Kindergärten, Pflegeheime, Bahnen und Busse, Stromversorgung, auf eine Gesundheitsversorgung, Renten oder auch auf Sicherheit vor Diebstahl und Gewalt. Dies schließt insbesondere die Mitwirkung bei der Ausgestaltung dieser Punkte ein – also eine funktionierende Demokratie.

Jede Investition in öffentliche Einrichtungen und Dienstleistungen ist eine Form der Umverteilung. Auch gute demokratische Institutionen wie direkte Demokratie, Bürgerräte, Transparenzregelungen für Parlamente, aber auch eine gute Umweltschutzgesetzgebung und natürlich eine gute Klimapolitik sind ein Beitrag zu einer partizipativen gerechten Gesellschaft. Von daher ist es konsequent, drei Stufen der Verteilung zu unterscheiden: a) Einkommensverteilung vor Steuern, Abgaben und Sozialtransfers; b) Einkommensverteilung danach; c) Einkommensverteilung unter Berücksichtigung der öffentlichen Institutionen, Dienste und Einrichtungen. Und auf Letztere kommt es an.

Noch einen Schritt weiter geht die politische Philosophin Lisa Herzog. Nach ihrer Meinung hat der Liberalismus mit dem »homo oeconomicus« ein unzutreffendes Menschenbild gezeichnet (vgl. Herzog 2013). Einerseits werden die positiven Eigenschaften, der

Altruismus, der den Menschen als soziales Wesen auszeichnet, unterschätzt bzw. sogar ignoriert. Viele Menschen verhalten sich viel sozialer, als es der Liberalismus annimmt. Viele helfen anderen, auch wenn es für sie von Nachteil ist. Andererseits werden die Fähigkeiten der Menschen, für sich selbst zu sorgen, überschätzt. Der Mensch handelt nicht immer vernünftig und rational. Viele Menschen machen auch aus Willensschwäche oder Unwissen Fehler. Arme Menschen sorgen oft nicht ausreichend für das Alter vor, da sie von der Hand in den Mund leben müssen. Menschen fallen auch auf unlautere Werbung rein.

Aufgrund dieser falschen Annahmen wurde der Liberalismus zu einer kaltherzigen Ideologie nach dem Motto: »Jeder ist für sein Schicksal selbst verantwortlich und muss sehen, wo er bleibt.« Herzog setzt dem entgegen: Wenn es der Gesellschaft mit dem Ideal des freien Menschen ernst ist, dann muss sie den Einzelnen dabei unterstützen, frei sein zu können. Das bedeutet nicht nur, Hindernisse aus dem Weg zu räumen, sondern auch die materiellen Möglichkeiten dafür zu sichern. Ein Staat, der gute Rahmenbedingungen schafft, ein gutes Sozialsystem aufstellt und Reiche einschränkt bzw. Reichtum umverteilt, schränkt nicht die Freiheit ein, sondern er macht die Menschen sogar freier. Zur Umverteilung gehört für Lisa Herzog auch die gerechte Gestaltung der Arbeitswelt. Demokratie darf nicht am Firmeneingang enden.

4.4 Linksradikale FDP-Wähler und steuerkritische Geringverdiener

Und was sagen die Wähler*innen? Finden die meisten die oben zitierte Ansicht von Herrn Misik als viel zu radikal? Neigen sie eher Morus, Bentham oder Rawls zu? Welche Verteilung finden sie gerecht?

Mit dieser Frage hatte sich ein Team um Professor Andreas Herrmann von der Universität St. Gallen beschäftigt und dazu 1500 Wahlberechtigte aus Deutschland befragt – mit einem erstaunlichen Ergebnis (vgl. Diekmann/Grigat 2017). Demnach hielten es die Befragten für gerecht, wenn das reichste Fünftel der Gesellschaft 30% des Vermögens besitzt und das ärmste Fünftel 13%. Die Reichen sollten also etwa zweieinhalbmal so viel besitzen wie die Armen. Tatsächlich jedoch besitzt das Fünftel der Reichen und Bessergestellten 75% des Vermögens, während die Unterschicht gar nichts besitzt. Sie hat sogar Schulden. Überträgt man diese Wunschvorstellung auf die dazu erforderlichen Einkommen, dann kann man sagen: Die Wähler*innen erwiesen sich in dieser Untersuchung um vieles egalitärer als Herr Misik. Sie fordern eine radikale Umverteilung.

Natürlich gibt es Unterschiede zwischen den Anhängern der Parteien. Nach der Vorstellung derjenigen, die FDP wählen, sollte die Ungleichheit doppelt so groß sein wie nach Meinung der Piratenwählerschaft. Dabei wurde die Ungleichheit mit dem oben schon erwähnten Gini-Index gemessen. Die anderen Parteien, von der CDU bis zu den Linken, liegen mit relativ wenig Abstand voneinander dazwischen. Vergleicht man jedoch die gewünschte Verteilung mit der tatsächlichen Verteilung der Vermögen in Deutschland, dann entpuppen sich selbst die FDP-Wähler als radikale Sozialisten. Sie wünschen sich nämlich einen Gini-Index von 23% (die Piraten dagegen nur 11%). Tatsächlich liegt der Index jedoch bei 81%. Da liegen also Welten zwischen.

Das bedeutet konkret: Nach Meinung der radikalsozialistischen Gruppe der FDP-Wähler müssten die Reichen dieser Republik über die Hälfte ihres Besitzes an die Armen abgeben. Nach Meinung der Wähler der CDU, der Grünen, der SPD und auch der AfD sollten sie sogar zwei Drittel ihres Besitzes abgeben, damit es in Deutschland gerecht zugeht. Die Linken und Piraten fordern noch mehr. Aber tatsächlich passiert nichts dergleichen. Keine der Parteien fordert auch nur entfernt ein Steuersystem, dass zu einer solchen Verteilung führen würde. Das ist ein Paradoxon, auf das wir unten noch zurückkommen.

Auch eine aktuelle Studie der Bertelsmann Stiftung bestätigt diese Ergebnisse. So wünscht sich eine große Mehrheit der Deutschen eine Vermögensteuer (vgl. Unzicker/Baarck/Dolls/Windsteiger 2022). Lediglich 9% sind der Meinung, dass die wirtschaftlichen Gewinne »im Großen und Ganzen gerecht verteilt« werden. Und 75% stimmten der Aussage zu, der Staat solle »für eine Verringerung des Unterschieds zwischen Arm und Reich sorgen«.

In der Studie wurde außerdem die Zustimmung zu vier Gerechtigkeitsprinzipien untersucht. Am stärksten war diese zum sozialpolitischen Bedarfsprinzip (95%), gefolgt vom liberalen Leistungsprinzip (85%) und dem egalitären Gleichheitsprinzip (54%). Das eher demokratieferne plutokratische Anrechtsprinzip wurde überwiegend abgelehnt (9% dafür). Daraus kann man schließen: Die große Mehrheit wünscht sich eine Umverteilung.

Aber wenn es konkret wird, werden viele Menschen unsicher. So wurden in einer Studie der Universität Duisburg Umfragen und Interviews zu der Frage, ob man die Steuern für Reiche erhöhen soll, durchgeführt (vgl. Fastenrath/Marx 2023). In frappanter Weise waren die Ergebnisse diametral anders: So überwog insbesondere bei den weniger Gebildeten (ohne Abitur) die Meinung, dass die Besserverdiener*innen sich ihren Reichtum verdient haben. Dazu tragen populäre Geschichten von den erfolgreichen Lottomillionär*innen, Fußballspielern, Filmstars oder auch YouTuber*innen bei, denen der Staat doch bitte schön nicht ihr Glück mit Steuern berauben soll. Es wurde auch vermutet, dass die Reichen dann eh ins Ausland flüchten würden. Gerade Geringverdiener hatten Angst, dass dann das Essen und das Benzin teurer werden. Auch eine höhere Besteuerung von Amazon fand keine Zustimmung, da befürchtet wurde, dass dann Arbeitsplätze verloren gehen. Insbesondere mittelständische Unternehmen würden darunter leiden. Nur eine höhere Besteuerung der Superreichen wurde eher positiv gesehen.

Bei der Befragung von Politikern von SPD oder Grünen stellte sich heraus, dass diese genau diese Einstellungen kennen und sich deshalb nicht trauen, Umverteilung zu stark zu thematisieren. Sie befürchten, dass sie dann noch mehr die Wirtschaftskompetenz abgesprochen bekämen. Steuern seien grundsätzlich negativ konnotiert.

Diese widersprüchlichen Wahrnehmungen der Steuerpolitik müssen daher zumindest immer mitgedacht werden, wenn wir im folgenden Teil darstellen, wie wir uns ein gerechtes Steuersystem vorstellen.

»Steuern sind der Preis für eine zivilisierte Gesellschaft.«
Oliver Wendell Holmes[17]

Teil II

5. Grundsätzliche Überlegungen für ein Steuersystem

Alle Jahre wieder fordert ein Politiker ein radikal vereinfachtes Steuersystem. Der CDU-Vorsitzende Friedrich Merz behauptete, dass sein System angeblich auf einen Bierdeckel passen würde. Unterstützt wurde die Idee von führenden Liberalen wie Wolfgang Kubicki und Otto Solms, der 2009 beinahe Finanzminister geworden wäre. Und der ehemaliger Verfassungsrichter Paul Kirchhof schlug sogar einen einheitlichen Steuersatz von 25% für alle vor.

Nun ist gegen eine Vereinfachung nichts einzuwenden. Man kann sich dabei streiten, ob ein Stufensystem der Einkommensteuer, wie es in den USA Tradition ist, einfacher ist als unsere gleitende Skala. Auf jeden Fall sollten die zahlreichen Einzelregelungen – z. B. bei der Erbschaftsteuer, bei den Werbungskosten, bei der Unternehmensteuer und bei der Mehrwertsteuer weitgehend abgeschafft werden. Normalsterbliche und auch viele Inhaber*innen von kleinen Betrieben sind kaum in der Lage, sie zu durchschauen und können sich teure Steuerberatungen nicht leisten. Auch das ist eine Frage der Steuergerechtigkeit!

Wenn es konkret wird, wird dagegen jede Einzelregelung mit Zähnen und Klauen verteidigt. Ein typisches Beispiel dafür ist die Entfernungspauschale. Angeblich hilft sie armen Arbeitnehmer*innen mit weitem Arbeitsweg. Tatsächlich aber profitieren von dieser Subvention am meisten die Gutverdiener, weil Geringverdiener oft den Pauschalbetrag für Werbungskosten nicht ausschöpfen und zudem nur einen geringen Grenzsteuersatz haben.

---

[17] Holmes war von 1902 bis 1932 Richter am Obersten Gerichtshof der Vereinigten Staaten. Inschrift über dem Eingangsportal des Internal Revenue Service, der obersten Steuerbehörde der USA.

Es fällt auf, dass die konkreten Vorschläge für eine Einfachsteuer durchweg zu einer massiven Entlastung der Besserverdiener*innen geführt hätten. Und das sind genau die, die von den Reformen der letzten Jahrzehnte sowieso am meisten profitiert haben. Ein Schelm sei, der Böses dabei denkt. Deshalb lautet unser Fazit: Ja – einfache Steuerregeln, aber keine Einfachsteuer. Die in den folgenden Kapiteln dargestellten Vorschläge würden den Umfang der Gesetzgebung radikal reduzieren. Denn die meisten Sonderregelungen können generell abgeschafft werden, wenn es dafür zu einer Entlastung der Menschen mit geringen Einkommen kommt. Aber ...

5.1 Zu viele Steuerarten? Einfache Tarife?

Neben der Einfachsteuer wird oft gefordert, die Anzahl der Steuerarten zu reduzieren oder einfache pauschale Tarife einzuführen. Das ist klar abzulehnen. Denn die großen historisch gewachsenen Steuerarten machen durchaus Sinn. Im Folgenden geben wir dazu einen ersten idealtypischen Überblick, ohne bereits auf die Probleme unseres jetzigen Steuersystem einzugehen, die wir in folgenden Kapiteln behandeln:

- Die Einkommensteuern: Die progressive Lohn- und Einkommensteuer ist trotz früher Vorläufer vor allem eine Errungenschaft des 20. Jahrhunderts. Während vorher überwiegend der Verbrauch linear besteuert wurde, sollten nun erstmals die Bezieher hoher Einkommen mehr bezahlen, weil sie »leistungsfähiger« sind. Damit begann der Einstieg in die soziale Umverteilung. Mit der Einkommensteuer wurde der moderne Sozialstaat überhaupt erst finanzierbar.
- Die Sozialabgaben: Die Sozialabgaben sind in Deutschland die wichtigste Finanzierungsquelle des Sozialsystems. Während sie in England, den USA, Frankreich usw. als Steuern betrachtet werden[18], nennt man sie in Deutschland »Abgaben«, da sie zweckgebunden sind. Im Unterschied zur progressiven Einkommensteuer ist der Abgabensatz fest und durch einen Maximalbeitrag gedeckelt. Auch gibt es insbesondere bei der

[18] Im Englischen spricht man von »payroll taxes«, im Französischen von »taxes sur le traitement et salaire«.

Altersvorsorge weiterhin für Beamte und privilegierte Beschäftigungsgruppen (z. B. Rechtsanwälte, Ärzte) Sondersysteme. Für viele Selbständige gibt es überhaupt keine Vorsorgeverpflichtung. Da dem Rentensystem auch die Finanzierung allgemeiner Aufgaben übertragen wurde und die dafür geleisteten Finanzzuschüsse zu niedrig sind, werden zudem Arbeitnehmer*innen besonders belastet. Es sind daher grundlegende Umstrukturierungen notwendig.[19]

- Die Vermögensteuern: Sie dienen direkt der Umverteilung. Deswegen wollen wir sie wieder einführen – aber nur für 1% der Bevölkerung – die wirklich Reichen.
- Die Erbschaftsteuer: Das Ziel einer gerechten Gesellschaft sollte sein, dass jede Generation sich ihren Wohlstand selbst erarbeitet und nicht die Geburt darüber entscheidet, wer reich ist. Die Erbschaftsteuer dient dazu, dass ein Teil der Vermögen beim Übergang zur nächsten Generation umverteilt wird.
- Die Unternehmensteuern: Wenn alle Einkommen – auch in Form von Wertzuwächsen, die in der Firma bleiben – progressiv besteuert würden, dann bräuchte es keine gesonderte Unternehmensteuer. Daher fungiert nach unserem Vorschlag die Körperschaftsteuer lediglich als Quellensteuer und wird mit der individuellen Einkommensteuer verrechnet. Sie dient dann nur noch der Besteuerung von Gewinnen, die aus Deutschland ins Ausland fließen und daher hier nicht als Einkommen besteuert werden. Die Gewerbesteuer dient zum Ausgleich der von der jeweiligen Kommune erbrachten Leistungen (z. B. Infrastruktur) für die Unternehmen. Sie stellt eine wichtige Finanzierungskomponente der Kommunen dar. Das wollen wir modifiziert erhalten.
- Die Mehrwertsteuer: Die Mehrwertsteuer ist heute die mit Abstand wichtigste Verbrauchsteuer und dient neben der Einkommensteuer zur Grundfinanzierung des Staates. Da Importe besteuert werden und Exporte nicht, ist die Mehrwertsteuer die einzige Steuer, die globalisierungsfest ist. Deswegen ist sie wichtiger Beitrag zur Finanzierung des Sozialstaates. Da Haus-

[19] Siehe Kapitel 9.

Abb. 8: Staatseinnahmen 2021

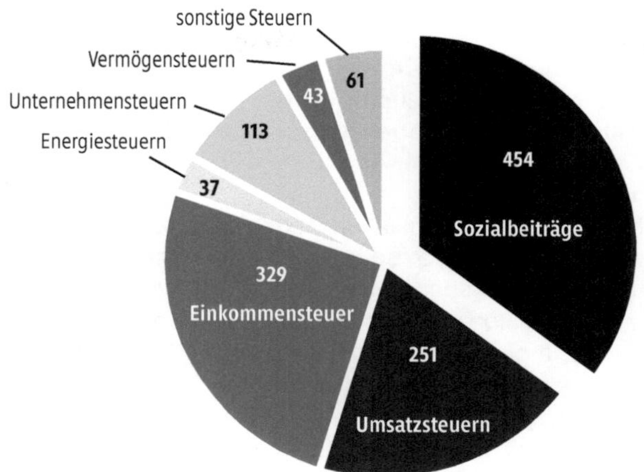

Daten aus Destatis (2023). Die Sozialbeiträge enthalten alle Beiträge der Arbeitgeber und Arbeitnehmer zu den gesetzlichen Sozialversicherungen. Die Umsatzsteuer enthält auch Einfuhrumsatzsteuer. Die Einkommensteuer enthält Lohnsteuer und Einkommensteuer (veranlagt und nicht veranlagt) mit Soli. Die Unternehmensteuer enthält Körperschaftsteuer, Abgeltungssteuer und Gewerbesteuer. Die Vermögensteuer enthält Grundsteuer, Grunderwerbsteuer und Erbschaftsteuer. Sonstige Steuern enthalten Zölle, Tabaksteuer, Kaffeesteuer, Luftverkehrsteuer, Versicherungsteuer, Lotteriesteuer, Kfz-Steuer und andere Steuern.

halte mit niedrigen Einkommen fast alles für ihren Lebensunterhalt ausgeben müssen, werden sie dadurch stärker belastet als Reiche, deren Ersparnisse mehrwertsteuerfrei bleiben. Das wollen wir durch die progressive Einkommensteuer künftig kompensieren.

- Sonstige Steuern und Abgaben: Es gibt eine Vielzahl von Verbrauchsteuern bzw. -abgaben. Oft werden sie zur Lenkung des Konsums oder Verhaltens genutzt. Diese werden gezielt eingesetzt – zum Beispiel aus Gesundheitsgründen wie bei der Tabaksteuer oder aus Umweltgründen wie die CO2-Abgabe. Solche Steuern oder Abgaben eignen sich aber nicht zur Staatsfinanzierung, denn die Einnahmen fallen umso geringer aus, je mehr die Steuer wirkt.

Zusammenfassend ist festzustellen, dass die einzelnen Komponenten nicht isoliert betrachtet werden dürfen. Steuern, Abgaben und Gebühren sowie die Verteilungswirkung des Systems aus Steuern, Abgaben, Gebühren und der Sozialtransfers müssen im Zusammenhang gesehen werden. Wir werden daher in diesem Buch das Wort Abgabensystem als Oberbegriff für das gesamte System der Steuern, Abgaben, Gebühren und Sozialtransfers verwenden.

Die obige Darstellung *(Abb. 8)* macht deutlich, dass das existierende Spektrum von unterschiedlichen Instrumenten jeweils spezifische Aufgaben erfüllt und daher durchaus sinnvoll ist. Im Einzelnen machen wir Vorschläge zur Streichung von Steuerarten. Aber die Forderungen nach Abschaffung von wichtigen Steuerarten wie der Vermögensteuer oder der Erbschaftsteuer unterstützen wir nicht. Sie hatten fast immer das Ziel, dass die Normalverdiener*innen das Sozialsystem allein finanzieren sollen und die Wohlhabenden und Reichen, die weniger oder gar nicht auf das Sozialsystem angewiesen sind, sich der Finanzierung entziehen können. Auch das radikale Konzept, alle Steuern durch eine Einkommensteuer zu ersetzen, ist sehr problematisch.[20] Es würde zu so hohen Steuersätzen führen, dass die Vermeidungseffekte und damit die Schwarzarbeit und Steuerhinterziehung enorm zunehmen würden.

Deshalb wenden wir uns entschieden gegen eine radikale Reduzierung der Steuerarten. Auch die Forderung nach einfachen Tarifen oder gar Einheitstarifen bei der Einkommens- und Vermögensteuer ist offensichtlich ungerecht. Damit würde die Umverteilung reduziert, wenn nicht sogar abgeschafft werden. In der Folge würde die Zunahme der Ungleichheit in der Gesellschaft nochmal erheblich beschleunigt werden.

Unser Fazit lautet daher: Die Abschaffung von unzähligen Sonderregeln und die Überprüfung einzelner Steuerarten ist durchaus sinnvoll, da viele Regeln überwiegend nur den Steuerberatungen und ihren betuchten Klienten dienen, die eine faire Besteuerung

[20] Zum Konzept der »negativen Einkommensteuer« siehe Friedman (1980) und Werner/Goehler (2010). Zur damit verbundenen Idee des bedingungslosen Grundeinkommens siehe im Kapitel 9.

vermeiden wollen. Aber letztlich muss jede Steuerreform im Einzelnen daraufhin geprüft werden, ob sie zu mehr sozialer Gerechtigkeit, Effizienz, weniger Steuerhinterziehung und zu positiven Auswirkungen für Menschen und Umwelt beiträgt.

5.2 Wozu gibt es Steuern und Abgaben?

Ein nachhaltiges Steuer- und Abgabensystem hat zwei Seiten bzw. zwei Funktionen. Einerseits soll es für ausreichende Einnahmen für den Staat zur Wahrnehmung seiner Aufgaben sorgen. Zum anderen aber greift der Staat dadurch, dass er einen Tatbestand besteuert, den anderen aber nicht, regelnd in die Gesellschaft und in die Wirtschaft ein. Daraus haben wir abgeleitet, dass das Abgabensystem zwei Kriterien erfüllen sollte:

1. Es soll ein ausreichendes Aufkommen zur Finanzierung des Sozialstaats, einer guten Infrastruktur, der Erhaltung der Natur, der Bildung, der Sicherheit und schließlich auch der Verwaltung sicherstellen. Plötzlich auftretende Belastungen müssen und zukunftsträchtige Investitionen können über verstärkte Kreditaufnahmen finanziert werden. Dies sollte durch eine ausreichende Geldschöpfung durch die Zentralbank ergänzt werden.[21] Dagegen sollte der Staat sich nicht durch zu hohe Schulden in die Abhängigkeit von privaten Geldgebern begeben, denn das würde zu deren Subventionierung durch die Steuerzahler führen.
2. Das Abgabensystem ist nicht nur Einnahmeinstrument, sondern auch eines der zentralen Steuerungsinstrumente des Staates.
   a) Es soll dafür sorgen, dass die Kosten für die Nutzung und die Belastung der Natur und der Umwelt einschließlich der Klimaveränderungen durch die Verursacher getragen werden.
   b) Es soll eine Einkommens- und Vermögensverteilung gewährleisten, die für alle Menschen eine gute Teilhabe an der Gesellschaft möglich macht und die von der großen Mehrheit als gerecht akzeptiert wird.

Diese Betrachtungsweise ist allerdings historisch relativ neu und immer noch umstritten. Bis Anfang des 19. Jahrhunderts dienten

[21] Von Geldschöpfung spricht man, wenn Banken zusätzliches Geld in Umlauf bringen. Wir verzichten in diesem Buch auf eine Behandlung des Geldsystems und der Staatsfinanzen. Siehe dazu Eibl (2020).

die Einnahmen des Staates allein der Finanzierung des klassischen Staatsapparates: vor allem dem Militär sowie der Verwaltung, Polizei und Justiz. Um arme Menschen kümmerte sich bestenfalls die Kirche. Erst im 20. Jahrhundert entstand schließlich vor allem durch den Druck der Arbeiterbewegung der moderne Sozialstaat. Heute werden in Europa durchweg 70 bis 80% der Staatsausgaben für das Sozial- und Bildungssystem ausgegeben. Die Staatsquote stieg dadurch in den meisten Staaten auf über 40%, in Krisen sogar zeitweise über 60% (siehe Kapitel 1.4, Abb. 2).

Trotz oder gerade wegen der Entstehung des Sozialstaates ist die Umverteilung und der Umfang der Staatstätigkeit immer noch hoch umstritten. Einerseits will ein Teil der Wohlhabenden und Reichen, die sich die Sozialleistungen problemlos selbst leisten können, die Staatstätigkeit wieder reduzieren und wirbt für eine Senkung der Steuern. Andererseits führt das Abgabensystem auch in Deutschland seit den 1990er-Jahren nicht mehr zu einer Umverteilung des Reichtums. Von einem gerechten und nachhaltigen Steuersystem, das den obigen Kriterien genügt, sind wir daher gegenwärtig weit entfernt. Das wollen wir ändern.

5.3 Die Staatsquote

Was verstehen wir unter der Staatsquote, die insbesondere die Liberalen immer senken wollen?

Heute setzen sich die Einnahmen des Staates aus Steuern, Abgaben, Gebühren und anderen Einnahmen des öffentlichen Sektors zusammen. Alle Ausgaben unterliegen grundsätzlich der Kontrolle durch das Parlament. Wir unterscheiden:

- Steuern – dienen der allgemeinen Finanzierung von Staatsaufgaben und sind für das Parlament frei verfügbar. Deshalb kann der Staat mit Steuern nicht nur Einnahmen generieren, sondern auch politisch »steuern« – zum Beispiel umverteilen.
- Abgaben – sind zweckgebundene Pflichtbeiträge wie die Sozialabgaben. So dürfen zum Beispiel die Krankenkassenbeiträge nur für die Gesundheit ausgegeben werden.
- Gebühren oder sonstige Beiträge – sind Kosten für staatliche Dienstleistungen – zum Beispiel Straßenmaut, Bahnfahrkarten und Kita-Gebühren.

- Viele staatliche Leistungen werden nicht direkt durch den Staat, sondern entweder durch öffentlich-rechtliche Betriebe, gemeinnützige Organisationen oder auch durch Aufträge an privatwirtschaftliche Betriebe wahrgenommen. Insofern ist die Grenze zwischen staatlich festgesetzten Gebühren und den Einnahmen durch Private für allgemeine Dienstleistungen, die oft auch vom Staat in Auftrag gegeben und manchmal auch gefördert werden, fließend. Daher sind auch die Zahlen unterschiedlicher Staaten nur grob vergleichbar.

Die Gesamtsumme der Einnahmen des Staates und seiner Einrichtungen ergeben die Staatseinnahmen. Die Gesamtsumme aller in der Gesellschaft produzierten materiellen Werte und Dienstleistungen nennt man das Bruttoinlandsprodukt (BIP). Teilt man die Staatseinnahmen durch das BIP, dann ergibt dies die Staatsquote. Sie war in den vergangenen Jahrzehnten Gegenstand heftiger Auseinandersetzungen. Neoliberale[22] Ökonomen glaubten, dass zu hohe Staatsausgaben schlecht für das Wirtschaftswachstum sind. Dem lag die Vorstellung zugrunde, dass der unproduktive Staat auf Kosten der Wirtschaft und der Bürger finanziert werden muss.

Dabei wurde aber übersehen, dass ein moderner erfolgreicher Staat eine gut ausgebaute Infrastruktur braucht. Sowohl die Industrialisierung Preußens, der Erfolg der IT-Wirtschaft im Silicon Valley oder das Wirtschaftswunder in China wurden durch staatliche Investitionen erst möglich gemacht. Und schließlich sind die zum großen Teil über den Staat finanzierten Dienstleistungen wie Gesundheitswesen, Pflege, Kinderbetreuung, Bildung mittlerweile zu den größten Wirtschaftszweigen und Arbeitgebern geworden. Diese massive Ausweitung der staatliche Sphäre nach dem zweiten Weltkrieg hatte auch den bemerkenswerten Effekt, dass sie die Einkommen und dadurch auch die Nachfrage sowie schlussendlich die gesamte Wirtschaft in der Krise stabilisiert hat. Gerade die skandinavischen Staaten waren trotz ihrer traditionell hohen

[22] Bei den meisten Autoren hat sich der Begriff »neoliberal« durchgesetzt, der ursprünglich die Selbstbezeichnung einer ökonomischen Denkschule war, die den Einfluss des Staates auf die Wirtschaft minimieren wollte. Heute spricht man in den Wirtschaftswissenschaften meist von »neoklassisch«, während die Vielzahl der anderen ökonomischen Denkschulen als »heterodox« zusammengefasst wird.

Staatsquote wirtschaftlich stets sehr erfolgreich und konnten sich einen guten Sozialstaat leisten.

Es ist also kein Wunder, dass sich die neoliberale These »hohe Staatsquote ist schlecht für die Wirtschaft« nie bestätigen ließ, wie selbst der ordoliberale Professor und langjährige Wirtschaftsweise Lars Feld feststellte (vgl. Feld 2011). Seiner Auffassung nach sind sowohl zu wenig Staat wie auch zu viel Staat nachteilig. Wo aber liegt das Optimum?

Nachdem die Staatsquote in Folge der großen Liberalisierungstendenzen in ganz Europa leicht gesunken war, stieg sie nach der Finanzkrise wieder an. 2021 lagen erstmals elf EU-Staaten einschließlich Deutschlands über 50%. Und die notwendigen öffentlichen Investitionen, die nötig sind, um Deutschland in den kommenden Jahrzehnten klimaneutral zu machen, werden sogar eine Erhöhung der Staatsquote erforderlich machen.

Eine Staatsquote von mindestens 50% ist daher sinnvoll und kein wirtschaftliches Problem. Das heißt, die Hälfte des Gesamteinkommens der Gesellschaft soll durch die Hände des Staates – und das heißt der Kommunen, der Länder, des Bundes und der EU einschließlich der Sozialversicherungen – laufen und wird mehr oder weniger im Sinne der regierenden Politik – vom Gemeinderat bis zum Europäischen Parlament – umgelenkt.

5.4 Den Gini-Index in die Verfassung schreiben

Wie aber kann eine solche Zielsetzung politisch vereinbart und durchgesetzt werden?

Nach den gesellschaftlichen Erschütterungen und finanziellen Belastungen durch zwei Weltkriege, der zwischenzeitlichen Weltwirtschaftskrise und der neu entstandenen Systemkonkurrenz durch die Sowjetunion, mussten die Regierungen den Forderungen der Menschen nach mehr Gerechtigkeit nachkommen. Wie wir im ersten Kapitel gesehen haben, nahm die Ungleichheit dann tatsächlich über einige Jahrzehnte ab – insbesondere in den »goldenen« Jahren nach dem 2. Weltkrieg.

Der wichtigste anhaltende Erfolg war in diesen Jahren die Entstehung des modernen Sozialstaates. Als letzter Fortschritt folgte dann die Entwicklung einer Umweltgesetzgebung und die Ein-

Abb. 9: Einkommensungleichheit 1900–2015 (Anteil des reichsten Zehntels am Gesamteinkommen in %)

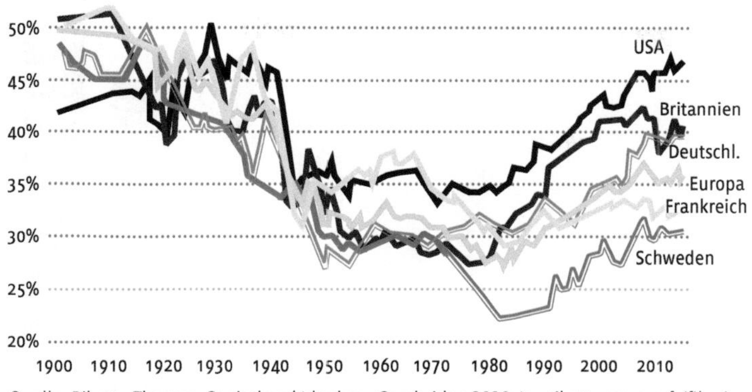

Quelle: Piketty, Thomas: Capital and Ideology. Cambridge 2020. In: piketty.pse.ens.fr/files/Piketty2020SlidesLongVersion.pdf, Figur 10.2 auf Folie 58 (5.12.2023).

führung der ersten Umweltabgaben in den 1970er-Jahren, leider in unzureichendem Maße.

Doch dann kam die Rolle rückwärts. Im zweiten und dritten Kapitel haben wir festgestellt, dass die oben genannten Ziele unseres Abgabensystems in den letzten 40 Jahren zunehmend verfehlt wurden. Der Klimawandel und das Artensterben haben ein Ausmaß erreicht, das zunehmend unsere Lebensgrundlagen untergräbt, während manche Verursacher an der kostenlosen Nutzung und Zerstörung der Umwelt Milliarden verdienen. Die Ungleichheit hat selbst in Europa wieder kontinuierlich zugenommen. In weiten Teilen der Welt wie Südafrika, Brasilien, Indien, USA, Russland und zunehmend auch in Teilen Chinas hat die Ungleichheit mittlerweile das extreme Niveau erreicht, das in Europa vor dem ersten Weltkrieg geherrscht hat.

Trotz der temporären Erfolge müssen wir daher heute feststellen, dass ein Steuer- und Abgabensystem, das die von uns genannten Kriterien erfüllt, auch in den europäischen Demokratien gegen die Lobbys von Wirtschaft und Finanzmärkten kaum noch durchgesetzt werden kann. Jeder Versuch einer Korrektur verfängt sich im Geäst des komplexen Systems und dem Aufschrei von Interes-

Abb. 10: Ungleichheit in den unterschiedlichen Regionen der Welt 2018 (Anteil des reichsten Zehntels am Nationaleinkommen in %)

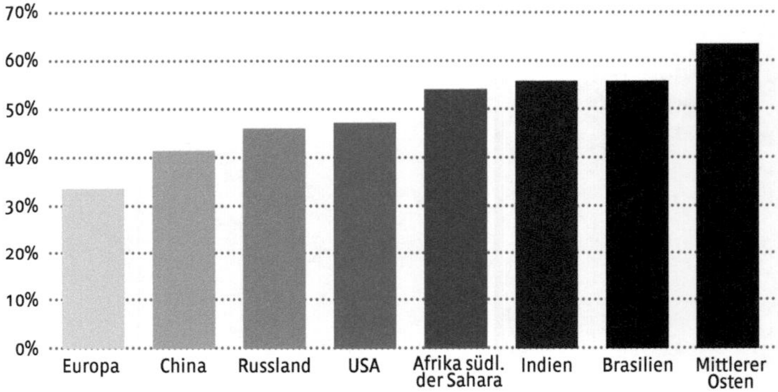

Quelle: Piketty, Thomas: Capital and Ideology. Cambridge 2020. In: piketty.pse.ens.fr/files/Piketty2020SlidesLongVersion.pdf, Figur 0.4 auf Folie 8 (5.12.2023).

senverbänden und Opposition. Wie wir im vierten Kapitel gesehen haben, sind viele Menschen zwar grundsätzlich für eine starke Umverteilungspolitik, haben aber, wenn es konkret wird, oft Angst davor, dass Steuererhöhungen für Reiche zum Verlust von Arbeitsplätzen führen können. Dazu kommt: Angesichts der wachsenden Ungleichheit haben viele Menschen mit geringeren Einkommen das Vertrauen in Umverteilungskonzepte verloren. Viele gehen gar nicht mehr zur Wahl oder wählen gar rechte nationalistische Parteien, um so ihren Protest gegen die ungerechten Folgen der Globalisierung zum Ausdruck zu bringen.

Das Problem ist daher nicht ein Mangel an guten Konzepten. Die liegen längst vor und werden in den kommenden Kapiteln dargestellt. Was wir vor allem brauchen, ist ein Verfahren – ein Mechanismus – durch das gewährleistet wird, dass das Urversprechen der Demokratie – Gerechtigkeit – zumindest schrittweise verwirklicht wird. Wir brauchen Instrumente, damit sich die Politik, die Demokratie, gegen die vielfältige Einflussnahme der Akteure aus der Wirtschaft durchsetzen kann.

Bei dem folgenden Vorschlag greifen wir deshalb eine Erkenntnis auf, die der US-Präsident Franklin D. Roosevelt aus der Krise von 1929 und ihrer Bewältigung gewonnen hatte. Damit es nicht wieder zu grundlegenden Fehlentscheidungen kommen kann, die die damalige Krise verursacht und anfänglich eine konsequente Reaktion verhindert hatten, machte er zum Ende seiner Amtszeit einen bemerkenswerten Vorschlag: Er schlug vor, dass die Ziele seiner Sozial- und Arbeitsmarktpolitik, des »New Deal«[23], vom Kongress in die Verfassung festgeschrieben werden sollten. Damit wollte er vor allem die Sozialversicherungen in den USA absichern und die Arbeitsmarktpolitik als Priorität vor allen anderen Zielsetzungen (!) der Wirtschaftspolitik festschreiben. Zu einer Verabschiedung des Vorschlages von Roosevelt kam es jedoch nicht mehr, denn er starb im April 1945. Sein Nachfolger Präsident Truman griff das Thema nicht mehr auf.

Fünf Grundsätze der Steuer- und Abgabenpolitik

Analog dazu könnte unser Problem der Demokratie dadurch gelöst werden, dass Grundsätze der Steuer- und Abgabenpolitik einklagbar in die Verfassung aufgenommen werden. Diese Grundsätze könnten sein:

❶ Die langfristige Deckung der konsumptiven[24] Ausgaben durch Einnahmen,
❷ der Vorrang der Dezentralisierung (Subsidiaritätsprinzip)[25],
❸ das Verursacherprinzip bei der Nutzung oder Schädigung der Natur und Umwelt,
❹ eine angemessene Besteuerung der internationalen Konzerne[26]
❺ und eine allgemein akzeptierte Einkommens- und Vermögensverteilung.

Nach allem, was wir wissen, dürften diese Ziele von einer großen Mehrheit der Bevölkerung unterstützt werden.

---

[23] Mit »New Deal« wurden die Sozial-, Arbeitsmarkt- und Steuergesetze bezeichnet, mit denen die Regierung Roosevelt erfolgreich die große Wirtschaftskrise von 1929 in den USA überwinden konnte und die nach dem Krieg die USA zum Wirtschafts-Wunderland und zur Vorbild-Demokratie machten.

[24] Konsumptiv nennt man alle Staatsausgaben ohne die Investitionen und die Zinszahlungen, also sozusagen die »laufenden Ausgaben« wie Gehälter, Förderprogramme, Unterhaltung von Einrichtungen u.v.a.m.

[25] Siehe dazu Kapitel 10.

[26] Siehe dazu Kapitel 8.

Allerdings bereitet die Formulierung zur Einkommens- und Vermögensverteilung Schwierigkeiten. Was bedeutet »allgemein akzeptiert«? Wie soll das konkretisiert und wie überprüft werden? Diese Fragen sind von zentraler Bedeutung, weil jede konkrete Gesetzesvorlage, die eine erhebliche Umverteilung von Einkommen und Vermögen zur Folge hat, auf massiven Widerstand der betroffenen Kreise stoßen wird.

Um dieses Problem zu lösen, gibt es einen einfachen Vorschlag: Als Maßstab für die Ungleichheit könnte zum Beispiel der schon erwähnte Gini-Index verwendet werden. Als Ziel der Einkommensverteilung schlagen wir einen Indexwert von 20% und als Ziel der Vermögensverteilung ein Indexwert von 50% vor.[27] Das sind realistische Ziele. In Dänemark und Finnland lag der Gini-Index für Einkommen in den 90er-Jahren unter 20%. Der Index für Vermögen lag damals in mehreren Staaten wie Japan und Spanien noch unter 60%, weil es kaum Superreiche gab und in diesen Ländern ein großer Teil der Bevölkerung Wohnungseigentum besitzt. Bei der Einkommensverteilung sollten aber nicht nur alle Nettoeinkommen einschließlich der Transferzahlungen wie Kindergeld oder Arbeitslosengeld berücksichtigt werden, sondern auch alle Dienstleistungen, die der Staat kostenlos bereitstellt (wie die Schulen) oder teilweise vergünstigt (wie öffentlicher Verkehr, Kindergärten und Pflegeeinrichtungen). Es sollte also ein Index gewählt werden, der alle öffentlichen Leistungen miteinbezieht, der also die in Kapitel 4 dargestellten Gedanken von Sen und Nussbaum – den Capability Approach – mitberücksichtigt.

Die Steuerkommission

Es reicht aber nicht aus, diese Ziele in die Verfassung zu schreiben – auch nicht, wenn sie einklagbar sind. Vielmehr schlagen wir vor, dass zusätzlich ein politischer Mechanismus implementiert wird, der die Umsetzung dieser Ziele im Rahmen der Gesetzgebung

---

[27] Der Gini-Index ist das am häufigsten verwendete Verteilungsmaß. Es gibt allerdings auch andere Indizes mit unterschiedlichen Vor- und Nachteilen. Da diese aber alle stark korrelieren, gehe ich hier nicht auf Details ein. Nimmt man bei der Berechnung der Zielvorgabe für Einkommen den Capability Approach (siehe Kapitel 4), dann müsste die Zielvorgabe dem angepasst werden.

möglichst automatisch gewährleistet. Zu diesem Zweck soll eine unabhängige Steuerkommission eingerichtet werden. Sie soll die Aufgabe bekommen, jährlich die reale Entwicklung im Hinblick auf die fünf oben beschriebenen Verfassungsziele zu evaluieren. Um die Unabhängigkeit der Kommission zu gewährleisten, kann sie sich zum Beispiel aus Vertreter*innen von Sozialverbänden, Gewerkschaften, Wirtschaftsverbänden, Umweltverbänden, Religionsgemeinschaften und Wissenschaftlern zusammensetzen. Die einschlägigen vorschlagsberechtigten Verbände werden vom Parlament im Einrichtungsgesetz festgeschrieben. Die Verbände sollen aber bei der Benennung der Personen in der Kommission frei sein.

Als Ergebnis soll die Kommission einen jährlichen Bericht veröffentlichen, in dem dargestellt wird, ob und wie sich die Realität auf die genannten Verfassungsziele zubewegt. Sollte das nicht der Fall sein, also die Situation sich verschlechtern oder auf einem nicht akzeptablen Stand stagnieren, dann sollten in einem zweiten Teil des Berichtes Vorschläge für eine geeignete Novellierung des Steuer- und Abgabensystems gemacht werden. Dabei kann es um Änderungen der Systematik – aber auch um die Höhe der Steuern bzw. Abgaben gehen.

Der große Vorteil dieses Mechanismus besteht darin, dass es nicht mehr darum geht, »ob« die Steuersätze angehoben oder bestimmte Ökosteuern oder -abgaben eingeführt werden. Auf Basis der Zielvorgaben in der Verfassung geht es nur noch um das richtige »wie«. Wer gegen eine Vermögensteuer ist, müsste dann eine andere Maßnahme vorschlagen. Wer gegen die Straßenmaut ist, muss dann eine praktikable Alternative nennen. Das schränkt die Lobbyarbeit auf konkrete Alternativvorschläge ein. Und die Regierung steht nicht am Pranger der Unternehmerverbände oder des Steuerzahlerbundes, wenn sie die Vorschläge der Kommission übernimmt.

Das Interessante an dem Vorschlag besteht auch darin, dass er sehr pragmatisch klingt. Wer will sich schon gegen Ziele für ein gerechtes Steuer- und Abgabensystem stellen? In der Praxis könnte der Vorschlag jedoch geradezu revolutionär wirken. Denn ohne eine solche Zielsetzung und eine sie überprüfende Kommission dürften kaum wesentliche Änderungen in den kommenden Jahren möglich sein. Und das bedeutet, dass die Spaltung zwischen Reich und Arm weiter fortschreiten würde, der soziale Zusammenhang immer mehr verloren geht und die Demokratie noch mehr an Vertrauen verlieren würde.

5.5 Steuerflucht und Gegenmaßnahmen

Natürlich bleibt die Gretchenfrage offen: Nehmen wir an, wir würden diese Regeln wie oben beschrieben in die Verfassung aufnehmen, können wir denn überhaupt solche Steuersätze ökonomisch realisieren? Wenn wir zum Beispiel die Einkommen und Vermögen nach oben begrenzen[28], werden dann nicht alle Superreichen das Land verlassen? Schon heute haben deutsche Millionäre und Multimillionäre viele Milliarden ins Ausland vor der Steuer in Sicherheit gebracht. Macht es dann Sinn, die Reichen mehr zu besteuern, wenn das Finanzamt eh keinen Zugriff auf ihre Konten hat?

Die Antwort auf diese Fragen lautet: Ja, es macht Sinn. Der Staat wäre durchaus in der Lage, ein solches Steuersystem durchzusetzen. Im Prinzip gibt es folgende Möglichkeiten, wie Vermögende und Firmen Steuern vermeiden bzw. hinterziehen können:[29]

❶ Die Methode Boris Becker: Falsche Steuererklärung
❷ Die Methode Uli Hoeneß: Geheime Konten in Steueroasen
❸ Die Methode Michael Kühne: Wohnsitz in einer Steueroase
❹ Die Methode Gerard Depardieu: Wechsel der Staatsbürgerschaft
❺ Die Methode Hanno Berger: Nutzung von Gesetzeslücken wie Cum-Ex und Cum-Cum
❻ Die Methode Stephan Quandt: Legal keine Steuern zahlen
❼ Die Methode Ingvar Kamprad: Der Dumping-Wettbewerb der internationalen Konzerne (TNE – transnational enterprises)

Zu 1: Boris Becker hat einfach falsche Angaben gegenüber den Steuerbehörden und dann noch vor dem Gericht gemacht. Meist

---

[28] Siehe Kapitel 7.

[29] Wir behandeln hier nicht die Steuervermeidung der kleinen Leute: Schwarzarbeit und Schwarzbuchung an der Ladenkasse. Natürlich kann der Staat auch hier mehr Kontrollen veranlassen und das Strafmaß erhöhen, damit klar wird, dass es kein Kavaliersdelikt ist, keine Steuern zu zahlen.

heißt das: Vermögen oder Einkommen wurden falsch angegeben. Dies ist die dümmste Methode – sie wird aber trotzdem von Hunderttausenden angewandt, weil sie meistens damit durchkommen. Dabei wäre sie leicht zu verhindern. Der Staat müsste mehr Steuerprüfer*innen einstellen. Es ist ein Unding, dass es in Deutschland mehr Parkwächter als Steuerprüfer gibt, obwohl Steuerprüfungen ein Vielfaches an Einnahmen generieren können.

Zu 2: Nun kommen wir in die Gefilde der Wohlhabenden, die wie Uli Hoeneß ihr Geld auf geheimen Konten in Steueroasen vor dem Fiskus verstecken. Diesbezüglich haben die USA unter Präsident Obama Pionierarbeit geleistet. Aufgrund des FATCA-Gesetzes[30] müssen alle Staaten weltweit den US-Steuerbehörden die nötigen Steuerdaten für alle US-Bürger liefern. Mittlerweile wurde der internationale Austausch der Daten bereits in einem Abkommen auf Vorschlag der OECD[31] vereinbart und wird schrittweise umgesetzt.[32] Auch der Bundestag hat 2021 mit dem Steueroasen-Abwehrgesetz einen weiteren Schritt in diese Richtung unternommen.

Zu 3: Der Multimilliardär Michael Kühne – Hauptsponsor des Hamburger Sportvereins – lebt in einer Steueroase – in diesem Fall in Lausanne in der Schweiz. Er muss nur darauf achten, dass er keinen Wohnsitz in Deutschland hat (Vorsicht: auch keine Ferienwohnung, nicht mal einen Zweitschlüssel für die Wohnung seiner Kinder), keine feste Verbindung wie z. B. eine Vereinsmitgliedschaft, ein in Deutschland angemeldetes Auto usw. und dass er sich nicht mehr als 182 Tage im Jahr in Deutschland aufhält. Auch diese Art der Steuerhinterziehung wäre leicht zu vermeiden. Wenn alle deutschen Staatsbürger in Deutschland unbeschränkt steuerpflichtig wären, wie das in den USA der Fall ist, dann wäre auch dieses Loch geschlossen!

---

[30] Der Foreign Account Tax Compliance Act (FATCA) wurde im Jahr 2010 verabschiedet. Mittlerweile liefern nahezu alle Staaten die Steuerdaten von US-Bürgern an die USA.

[31] OECD – Organization for Economic Co-operation and Development – das ist die Wirtschaftsorganisation der reichen Länder und einiger Schwellenländer.

[32] Bis Mitte 2021 sind 104 Länder dem Vorschlag der OECD (Standard Automatic Exchange of Financial Account Information – AEOI) auf Basis des Common-Reporting-Standard (CRS) beigetreten.

Zu 4: Gerard Depardieu hat die russische Staatsbürgerschaft angenommen, um den französischen Steuerbehörden zu entfliehen. Allerdings besteht der große Wert eines EU-Passes darin, dass er eine fast weltweite Freizügigkeit ermöglicht. Darauf zu verzichten, dürfte kaum attraktiv sein. Aber der Erwerb einer Staatsangehörigkeit von anderen EU-Staaten oder der Schweiz, USA, Kanada usw. ist natürlich eine Option, wenn dadurch erheblich Steuern vermieden werden können. Dagegen könnte sich Deutschland durch eine entsprechende Regelung in der Exit-Besteuerung wehren.[33] Die Exit-Besteuerung sollte dann oberhalb der Erbschaftsteuer liegen. Wer auswandert, enterbt sich dann quasi selbst. Ergänzen könnte man das durch eine EU-Richtlinie oder ein internationales Abkommen mit den wichtigsten in Frage kommenden attraktiven Staaten, wodurch die Steuerflucht unattraktiv wird.

Zu 5: Die systematische Ausnutzung von angeblichen Gesetzeslücken wie Cum-Ex (geschätzt 10 Mrd. Euro Steuerhinterziehung) und Cum-Cum (geschätzt 20 Mrd. Euro) führte zum größten Steuerskandal der letzten Jahrzehnte. Der Bundesgerichtshof hat 2021 klargestellt, dass es sich bei Cum-Ex um organisierte Kriminalität handelt und damit das Märchen vom Kavaliersdelikt beendet. Mittlerweile hat das Landgericht Bonn den Unternehmensberater Hanno Berger zu acht Jahren Gefängnis ohne Bewährung verurteilt. Über tausend weitere Verfahren sind anhängig. Trotzdem machen nach Meinung von Fachleuten die kriminellen Banden mit guten Verbindungen in die Politik mit neuen Modellen weiter.[34]

Zu 6: Doch selbst diese Skandale werden durch die Dimension der offenen legalen Steuervermeidung von Superreichen übertroffen. Firmenvermögen und ihre Besitzer*innen wie die Geschwister Stefan Quandt und Susanne Klatten sind in Deutschland (und vielen anderen Staaten) weitgehend von der Einkommensteuer, von Vermögensteuern und der Erbschaftsteuer befreit. Dieser verfassungswidrige Zustand wurde trotz mehrfacher Urteile des Bun-

[33] Die bestehende Exit-Besteuerung Deutschlands regelt nur die Besteuerung von unversteuerten Wertzuwächsen (stillen Reserven), nicht aber die Vermeidung der Erbschaft- oder Vermögensteuer durch Wechsel der Staatsangehörigkeit.

[34] Persönliche Mitteilung von Christoph Trautvetter, Koordinator des Netzwerk Steuergerechtigkeit.

desverfassungsgerichts immer noch nicht abgestellt. Der Schutz der Reichen fand bislang immer eine parlamentarische Mehrheit. Den Gipfel der Verlogenheit hat aber die angebliche Protestpartei AfD erklommen, die behauptet, sich um die »normalen« Menschen zu kümmern. Tatsächlich aber fordert sie gänzliche Abschaffung der Erbschaftsteuer – also Steuerfreiheit für die Superreichen.

In Folge dieser Blockade der Mehrheit ist Deutschland nicht eine Steueroase – es ist ein Steuerparadies für die Superreichen geworden. Es wird vermutet, dass dies auch dazu geführt hat, dass in Deutschland bevorzugt illegale Gelder investiert werden. Schätzungen belaufen sich auf jährlich 100 Milliarden Euro an kriminellem Vermögen aus Waffenhandel, Drogengeschäften und anderen illegalen Mafia-Geschäften, die jährlich in Deutschland gewaschen werden (vgl. Raspe 2023). Hier müssen zum Teil die Gesetze geändert und auch die Strafverfolgung intensiviert werden. Das Problem ist lösbar – es fehlt lediglich der Handlungswille. Die Angst, dass Firmen Finanzprobleme bekommen, weil ihre Besitzer*innen Steuern bezahlen müssen, entpuppt sich, wie wir unten sehen werden, als Legende.[35]

Zu 7: Es bleiben die TNE – die Trans National Enterprises und ihre Oligarchen wie Jeff Bezos (Amazon) oder Ingvar Kamprad (IKEA). Lagen früher die Körperschaftsteuern in Deutschland bei 51%, auf die dann bei Dividenden die Einkommensteuer noch hinzukam, so schaffen es TNEs wie Apple, Alphabet (Google) – aber auch IKEA, E.ON und andere – ihre Körperschaftsteuer auf bis zu unter 3% zu drücken. Auch dieses Problem ist hausgemacht und kann gelöst werden.[36]

Fazit: Es gibt keinen Grund, die Steuerflucht von relevanten Superreichen oder von Firmen und Konzernen im Falle einer gerechten Besteuerung zu befürchten. Im Gegenteil: Saez und Zucman analysieren, warum mit Beginn der Reagan-Regierung zunächst in den USA und dann in immer mehr Ländern die Steuermoral zusammengebrochen war (vgl. Saez/Zucman 2020). Entscheidend dafür war, dass Steuerhinterziehung nicht mehr als wirklich kriminell angesehen wurde, sondern als eine Kunst von cleveren Leuten. Dem

---

[35] Siehe Kapitel 8.
[36] Siehe Kapitel 2 und 8.

entspricht auch die beschönigende Bezeichnung »Steuervermeidung«. Sie wurde sogar durch die Gesetzgebung und durch die unzureichende Ausstattung der Steuerbehörden erleichtert. Bis 1982 waren Aktienrückkäufe (anstelle von Dividendenausschüttungen, die versteuert werden müssen) in den USA noch illegal. Auch andere Tricks zur Steuerhinterziehung wurden jeweils sofort unterbunden, sobald sie bekannt wurden (wie Briefkastenfirmen 1937, Spenden an Privatstiftungen 1969 usw.). Mit der Wahl Reagans änderte sich dies völlig. Es entstand eine Steuervermeidungsindustrie, die ihre gezielt abgestimmten Angebote für Wohlhabende, Reiche, kleinere Firmen und internationale Konzerne in den Finanzteilen der Zeitungen offensiv bewarb. Auch die sogenannten »Gesetzeslücken«, die Cum-Ex und Cum-Cum scheinbar ermöglichten, wurden bewusst in die Gesetze und Verordnungen eingebaut.[37]

Es kommt also darauf an, dass die Regierung Willens ist, Steuervermeidung – also Steuerhinterziehung – wieder energisch zu bekämpfen. Es gibt kein Erkenntnisproblem, sondern ein Durchsetzungsproblem. Und das kann von einem Staat wie Deutschland ohne Probleme gelöst werden. Der dazu notwendige internationale Datenaustausch ist bereits vereinbart worden. Noch besser wäre es jedoch, wenn die EU die Federführung übernehmen würde. Dazu gibt es bereits eine Reihe von Initiativen. Das Bewusstsein im Europäischen Parlament ist viel weiter als in den Nationalstaaten. Die Abschaffung des Mehrheitsprinzips im Europäischen Rat, das seit zwei Jahren endlich diskutiert wird, wäre hier der entscheidende Durchbruch. Im Folgenden stellen wir dar, wie das Steuersystem im Einzelnen aussehen sollte und implementiert werden kann.

[37] Das Bundesverfassungsgericht hat entschieden, dass die Nutzung von technischen Gesetzeslücken, die dazu führen, dass Steuern nicht gezahlt oder doppelt zurückerstattet werden, trotzdem rechtswidrig und strafbar ist.

»Wenn die Preise uns vorgaukeln, die Natur sei unendlich, rennen der technische Fortschritt und die Zivilisation in den Abgrund.«
Ernst Ulrich von Weizsäcker, Klimaforscher

6. Verbrauchsteuern, Aktien, Klima und Luxus

Verbrauchsteuern und Zölle waren historisch neben den Grundsteuern die wichtigsten Steuern der vorindustriellen Zeit. Man findet viele kuriose Beispiele wie die Pinkelsteuer des römischen Kaisers Vespasian (»Geld stinkt nicht«) – die heute als Toilettengeld auf Autobahnraststätten und in Bahnhöfen wieder gekommen ist, die Bartsteuer von Zar Peter dem Großen oder die englische Fenstersteuer, die Napoleon auch in weiten Teilen Europas zur Besteuerung der Mietshäuser einführte, was zur Folge hatte, dass in Arbeitervierteln Wohnungen ohne Fenster gebaut wurden.

Bei den Verbrauchsteuern stehen teilweise die Steuereinnahmen im Vordergrund wie bei der Mehrwertsteuer, oft spielen aber auch Lenkungsgesichtspunkte eine Rolle. Man spricht dann von Lenkungssteuern.

6.1 Besteuerung der Finanzmärkte

Die Finanztransaktionssteuer (FTS) wurde ursprünglich 1936 von John Maynard Keynes nach den Erfahrungen der Weltwirtschaftskrise von 1929 vorgeschlagen. Eine zweite Wurzel hatte die FTS in dem Vorschlag einer Devisenhandelsteuer von James Tobin, um die Turbulenzen auf den Devisenmärkten zu reduzieren. Als in den 1990er-Jahren Menschen weltweit begannen, sich gegen die Folgen der ungeregelten Globalisierung zu wehren, war die Forderung nach einer weltweiten FTS eines der zentralen Themen. Diese Kampagne führte dann auch 1998 in Frankreich zur Gründung des globalisierungskritischen Netzwerks Attac – wörtlich: Assoziation für die Finanztransaktionssteuer.[38]

---

[38] Daher der Name Attac = »**A**ssociation pour une **t**axation des **t**ransactions financières pour l'**a**ide aux **c**itoyens«.

Aber warum soll der Wertpapierhandel besteuert werden? Die Akteure der Finanzwirtschaft haben in den letzten Jahrzehnten immer mehr an Bedeutung gewonnen und saugen in erheblichem Umfang Gewinne aus der produzierenden Wirtschaft und den Dienstleistungen ab, ohne angemessen zur Finanzierung des Staates beizutragen. Im Gegenteil – die Überwindung der Finanzmarktkrise von 2007 hat staatliche Rettungsaktionen in Höhe von dreistelligen Milliardenbeträgen erforderlich gemacht.

Auch die exponentielle Zunahme des Hochfrequenzhandels, bei dem große Käufe und Verkäufe von Wertpapieren im Millisekundenrhythmus durch Computerprogramme getätigt werden, um minimale Preisdifferenzen auszunutzen, hat schon mehrfach zu erheblichen Turbulenzen geführt. Wenn Händler aber jedes Mal eine kleine Steuer bezahlen müssen, dann muss die Handelsspanne entsprechend höher werden und ein Großteil des Hochfrequenzhandels lohnt sich nicht mehr. Damit würden viele schwer kontrollierbare Turbulenzen auf den Wertpapiermärkten wegfallen. Für die Funktionsweise der Börsen wäre das sogar ein Vorteil.

Die FTS soll auf diese Weise die Finanzmärkte stabilisieren und sie an der Finanzierung der öffentlichen Aufgaben beteiligen. In einer Reihe von Ländern der EU, aber auch im UK, der Schweiz, China und Brasilien gibt es teilweise bereits seit vielen Jahren unterschiedliche Varianten einer Börsenumsatzsteuer oder Stempelsteuer, die in Großbritannien immerhin bis zu sechs Mrd. Euro im Jahr eingebracht hat. In Deutschland wurde die entsprechende Kapitalverkehrsteuer 1992 im Rahmen des Finanzmarktförderungsgesetzes außer Kraft gesetzt. Nach der großen Finanzmarktkrise von 2007 wollte die EU eine Finanztransaktionssteuer einführen. Der Lobby der Finanzindustrie gelang es jedoch nach jahrelangen Verhandlungen das Projekt bislang zu verhindern. Frankreich hat dann 2012 einseitig eine stark abgeschwächte Variante eingeführt.

Wir schlagen vor, in der EU eine Steuer auf alle Finanztransaktionen im Handel mit Aktien, Anleihen, Devisen und anderen Wertpapieren von 0,5% einzuführen. Der Handel mit Derivaten soll allerdings nur mit 0,1% auf den Nominalwert der Derivate besteuert werden, da es bei Derivaten nicht um Transaktionen, sondern um Wetten auf Ereignisse geht, die einen Versicherungscharakter haben. Die Einnahmen einer solchen Steuer werden allein in Deutschland auf bis zu 30 Mrd. Euro im Jahr geschätzt. Das Geld sollte allerdings im Rahmen einer Gesamtstrategie für internationale Zwecke eingesetzt werden.[39] Damit bekämen insbesondere die Ausgaben für die Entwicklungsfinanzierung[40] eine eigene stabile Finanzierungsbasis.

6.2 Besteuerung des Konsums – Mehrwertsteuer

Die Umsatzsteuer entstand mit Beginn der Neuzeit zuerst in den Niederlanden – seit Ende des 17. Jahrhunderts auch in Preußen und Sachsen. Da dabei jede Handelsstufe erneut besteuert wurde, wurde die Ware dadurch umso mehr belastet, je öfter sie weiterverkauft wurde. Deshalb wurde sie 1968 durch die Mehrwertsteuer[41] (MwSt) ersetzt. Bei der Mehrwertsteuer wird die bereits in einem Produkt enthaltene Vorsteuer verrechnet. Jeder Händler oder Produzent versteuert dadurch nur den Mehrwert, den er der Ware zugefügt hat. Der Steuersatz stieg seit 1968 von 10% auf 19%. Heute bildet die Mehrwertsteuer neben den Sozialabgaben und der Lohn- und Einkommensteuer die dritte große Haupteinnahmequelle des Staates.

Die große Bedeutung der Mehrwertsteuer in Zeiten der Globalisierung hat einen besonderen Grund: Sie ist als einzige Steuer globalisierungsneutral! Denn sie wird nicht nur auf in Deutschland produzierte Waren, sondern auch auf alle Importe erhoben – nicht dagegen auf Exporte. Damit unterliegen die Produkte deutscher und ausländische Hersteller der gleichen Steuerbelastung. Ein wichtiger Gesichtspunkt! Alle anderen Steuern verteuern dagegen deutsche Waren im Ausland und verschaffen Importeuren aus Niedrigsteuerländern einen Vorteil.

Das ist auch der Grund, warum sich diese Form der Besteuerung weltweit in allen Staaten der Erde ausgebreitet hat. Die höchsten Steuersätze von 25% haben die skandinavischen Länder und Un-

---

[39] Siehe Kapitel 10.

[40] Das sind alles Gelder, die zur Entwicklung von armen Staaten beitragen sollen, egal auf welche Art.

[41] Im Gesetz heißt sie weiterhin Umsatzsteuer. Im Sprachgebrauch hat sich aber die an sich korrekte Bezeichnung »Mehrwertsteuer« durchgesetzt.

garn mit sogar 27%. Aber auch in China (17%), Russland (20%), Brasilien (17%) und UK (20%) liegt die Mehrwertsteuer auf dem Niveau der EU (17 bis 27%). Eine Ausnahme sind die USA, wo es Verbrauchsteuern nur in einigen Bundesstaaten gibt, aber keine Mehrwertsteuer. Die US-Wirtschaft beklagt sich darüber, weil sie in der Tatsache, dass die europäischen Länder einen großen Teil des Sozialstaats über die Mehrwertsteuer und damit über die Importeure finanzieren, einen massiven Konkurrenzvorteil sieht. Allerdings sind in den USA alle Versuche eine Mehrwertsteuer einzuführen am Widerstand gegen jede Steuererhöhung gescheitert.

Hauptnachteil der Mehrwertsteuer ist die Tatsache, dass sie degressiv ist. Da Reiche einen kleineren Anteil ihres Einkommens konsumieren, zahlen sie relativ weniger Mehrwertsteuer von ihrem Einkommen. Die Akkumulation von Vermögen durch die Reichen ist quasi mehrwertsteuerfrei! Das wird auch durch den geringeren Steuersatz von 7% für Nahrungsmittel und durch die Befreiung der Miete von der Mehrwertsteuer – beides nützt besonders den ärmeren Haushalten – nicht kompensiert. Im Rahmen eines gerechten Steuersystems muss daher diese Degression wirksam ausgeglichen werden.

Aufgrund dieser Erfahrungen schlagen wir vor, die Mehrwertsteuer als Instrument zur Basisfinanzierung des Staates in einer Höhe von um die 20% beizubehalten. Zur Unterstützung der Klimapolitik schlagen wir vor, die Mehrwertsteuer für pflanzliche Grundnahrungsmittel und für den öffentlichen Nah- und Regionalverkehr abzuschaffen. Dafür soll aber die Mehrwertsteuer für Fleischprodukte auf den vollen Steuersatz angehoben werden. Die Steuerbefreiung der Mieten soll natürlich beibehalten werden. Da die ärmere Hälfte der Bevölkerung überwiegend zur Miete wohnt, bedeutet das einen wichtigen Beitrag zur sozialen Kompensation. Ansonsten gibt es gegenwärtig eine Vielzahl von Sonderregeln, von denen viele abgeschafft werden können.[42]

---

[42] Wir verzichten hier auf eine detaillierte Diskussion über die Vielzahl der Sonderregeln wie Ganz- oder Teilbefreiungen, reduzierte Steuersätze usw.

6.3 Klimaabgaben und Klimageld

Eine der größten Herausforderungen der kommenden Jahrzehnte ist die Transformation unserer Gesellschaft in eine klimaneutrale »Gleichgewichtsgesellschaft« (Hentschel/Krenzer 2020). Dies geschieht sinnvollerweise durch Ordnungsrecht, durch staatliche Investitionen in den Ausbau der Bahn, den Leitungsausbau für Erneuerbare Energien, Fernwärmeleitungen usw., durch Fördermaßnahmen für Wärmedämmung, Stromspeicher, Elektromobilität – aber auch durch Bepreisung von Treibhausgasemissionen (CO2-Preise).[43] CO2-Preise können in Form von Steuern, von Abgaben oder in Form des Verkaufs von Emissionsrechten erhoben werden. Durch das Emissionshandelssystem der EU erfolgte das bislang nur für Kraftwerke, energieintensive Industrieanlagen (hauptsächlich Chemie, Zement und Stahl) und EU-Binnenflüge. Das wurde nun endlich auf alle Emissionen ausgeweitet – auch auf internationale Flüge und Schifffahrt, aber noch nicht auf die Landwirtschaft.

Durch diese Abgaben sollen Kostenvorteile von Firmen, die Treibhausgase emittieren, ausgeglichen werden. Deshalb müssen die CO2-Preise im Rahmen der Transformation schrittweise auf die volle Höhe der Kompensation[44] angehoben werden. Neben der CO2-Abgabe sind natürlich auch andere klimarelevante Abgaben denkbar. Die wichtigste ist die Stromsteuer, die immerhin sechs Milliarden Euro jährlich einbringt. Dagegen wurde die EEG-Umlage auf den Strompreis – eine Abgabe zur Förderung der Erneuerbaren Energien – im Rahmen der Neuordnung der Klimapolitik der Ampel-Regierung 2022 abgeschafft, damit es sich eher lohnt auf Elektroautos und Wärmepumpen umzusteigen.

---

[43] Wir verwenden die Begriffe »CO2-Preis« und »Treibhausgaspreis« synonym im Sinne von »Preis für die Emission von einer Tonne CO2 oder von x-Tonnen eines anderen Treibhausgases, die aufgrund ihrer Treibhauswirkung einer Tonne CO2 entsprechen.« Man bezeichnet dann x-Tonnen des Treibhausgases als ein CO2-Äquivalent.

[44] Wenn die Kompensation von CO2-Emissionen oder von Emissionen anderer Treibhausgase durch unterschiedliche Methoden notwendig wird (zum Beispiel durch Neuwaldbildung, Wiedervernässung von Mooren und Feuchtgebieten, Speicherung von Kohlenstoff aus der Luft [DAC, CCS] oder aus Biomasse [BECCS] oder durch andere Methoden), dann müssen als Vermeidungskosten die Kosten für die teuerste zurzeit eingesetzte Methode angesetzt werden.

Gleiches Klimageld für alle

Die große Herausforderung bei Klimaabgaben besteht darin, das System sowohl klimafreundlich wie auch gerecht zu gestalten, um die Akzeptanz für die Klimapolitik zu sichern. Denn die Erhebung von CO_2-Preisen für alle Treibhausgasemissionen führt zur Verteuerung der Produkte in unterschiedlicher Höhe, je nach den genutzten Produktionsprozessen und Transportaufwendungen. Damit die Klimapolitik nicht zu übermäßigen Belastungen führt, müssen diese mit einem Klimageld ausgeglichen werden. Wir schlagen vor, dass alle Bürger*innen – auch Kinder – das Klimageld in gleicher Höhe bekommen. Dessen Höhe sollte so bemessen werden, dass die Belastungen für das ärmere Drittel der Gesellschaft voll ausgeglichen werden. Da höhere Einkommensgruppen höhere Emissionen verursachen, werden diese nicht voll kompensiert. Dies ist jedoch vor dem Hintergrund der höheren Einkommen akzeptabel.

Bei der Berechnung des CO_2-Preises gehen wir davon aus, dass Emissionen kontinuierlich sinken und der CO_2-Preis kontinuierlich angehoben wird. Der erforderliche Vermeidungspreis in 20 Jahren wird auf etwa 250 Euro pro Tonne CO_2 geschätzt. Bei einem Ausgangspreis von 70 Euro pro Tonne CO_2-Äquivalent würde das bedeuten, dass jede Bürger*in ein Klimageld von 350 Euro im Jahr bekommt.[45] Wer in einem Mehrfamilienhaus wohnt, kein Auto hat, nicht fliegt und Energie spart, gehört dann zu den Gewinnern, da ihre oder seine Belastung durch Treibhausgaspreise nur bei 140 Euro liegt. Wer durch seinen Lebensstil mehr als das Zweieinhalbfache an Treibhausgasen verursacht, zahlt dann effektiv zu.

---

[45] Heute liegen die Emissionen pro Person bei neun Tonnen CO_2 (oder andere Treibhausgase, deren Wirkung in CO_2 umgerechnet wird) pro Jahr. Da die Emissionen stark einkommensabhängig sind, schätzen wir, dass die Emissionen des ärmsten Drittel der Bevölkerung bei fünf Tonnen im Jahr liegen. Bei einem Anfangspreis von 70 Euro/Tonne ergibt sich damit ein Klimageld von 350 Euro pro Person im Jahr. Für eine Modellperson, die in einem durchschnittlichen Mehrfamilienhaus wohnt, sparsam mit Energie umgeht, kein Auto hat und nicht fliegt, liegen die CO_2-Emissionen etwa bei zwei Tonnen im Jahr – das bedeutet eine Anfangsbelastung von 140 Euro. Sie spart also 210 Euro. Da jedes Jahr die CO_2-Emissionen abnehmen und der CO_2-Preis zunimmt, nähme das von uns vorgeschlagene Klimageld im Laufe der kommenden 20 Jahre langsam ab.

6.4 Sonstige Verbrauch- und Lenkungssteuern sowie Zölle

Es gibt eine Vielzahl von weiteren Abgaben wie Kaffeesteuer, Lotteriesteuer, Feuerschutzsteuer, Verpackungssteuer[46], die zukünftige Plastiksteuer[47], Biersteuer, Hundesteuer, Pferdesteuer, Jagdsteuer, Zweitwohnsitzsteuer, Kurtaxe, Kulturabgaben, Spielautomatensteuer, Veranstaltungssteuer, öffentliche Parkgebühren usw. Köln hat sogar eine Prostitutionssteuer eingeführt, wofür die Frauen Steuerkarten aus dem Automaten am Straßenstrich ziehen können. Die meisten dieser Steuern und Abgaben sind kommunal.

Einige dieser Abgaben sind vor allem dadurch motiviert, dass die Kommunen sich zusätzliche Einnahmen verschaffen wollen. Da dies meist nicht sehr effizient ist, wäre es sinnvoller, den Anteil der Kommunen an den allgemeinen Steuern anzuheben.[48] Die meisten dieser Abgaben sind jedoch geschaffen worden, um die Gesundheit oder die Umwelt zu schützen oder in anderer Weise das Verhalten zu beeinflussen. In diesem Fall sind Abgaben (inklusive Steuern oder Gebühren) immer dann sinnvoll, wenn der Zweck durch eine Abgabe besser erreicht werden kann als durch Ordnungsrecht. Das erfordert naturgemäß eine Einzelfallabwägung.

Daher halten wir es für sinnvoll, dass zur Durchforstung dieses Dickichts von Einzelmaßnahmen eine Kommission eingerichtet wird, die die Effizienz der einzelnen Maßnahmen auch im Vergleich zu Ordnungsrechtsregelungen untersucht und Empfehlungen dazu abgibt. Manchmal müssen auch Erfahrungen gesammelt werden. Da diese Abgaben jedoch nur ein begrenztes Volumen haben, werden wir hier nur noch einige Steuern und Abgaben mit relevantem Volumen und grundsätzlicher Bedeutung diskutieren.

---

[46] Die Verpackungssteuer ist eine kommunale Steuer auf Einwegverpackungen.

[47] Ab 2025 werden Kunststoffverpackungen, die nicht mit Pfand belegt sind, auf Basis der EU-Recycling-Vorschriften auch in Deutschland mit der Plastiksteuer belastet.

[48] Siehe Kapitel 10.

Straßenverkehrsabgaben
Die Investitionen in die Straßen belaufen sich jährlich auf circa 25 Mrd. Euro. Diese werden durch die Energiesteuern (früher Mineralölsteuern) in Höhe von circa 40 Mrd. Euro, die Kfz-Steuer (10 Mrd. Euro) und die LKW-Maut (8 Mrd. Euro) finanziert, die dadurch auch zur Finanzierung des allgemeinen Haushaltes beitragen. Das ist angemessen und kann auch als Umweltabgabe für die Nutzung der Flächen und Rohstoffe, für Unfallkosten, Lärmemissionen und für die sonstigen Kosten des Straßenverkehrs verstanden werden.

Da sich aber in den kommenden 15 Jahren das Elektroauto durchsetzen wird, werden die Einnahmen aus der Besteuerung fossiler Energien (Energiesteuer) stark fallen. Da z. B. das Laden von Elektroautos der Eigenheimbesitzer mit privaten Wallboxen zu erheblichen Teilen mit eigenen PV-Anlagen erfolgen wird, kann die Mineralölsteuer nicht durch Stromsteuern ausgeglichen werden. Es kommt daher darauf an, die Einnahmen im Straßenverkehr zu stabilisieren und darüber hinaus ökologisch und klimafreundlich zu gestalten. Dazu schlagen wir vor, dass die Kfz-Steuer umgestellt und schrittweise deutlich erhöht wird. Die Bemessungsgrundlage dafür soll dann der Energieverbrauch und die Emissionen bezogen auf die Anzahl der fest installierten Sitzplätze sein.

Als zweite Einnahmequelle soll das bisherige Mautsystem für Lkws in ein System für alle Fahrzeuge ausgebaut werden. Es besteht aus einer Citymaut für alle Städte und aus einer Fernverkehrsmaut für Autobahnen und andere Fernverkehre. Fahrten außerhalb der Hauptrouten mit begrenzter Fahrtstrecke (Regionalverkehr) sollen zumindest vorübergehend noch mautfrei sein bis es attraktive Alternativen (Anrufsammeltaxis und/oder selbstfahrende Car-Sharing-Fahrzeuge) auch auf dem Lande gibt. Die Mauttarife werden konsequent nach Fahrzeuggröße, Schadstoff- und CO_2-Emissionen gestaffelt.

Zölle
Zölle sind Verbrauchsteuern auf Importe – entweder Mengenzölle auf bestimmte Waren oder Wertzölle, die prozentual auf den Preis aufgeschlagen werden. Da die EU eine Zollunion ist, gibt es nur Zölle an den Außengrenzen – was praktisch bedeutet, dass

die Besteuerung erfolgt, wenn Waren Freihäfen und Flugplätze verlassen. Die Einnahmen gehen grundsätzlich an die EU. Dabei wird auch die Mehrwertsteuer (Einfuhrumsatzsteuer) für die Importe erhoben.

Im Unterschied zur Mehrwertsteuer sind die Zölle aber eine besondere Belastung nur für Importe. Die Bedeutung der Zölle in den wohlhabenden Staaten nimmt allerdings ab. Für die ärmeren Länder haben sie dagegen eine große Bedeutung zum Schutz ihrer heimischen Wirtschaft gegen Billigimporte.

In Europa werden aber in den kommenden Jahren Klimazölle eine große Bedeutung bekommen. Damit sollen die CO_2-Preise und die zusätzlichen Kosten, die in einigen Wirtschaftszweigen anfallen, wenn sie auf eine CO_2-freie Produktion umstellen, ausgeglichen werden. Da Europa und insbesondere Deutschland zurzeit noch eine sehr schlechte CO_2-Bilanz haben, werden sie deutlich früher als andere Länder in Afrika, Asien oder Lateinamerika klimaneutral sein müssen. Die dadurch auftretenden Preisdifferenzen müssen an den Außengrenzen ausgeglichen werden. So wird zum Beispiel Stahl, der nicht CO_2-frei produziert wird, während der Übergangsphase mit einer Einfuhrausgleichsabgabe belastet werden. Wenn irgendwann Stahl überall CO_2-frei produziert werden wird, entfällt die Abgabe automatisch.

Luxussteuern

Luxussteuern können eine ergänzende Rolle bei der Umverteilung spielen. Sie haben in der Regel auch eine ökologische Komponente. Die einzig verbliebene Luxussteuer in Deutschland ist die Schaumweinsteuer. In der EU gibt es Luxussteuern in Finnland, den Niederlanden und Dänemark. So beträgt in Dänemark die gesamte Steuerbelastung eines Sportwagens mit hohen CO_2-Emissionen, der vor Steuern 100.000 Euro kostet, etwa 215.000 Euro oder 215%.[49] Solche hohen Steuersätze sind vermutlich nur möglich, da die Registration Tax in Dänemark schon immer existierte

---

[49] Ein Auto mit Nettopreis 100.000 Euro und über 300 g/km CO_2-Emissionen wird in Dänemark mit 25.000 Euro Mehrwertsteuer, ca. 160.000 Euro Registration Tax und ca. 30.000 Euro CO_2-Steuer belastet. Insgesamt sind das 215.000 Euro oder 215%.

und aus einer Zeit stammt, als Autos noch ein seltenes Luxusgut waren. Interessanterweise finden solche Luxussteuern sogar bei Teilen der Oberschicht Akzeptanz, da sie die Exklusivität der besteuerten Waren erhöhen.

Wir unterstützen grundsätzlich eine Luxussteuer mit einer Umverteilungskomponente. Dazu soll es ergänzend zur Mehrwertsteuer einen progressiv gestalteten Luxussteuertarif geben. Er wird angewendet bei Waren, die fast ausschließlich von der Oberschicht gekauft werden, wie private Flugzeuge, teure Yachten, Wagen der oberen Preisklassen sowie Kunstwerke und Schmuck oberhalb einer Luxusschwelle. Der Verkauf von solchen Waren erfordert dann grundsätzlich eine Meldung beim Verkauf an das Finanzamt. Damit wird zugleich sichergestellt, dass der Kauf solcher Waren nicht zur Geldwäsche genutzt werden kann.

Drogensteuern

Die Bekämpfung von Suchtkrankheiten durch Verbote hat aufgrund des Suchtcharakters der Drogen noch nie funktioniert. Im Gegenteil wurden bzw. werden die Suchtkranken dadurch in die Illegalität getrieben. Das Ergebnis sind illegale Geschäfte, Bandenkriminalität, unreine Drogen mit oft unkalkulierbarer Wirkung und der Folge tödlicher Drogenunfälle. Statistisch sind heute die beiden Hauptdrogen Alkohol und Tabak für die größten gesundheitlichen Schäden verantwortlich. Beim Alkohol kommen durch die psychische Enthemmung erhebliche soziale Folgeschäden hinzu.

Aus diesen Gründen sollte der Verkauf an Erwachsene für alle Arten von Drogen einschließlich dafür geeigneter Medikamente grundsätzlich legalisiert werden. Zugleich sollte die Werbung verboten und der Vertrieb und die Dosierung streng reguliert und besteuert werden. Ein übermäßiger Drogenkonsum sollte als Krankheit anerkannt und behandelt werden. Es macht dann Sinn, alle Drogen durch Drogensteuern so weit zu versteuern, wie dies möglich ist, ohne dass es lohnend wird, größere illegale Vertriebsstrukturen durch Kriminelle aufzubauen. Dies sollte grundsätzlich für alle frei zugänglichen Drogen und Medikamente gelten.

»Gerade die Anerkennung des Leistungsprinzips muss zu einer Beschränkung des Vermögens beitragen. Und nicht zuletzt gefährdet die Reichtumskonzentration die Freiheit einer Gesellschaft, wenn immer weniger ihrer Mitglieder infolge von Erbschaften über immer größere Vermögen verfügen.« (John Stuart Mill 1982)

7. Ungleichheit und Umverteilen

Nun kommen wir zur Gretchenfrage des Steuersystems – dem Umverteilen. Das Problem ist evident: Die reichsten vier Familien dieses Landes besitzen mittlerweile genau soviel Vermögen wie die gesamte ärmere Hälfte der Bevölkerung.[50] Welche Steuerarten brauchen wir und wie hoch müssen die Steuersätze sein, um tatsächlich eine Umverteilung zu bewirken?

Mittlerweile ist Umverteilen nicht mehr nur eine Frage der Gerechtigkeit. Es ist auch eine Frage der Demokratie, da die Vertreter der großen Vermögen über eine Vielzahl von direkten und indirekten Mechanismen Einfluss und Macht ausüben (vgl. Trabold 2014). Die Entwicklung der Steuergesetzgebung der letzten 40 Jahre spiegelt dies wider.

7.1 Ungleichheit und Demokratie

Es gibt ein verbreitetes Vorurteil: Wer umverteilen will, der will andern etwas wegnehmen. Daher muss Umverteilen gut begründet werden. Dafür gibt es drei Argumente.

Erstens: Heute bilden die Besitzer*innen großer Vermögen einen Erbadel. Der größte Teil des Vermögens wurde geerbt und nicht von den Besitzern erarbeitet. Hier eine Übersicht über die Zeit der Firmengründung der heute 700 reichsten Familien in Deutschland:

Demnach wurde das Stammvermögen für die Hälfte der heutigen großen Vermögen schon im Kaiserreich aufgebaut. Davon

---

[50] Mündliche Mitteilung von Julia Jirmann vom Netzwerk Steuergerechtigkeit. Die ärmere Hälfte Deutschlands besitzt 199 Mrd. Euro und damit so viel wie die Familien Böhringer (70 Mrd.), Schwarz (45 Mrd.), Quandt & Klatten (50 Mrd.) und Heister & Albrecht (33 Mrd.) zusammen.

handelt es sich bei etwa 70% um alte Adelsfamilien (vgl. Albers/Bartels/Schularick 2020).[51] Diese Vermögen stammen aus Zeiten, in denen es keine oder nur minimale Steuern auf Einkommen und Vermögen gab. Das ursprüngliche Vermögen ist also kaum besteuert worden.

Typische Beispiele sind die Familie Thurn und Taxis, heute der größte private Waldbesitzer Deutschlands, deren Vorfahren ihr Vermögen seit dem 16. Jahrhundert als privilegierte Postunternehmer des Heiligen Römischen Reiches erwarben und die Familie Siemens, noch heute einer der größten Aktionäre des Weltunternehmens Siemens AG, deren Vorfahr Werner von Siemens 1888 durch Kaiser Friedrich III. geadelt wurde.

Ein weiteres Viertel der großen Vermögen wurde überwiegend im Dritten Reich aufgebaut – häufig von Menschen, die eng mit dem Nazi-Regime verbunden waren und dieses unterstützt haben. Ein Beispiel dafür ist die heute reichste Familie Deutschlands, die Quandts. Günther Quandt (Urgroßvater von Stefan Quandt und Susanne Klatten) war ein Freund Hitlers, der durch Aneignung von unrechtmäßig enteigneten, meist jüdischen Konkurrenten zu einem großen Produzenten von Rüstungs- und Industriegütern im Dritten Reich wurde und im Zweiten Weltkrieg erheblich vom Einsatz von Zwangsarbeitern profitierte. Ein anderes Beispiel ist die Milliardärsfamilie Kühne. Alfred Kühne – ein aktiver Nationalsozialist – drängte 1933 seinen jüdischen Mehrheitspartner Adolf Maass, der später im KZ ermordet wurde, aus dem Unternehmen. Ihre Spedition Kühne + Nagel wurde u. a. zum wichtigsten Transportunternehmen für die Auflösung und den Verkauf von über 60.000 Haushalten von jüdischen Familien, die ins Ausland getrieben oder ins KZ gebracht wurden.

Nur etwa ein Viertel der großen Vermögen stammt also aus demokratischen Zeiten, meist von Vorfahren der heutigen Eigner, die das Vermögen ebenfalls lediglich geerbt haben. Der Großteil der Familien in Deutschland vererbt dagegen nichts. Ist das mit dem Anspruch der Chancengleichheit einer demokratischen Gesellschaft vereinbar? Selbst wer das liberale Leistungsprinzip für

[51] Berechnet von uns auf Basis der Vermögensanteile des Adels von 1908.

Tabelle 2: Entstehung des Stammvermögens

Entstehung des Stammvermögens	Anteil*
Vor 1850 (vorindustrieller Reichtum)	12 %
1850 – 1918 (Industrialisierung, Gründerzeit)	41 %
1918 – 1950 (vor allem im Dritten Reich)	23 %
1950 – heute	24 %

Siehe Albers/Bartels/Schularick (2020)
*Heutiger Anteil am Gesamtvermögen nach heutigem Firmenwert gewichtet.

gerecht hält, kann diese Kapitalhäufung in den Händen von Familien, die aufgrund von Privilegien und Verbrechen zu ihrem Wohlstand gelangten, nicht rechtfertigen.

Zweitens: Ein weiteres Argument birgt ebenfalls erheblichen Sprengstoff. Der Osten hängt stark hinterher. Das Durchschnittsvermögen der Menschen in den neuen Bundesländern beträgt im Vergleich zum Westen nur 45% – also weniger als die Hälfte. Auch das hat weder mit Leistung noch mit Gerechtigkeit zu tun. Nach der Wende hatten in den neuen Bundesländern nur 25% Wohneigentum, 75% hatten keins. Wie viele ihr Eigentum der Nähe zum DDR-Regime verdankten, ist unbekannt. Da die Immobilienwerte nach der Wende sehr schnell auf Westniveau stiegen, profitierten die Hausbesitzer am stärksten von der Vereinigung. So wurde die Gesellschaft sehr schnell in zwei Klassen gespalten – wobei die Gruppe der Besitzlosen um die Hälfte größer ist als im Westen. 2018 lag das Durchschnittsvermögen in den neuen Bundesländern bei 200.000 Euro pro Haushalt, im Westen bei 450.000 Euro. Der Abstand ist also immer noch beträchtlich.

Im Ergebnis sind die Vermögen in den neuen Bundesländern von 1993 bis 2018 zwar um 180% gewachsen, also schneller als die in den alten Bundesländern. Aber absolut pro Kopf war das Wachstum geringer als im Westen. Zudem kam dieses Wachstum nur der Oberschicht und der Mittelschicht zugute, die viel kleiner als im Westen sind. Dafür ist der Anteil der Bevölkerung, der im Rahmen der Bundesstatistik zur Unterschicht gehört, deutlich höher und hat nicht profitiert.

Abb. 11: Illustration der deutschen Vermögensverteilung

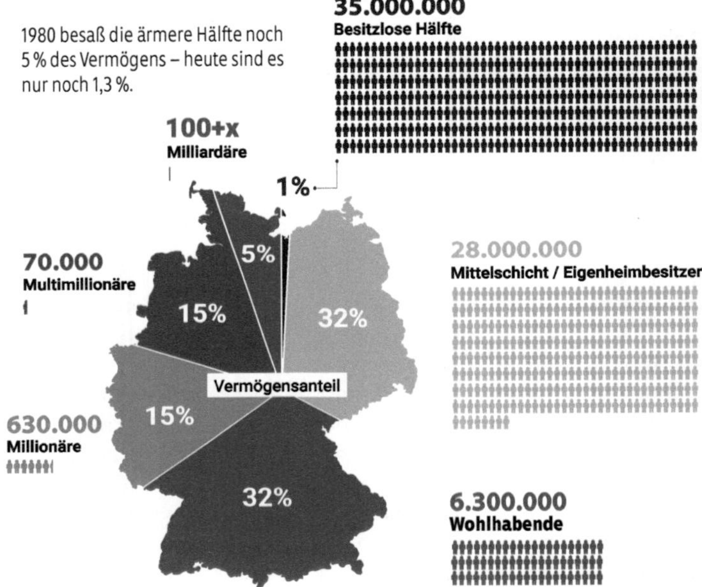

Quelle: Netzwerk Steuergerechtigkeit: Jahrbuch Steuergerechtigkeit 2023. In: www.netzwerk-steuergerechtigkeit.de/wp-content/uploads/2023/01/230117_Jahrbuch2023_Online.pdf, S. 12 (5.12.2023)

Drittens: Auch die Entwicklung der Vermögen der letzten 30 Jahre hat weder mit Chancengleichheit noch mit dem Leistungsprinzip geschweige denn mit sozialer Gerechtigkeit zu tun. Denn der Zuwachs des Vermögens in Deutschland ging seit 1993 zu 63% an die kleine Oberschicht (10%), davon alleine 24% an die Reichen (1%) und 39% an die Wohlhabenden (9%). Nur 37% des Zuwachses gingen dagegen an die Mittelschicht (40%). Für die weitgehend besitzlose ärmere Hälfte der Bevölkerung reichte es nur zu einem Anteil am Vermögenszuwachs von 0,5%. Das Wachstum pro Person verhielt sich also wie 2400 : 433 : 93 : 1 (Reiche : Wohlhabende : Mittelschicht : Unterschicht). Während die Oberschicht und die Mittelschicht in Deutschland ihr Vermögen mehr als verdoppelten, wurde die ärmere Hälfte der Bevölkerung seit 1990 systematisch abgehängt. Das Ergebnis dieser Entwicklung zeigt die nebenstehende Grafik (vgl. Trautvetter/Jirmann/Kern-Fehrenbach 2022; Albers u. a. 2020; Schröder u.a. 2020).

Es gibt keine Begründung, warum die heutige Eigentumsverteilung beibehalten werden muss. Sie ist weder gerecht noch gerechtfertigt, noch mit Prinzipien, egal welcher politischen, philosophischen oder ökonomischen Schule vereinbar. Zusätzlich muss man berücksichtigen, dass Reichtum auch mit großem politischem Einfluss verbunden ist. Dieser Einfluss wird über die Lobbyarbeit der Firmen und Verbände, über den Einfluss der Stiftungen und über die persönlichen Beziehungen der wohlhabenden und einflussreichen Kreise ausgeübt. Die bestehende hohe Konzentration des Vermögens ist mit demokratischen Prinzipien nicht vereinbar.

7.2 Begrenzung des Reichtums

Aus diesen Gründen schlagen wir als Ziel des Steuersystems eine von großen Teilen der Gesellschaft akzeptierte kontinuierliche Neuverteilung der Einkommen und Vermögen vor. Dieses Ziel sollte in einer breiten gesellschaftlichen Debatte konkretisiert werden. Die im folgenden genannten Zahlen dienen daher nur dazu, die Dimension des Umverteilungsproblems darzustellen und eine Diskussion darüber in Gang zu setzen.

Ein Vorschlag, der immer wieder seit der französischen Revolution diskutiert wurde, ist die Begrenzung der Einkommen und Vermögen. Präsident Roosevelt war der Auffassung, dass kein Amerikaner mehr als 25.000 Dollar verdienen sollte. Das entspräche heute einer Einkommensgrenze von einer halben Million Euro. Und das Parlament folgte Roosevelt und beschloss eine Substanzbesteuerung für höhere Einkommen, die in den Folgejahren zu einer erheblichen Umverteilung des Reichtums in den USA führte.

In der Schweiz gab es 2013 eine Volksabstimmung, die das Maximaleinkommen auf das 12-fache des geringsten Einkommens in der gleichen Firma festlegen sollte. Das Maximaleinkommen hätte demnach bei etwa 700.000 Schweizer Franken gelegen. Dieser

Vorschlag wurde allerdings mit zwei Drittel Mehrheit abgelehnt. Ein wesentliches Argument gegen die Initiative waren die prognostizierten Steuerausfälle. Wolfgang Münchau, der Ex-Chefredakteur von Financial Times Deutschland, schlug vor, Einkommen ab 5 Mio. Euro mit 75% bis 90 % zu besteuern. Auch die Ökonomen Saez und Zucman schlagen konfiskatorische Spitzensteuersätze für Einkommen und Vermögen vor. Dabei stellen sie – wie auch zuvor Roosevelt – klar, dass es dabei nicht um höhere Staatseinnahmen geht. Es geht darum, die sehr großen Vermögen über die Zeit zu reduzieren und damit mehr Gerechtigkeit und Gleichheit in der Gesellschaft herzustellen.

Maximaleinkommen

Wir schlagen auf Grund der Erfahrungen in der Schweiz einen auf den ersten Blick weniger radikalen Weg vor. Die Gesellschaft sollte sich darauf verständigen, dass das Maximalnettoeinkommen bei dem 100-fachen des Mindesteinkommens[52] liegen sollte. Das wären dann etwa 2 Mio. Euro Jahreseinkommen oder das Vierfache des Limits von Präsident Roosevelt. Diese Einkommensspreizung sollte in einer demokratischen Gesellschaft ausreichen und das Maximum sein. Untersuchungen ergeben, dass eine Einkommensspreizung von 1:10 allgemein noch akzeptiert wird. Interessanterweise ist 1:15 ungefähr das Verhältnis zwischen dem Einkommen einer Geringverdiener*in und der Bundeskanzler*in – also dem bedeutendsten Amt in der Gesellschaft, für das man sich zur Wahl stellen muss (vgl. Misik 2010).

Das Steuer- und Abgabensystem sollte dann auf diese Zielvorstellung hin justiert werden. Die Umsetzung kann dadurch erfolgen, dass hohe Einkommen progressiv entsprechend hoch besteuert werden. Dazu muss die Summe aus allen Steuern und Abgaben (also auf Einkommen, Vermögen und Verbrauch) für die einzelne Person so hoch sein, dass das Nettogrenzeinkommen im Durchschnitt bei 2 Mio. Euro liegt. Als Einkommen gilt dabei jede Zunahme des Vermögens, egal aus welcher Quelle – also sowohl

[52] Als Mindesteinkommen nehmen wir das Einkommen einer Arbeitnehmer*in, die oder der mit einer Wochenstundenzahl von 40 Stunden für den gesetzlichen Mindestlohn arbeitet. Das sind heute ca. 20.000 Euro pro Jahr.

Arbeitseinkommen, Dividenden, Zinsen, Mieten und andere Kapitaleinkommen, aber auch die Wertsteigerungen von Besitzgegenständen, Firmen, Kunstwerken oder Goldbarren.

Der Vorteil dieses Modells ist doppelter Natur: Das Bruttoeinkommen wird nicht beschränkt. Es sind daher keine Steuermindereinnahmen, wie bei der Schweizer Volksinitiative, sondern sogar Steuermehreinnahmen zu erwarten. Zum Zweiten gibt es dafür ein historisches Modell. Tatsächlich lag die Spitzensteuerbelastung in den USA, dem UK und auch in Westdeutschland nach dem Krieg bis in die 60er-Jahre effektiv auf dieser Höhe.[53]

In Deutschland lag zum Beispiel der Spitzensteuersatz für die Einkommensteuer bis 1952 bei 95% für Einkommen oberhalb von 250.000 DM, danach bei 72%. Dazu kam eine Vermögensbesteuerung durch den Lastenausgleich, die anfangs bei 3% lag – das dürfte im Schnitt ein Drittel des Gewinns gewesen sein. 250.000 DM entsprächen je nachdem, wie man die Kaufkraft von 1950 auf heute umrechnet, in etwa einem Einkommen von einer Million Euro heute. Kapitalbesitzer mit einer höheren Rendite dürften sich diese damals nicht haben auszahlen lassen. Da aber der Gewinn, der damals in der Firma blieb, »nur« mit einer Körperschaftsteuer von 65% besteuert wurde, wurden die wirklich reichen Kapitalbesitzer von dieser »Übersteuer« auch damals nicht ganz erfasst. Auch das muss also in unserem Modell berücksichtigt werden.

Maximalvermögen

Analog zur Beschränkung des Einkommens schlagen wir vor, dass auch das Vermögen nach oben beschränkt wird. Maja Göpel definierte die Grenze so: »Eigentum muss seine Grenze dort finden, wo es die Freiheit anderer einschränkt, also zu übermäßiger Machtakkumulation führt« (Göpel 2021).

Wir halten als Maximalvermögen das 1.000-fache des Mindesteinkommens – also heute 20 Mio. Euro – für gut begründbar. Zum einen ist das die übliche Grenze zwischen mittelständischen und Großunternehmen. Zum zweiten kann ein Mensch mit einem Vermögen von 20 Mio. Euro selbst bei den von uns vorgeschlagenen

---

53 Siehe Kapitel 1.4.

hohen Steuersätzen sein Leben lang gut leben, ohne jemals zu arbeiten. Wir wollen die Superreichen aber nicht enteignen. Stattdessen werden die hohen Spitzensteuersätze für Einkommen ergänzt durch eine progressive Vermögensteuer, die dazu führt, dass Vermögen oberhalb von 20 Mio. Euro in der Regel in etwa 20 bis 40 Jahren schrittweise abgebaut werden. Allerdings soll das Steuersystem so konstruiert werden, dass die Eigentümer*innen von Firmen zwar schrittweise Teile ihres Vermögens an die Gesellschaft abtreten müssen, aber die Firmen selbst nicht davon betroffen sind. Auch können Besitzer*innen von Firmen mit überproportionalen Gewinnen weiter ihr Vermögen steigern, solange dieses überproportionale Wachstum anhält.

Zeitliche Begrenzung des Eigentums

Als dritte Zielvorgabe schlagen wir auch eine zeitliche Begrenzung von Vermögen vor. Daher sollten große Vermögen nicht mehr in unveränderter Höhe über Generationen weitergegeben werden können. Als Zielvorgabe könnte dienen, dass ein Erbe, der das gesellschaftlich akzeptierte maximale Vermögen von 20 Mio. Euro erbt, ein Drittel als Steuer an die Gesellschaft abgeben muss. Auch über diese Frage sollte eine gesellschaftliche Deliberation entscheiden.

Substanzbesteuerung

Um das Ziel einer Umverteilung zu erreichen, muss der resultierende Steuersatz unter Einbeziehung aller Steuer- und Abgabenarten höher liegen als das Einkommen einschließlich aller Wertzuwächse des Vermögens. Man spricht dann von Substanzbesteuerung. So war es in vielen Staaten in den 1950er-Jahren auch der Fall. Anders kann eine fortschreitende Akkumulation von immer mehr Reichtum in wenigen Händen nicht gestoppt werden. Dementgegen wird von interessierten Kreisen, aber auch von Juristen und Politikern die Auffassung vertreten, dass eine Substanzbesteuerung nicht verfassungskonform sei. 1995 vermerkte das Bundesverfassungsgericht in einer Urteilsbegründung sogar, dass die Steuer nicht mehr als die Hälfte des Einkommens betragen dürfe – der sogenannte Halbteilungsgrundsatz. Diese Auffassung wurde jedoch 2006 vom Bundesverfassungsgericht im Rahmen einer weiteren Entscheidung wieder verworfen.

Nach heutiger Rechtsauffassung ist sogar eine echte Substanzbesteuerung zulässig, aber nur als einmalige Maßnahme wie im Lastenausgleichsgesetz 1952 (vgl. Spindler 2017) oder zuvor in der Weimarer Republik das Reichsnotopfer von 1919. Auch die Währungsreform von 1948 kann als einmalige Substanzbesteuerung interpretiert werden, da ja alle Verbindlichkeiten, Löhne, Mieten und so weiter 1:1 von Reichsmark in DM bestehen blieben, die Geldguthaben aber um 93,5% entwertet wurden. Die Besonderheit der Maßnahme bestand nur darin, dass die »Steuer« von 93,5% nicht in den Staatshaushalt floss, sondern das Geld zu einem erheblichen Teil vernichtet wurde.

Die Idee des Lastenausgleichs wurde in den letzten 30 Jahren mehrfach sowohl von der Politik als auch von Wissenschaftlern des DIW und Experten der Boston Consulting Group aufgegriffen und gefordert: Gefordert wurde er zur Finanzierung der Lasten der Deutschen Einheit, der Kosten der Finanzkrise von 2007, der Eurokrise 2012 und zuletzt der Sonderausgaben für die Corona-Maßnahmen und für den Ukraine-Krieg.

Ob eine echte Substanzbesteuerung, wie wir sie vorschlagen, von der Verfassung gedeckt ist, ist fraglich. Aber wie oben dargestellt, halten wir sowieso eine Verfassungsänderung mit einer Festlegung von Zieleckpunkten für die Steuergesetzgebung für erforderlich. Eine solche Verfassungsänderung erscheint im Moment noch unrealistisch. Wenn aber die Vermögenskonzentration zunehmend erkennbar in Konflikt mit der Demokratie gerät, ergäbe sich eine neue Situation. Schon der konservative US-Ökonom Irvin Fisher war der Auffassung, dass eine große Konzentration von Reichtum auch eine Konzentration von politischem Einfluss und ökonomischer Macht bedeutet. Deshalb stände eine zu große Konzentration nicht im Einklang mit dem Gedanken einer Demokratie. Ähnlich sieht es Professor Trabold, der bereits glaubt, dass Deutschland bis 2030 eine Plutokratie werden wird, wenn nichts Entscheidendes (»Dramatisches«) dagegen getan wird (vgl. Trabold 2014). Wenn das stimmt, dann wäre die heutige Gesetzgebung, die zu immer mehr Ungleichheit führt, nicht mehr mit der Verfassung vereinbar.

Zudem ist ein solches Steuersystem keine utopische Fantasie. Schließlich waren solche Steuersätze in den 1950er-Jahren in vielen Staaten Praxis. In den USA lag der Spitzensteuersatz für Einkommen noch unter Kennedy bei 91%. Damals kam es zu einer erheblichen Umverteilung der Vermögen und zur Entstehung der sogenannten Mittelschicht.[54]

Schauen wir uns nun also an, wie das System der Einkommen- und Vermögensteuern aussehen könnte, um eine solche Umverteilung zu bewirken. Dabei ist zu berücksichtigen, dass die folgenden Zahlen nur eine grobe Abschätzung der notwendigen Steuersätze darstellen. Wir haben dabei zur Abschätzung der Gesamtbelastung auch die Verbrauchsteuern, die Sozialabgaben und die Unternehmensteuern berücksichtigt.[55]

7.3 Einkommensteuer

Betrachten wir zunächst die Ausgangssituation. Eine Geringverdiener*in, die für den Mindestlohn arbeitet, erhält rund 20.000 Euro Arbeitnehmer-Bruttoeinkommen im Jahr. Einschließlich der Sozialversicherungsbeiträge des Arbeitgebers sind das 24.000 Euro Arbeitgeberbrutto. Davon gehen 8.000 Euro an die Sozialversicherungen. Von den restlichen 16.000 Euro zahlt die Geringverdiener*in ca. 1.100 Euro Einkommensteuer und ca. 2.700 Euro Verbrauchsteuern (ca. 18 Prozent Mehrwert-, Kfz-, Energie-, Alkohol-, Tabak- und andere Steuern nach Berechnungen der Böckler-Stiftung). Vom Arbeitgeberbrutto von 24.000 Euro sind das dann insgesamt ca. 11.800 Euro oder 49% Abgaben an den Staat.

Eine gutverdienende Einzelperson mit 50.000 Euro Bruttoeinkommen zahlt insgesamt 20.000 Euro an Sozialversicherungsbeiträgen und 11.000 Euro Steuern. Vom Arbeitgeberbrutto von 60.000 Euro sind das dann insgesamt 31.000 Euro oder 52% Abgaben an den Staat – dazu kommen dann noch ca. 10% Verbrauchssteuern.[56]

---

[54] Der Begriff »Mittelschicht« ist missverständlich. Gemeint ist meistens nicht das mittlere Drittel, sondern das 6. bis 9. Dezil der Einkommens- bzw. Vermögensverteilung. Oberhalb der Mittelschicht befindet sich die Oberschicht (nur 10%). Unterhalb findet sich die Unterschicht, die mit 50% die Hälfte der Bevölkerung umfasst.

[55] Siehe Kapitel 6, Kapitel 8 und Kapitel 9.

[56] Siehe die Walgrafik in Kapitel 9.

Die reichste Frau Deutschlands, Susanne Klatten (geb. Quandt), besitzt je nach Schätzungen 25 bis 30 Mrd. Euro. Ihre größte Beteiligung ist ihr 21-Prozent-Anteil an BMW. Ihr Vermögen wuchs im Durchschnitt der letzten zehn Jahre jährlich um über 2 Mrd. Euro. Wenn sie für ihren privaten Lebensunterhalt drei Millionen Euro ausgegeben hat, die sie sich samt Abgeltungssteuer dafür hat auszahlen lassen, dann lag ihre Einkommensteuer bei einer Million Euro. Das klingt viel – weil uns bei diesen Summen schon mal das Gefühl für die Zahlen verloren geht. Tatsächlich sind das – man glaubt es kaum – nur 0,5% Abgaben an den Staat.

Würde man aber die Unternehmensteuer hinzurechnen, die ihre Unternehmen auf die Gewinne gezahlt haben, lag ihre Abgabenquote immer noch weit unter 20%[57] – also weniger als ein Drittel der Quote einer Arbeitnehmer*in. Kurios ist auch: Wenn eine normale Arbeitnehmer*in auch ein paar Aktien von BMW besitzt, dann zahlt sie auf ihre Dividende 25% Abgeltungssteuer, obwohl die Firma bereits 20% Unternehmensteuer bezahlt hatte. Zusammen sind das dann 40%![58]

Aber diese Hinzurechnung der Unternehmensteuern ergibt keinen Sinn. Denn die Unternehmensteuern sind der Beitrag der Firma für die Nutzung der öffentlichen Infrastruktur, für die Straßen und Schienen, mit denen die Waren und Rohstoffe transportiert werden, für die Schulen und Universitäten, an denen ihre Arbeiter und Ingenieure ausgebildet wurden. Tatsächlich zahlt die normale Arbeitnehmer*in für die Dividende auf ihre Aktie 25%, da-

---

[57] Setzt man die Steuern von BMW im Jahre 2022 in Relation zum Beteiligungsergebnis, dann kommt man auf eine Unternehmensteuerquote von etwa 21%. Allerdings ist der Wert des Konzerns im Schnitt der letzten 20 Jahre um durchschnittlich 10% jährlich gestiegen. Diese Wertsteigerungen sind erheblich größer, als die in der Firma einbehaltenen versteuerten Gewinne. Würde man diese mit berücksichtigen, dann liegt die Steuerquote auf das Einkommen mit Wertsteigerungen sogar deutlich unter 15%. Die ausgezahlten Dividenden gingen überwiegend an ihre Holding. Da die Holding mehr als 10% von BMW bzw. ihren anderen Firmen besitzt, gelten sie als verbundene Unternehmen und sind von der Einkommensteuer befreit. Nehmen wir nun an, dass sie sich etwa vier Mio. Euro für ihren persönlichen Lebensunterhalt auszahlen ließ. Diese musste sie dann mit 25% versteuern. Ihre Einkommensteuer betrug dann eine Million Euro und der Steuersatz auf ihr Einkommen nur 0,5%.

[58] 20% USt + restliche 80% × 25% Abgeltungssteuer = 40%.

gegen Frau Klatten weniger als 1%, solange sie ihre Aktien nicht verkauft. Und das tun die Milliardärsfamilien in der Regel über Generationen nicht.

Unser Vorschlag

Nun zu unserem Konzept: Um die Ziele der Umverteilung zu erreichen, muss der Spitzensteuersatz aller Steuern so hoch sein, dass die Vermögen oberhalb des Maximalvermögens innerhalb einer überschaubaren Zeit abgebaut werden. Dieses Ziel soll durch ein Zusammenspiel von Einkommensteuer, Vermögensteuer, Erbschaftsteuer und der Verbrauchsteuern unter Wegfall der Grundsteuern erreicht werden.

Tab. 3: Vorschlag zur Einkommensteuer

AG-Brutto + Kapitaleink.	AN-Brutto heute	Heutige E-Steuer – % nach Sozialabgaben*		heutige E-Steuer + Sozialabgaben – % vom AG-Brutto		E-Steuer-Vorschlag – % nach Sozialabgaben		E-Steuer plus NE-Abg. und Berufs-R. – % vom AG-Brutto	
20.000 €	16.650 €	620€	5 %	7.320 €	37 %	500 €	3 %	5.300 €	27 %
80.000 €	67.000 €	14.000 €	26 %	40.000 €	50 %	19.000 €	30 %	37.000 €	46 %
200.000 €	185.500 €	66.500 €	39 %	95.500 €	48 %	65.000 €	40 %	102.000 €	52 %
400.000 €	385.500 €	159.000 €	43 %	188.000 €	47 %	167.000 €	50 %	234.000 €	58 %
4 Mio. €		1,9 Mio. €	48 %	1,9 Mio. €	48 %	2,38 Mio.	70 %	3 Mio. €	75 %
12 Mio. €		5,8 Mio. €	48 %	5,8 Mio. €	48 %	8,08 Mio.	80 %	9,9 Mio. €	83 %
40 Mio. €		19 Mio. €	48 %	19 Mio. €	48 %	30,6 Mio.	90 %	37 Mio. €	93 %

Abkürzungen: AG-Brutto: Arbeitgeberbruttoeinkommen; AN-Brutto: Arbeitnehmerbruttoeinkommen; E-Steuer: Einkommensteuer (Steuerklasse 1); NE-Abg.: Nationaleinkommenabgabe; Berufs-R: Berufsabgabe für die Berufsrente.[59] *Diese heutigen Steuersätze beziehen sich auf ausgewiesene Arbeitseinkommen. Die Wertzuwächse von großen Vermögen werden heute in der Regel nicht besteuert, da sie nie verkauft werden. Die Gewinne werden mit 25 % besteuert. Dadurch sinken die Steuerquoten nicht selten auf unter 10 %, in Einzelfällen sogar unter 1 %. Quelle: Eigene Berechnungen.

Vor allem ist die Privilegierung der Kapitaleinkommen zu beenden. Alle Einkommen sollen einheitlich besteuert werden. Um

[59] Siehe Kapitel 9.3 Das Drei-Säulen-System. »Sozialabgaben« sind: Für alle Einkommen 15 % Nationaleinkommenabgabe (NE-Abg.). Bis 80.000 € Jahreseinkommen (Beitragsbemessungsgrenze) zusätzlich 10 % Berufsabgaben für Zusatzrente und Arbeitslosenversicherung (zusammen 23,5 %). Darüber müssen konstant 6.800 Euro Berufsabgabe gezahlt werden.

eine einheitliche Besteuerung möglich zu machen, soll die Körperschaftsteuer in Zukunft vollständig gegengerechnet werden. Sie spielt also für die persönliche Steuerbelastung der Kapitalbesitzer keine Rolle mehr. Dementsprechend haben wir die Steuersätze angesetzt.

Jede Bürger*in soll einen Freibetrag in Höhe von 10.000 Euro haben. Das Einkommen im hier verwendeten engeren Sinne besteht aus Löhnen, Kapitalerträgen, Wertzuwächsen des Vermögens und Renten sowie anderen Zuwendungen. Der Freibetrag ist bewusst niedrig angesetzt. Dies ermöglicht einen gleitenden Übergang von der Arbeitslosigkeit in Arbeitsverhältnisse (mehr dazu unten unter Sozialabgaben).[60]

Die Progressionsstufen sollen so bestimmt werden, dass Einkommen durch die gesamte Steuerlast auf 2 Mio. begrenzt werden. Dabei ist zu berücksichtigen, dass solche hohen Einkommen überwiegend aus Kapitalbesitz resultieren, so dass die Vermögensteuer hinzukommt. Liegt das Vermögen oberhalb von 20 Mio. Euro, dann wird die gesamte Steuerlast in der Regel höher sein als das Einkommen. So wird erreicht, dass Vermögen über 20 Mio. bei einer üblichen Rendite innerhalb von 20 bis 40 Jahren abgebaut werden.

Der nominale Steuersatz auf das Einkommen nach Abzug der gesetzlichen Sozialversicherung steigt dann progressiv an – auf bis zu 90% ab einem Jahreseinkommen von 40 Mio. Euro – wie aus der obenstehenden Tabelle ersichtlich. Ein solcher Steuersatz ist sinnvoll, wenn aufgrund des bereits international vereinbarten Informationsaustausches Steuerflucht nicht mehr möglich ist.[61] Dass das funktioniert, haben die USA unter Obama mit ihrem FATCA-Gesetz bewiesen.

Die Gesamtbelastung der unteren Einkommen wird vor allem durch geringere Sozialabgaben deutlich gesenkt. Die Gesamtbelastung der mittleren Einkommen liegt etwas niedriger als heute.

---

[60] Für Menschen mit zu geringem Einkommen kommen dann die Sozialtransfers hinzu, die aber nicht besteuert werden. Im weiteren Sinne können aber auch staatliche Leistungen wie das staatliche Gesundheitssystem, das Bildungssystem oder andere kostenlos zur Verfügung gestellte öffentliche Leistungen und die Nutzung der kostenlosen Infrastruktur als Einkommen bzw. Sozialtransfers betrachtet werden.

[61] Siehe Kapitel 5 – Abschnitt: Steuerflucht und Gegenmaßnahmen.

Die Mindereinnahmen werden durch die höhere Besteuerung der Top-Einkommen und durch die Wiedereinführung der Vermögensteuer ausgeglichen. Über 100.000 Euro Arbeitgeberbrutto liegt daher die Abgabenlast oberhalb der heutigen und wächst progressiv auf bis zu 93% an. Die Gesamtbelastung ist so gewählt, dass bei einem Einkommen von 12 Mio. Euro das angestrebte Maximaleinkommen von 2 Mio. Euro erreicht wird. Bei noch höheren Einkommen bewirkt aber die progressive Vermögensteuer in der Regel, dass das Einkommen nicht weiterwächst (siehe unten). Auch die Zuteilung der Einkommensteuern auf die politischen Ebenen von der Kommune bis zur EU soll neu bestimmt werden – siehe dazu das Kapitel zur »Dezentralität«.[62]

Besteuerung der Wertzuwächse

Auch heute schon gelten Wertzuwächse[63] des Vermögens – egal ob diese aus Aktien, Immobilien, Kunstwerken oder Goldbarren resultieren – als Einkommen. Die Besteuerung erfolgt aber erst dann, wenn die Wertgegenstände verkauft werden. Die daraus resultierende Nichtbesteuerung solcher Wertzuwächse aus den Großvermögen ist heute eine der größten Lücken im Steuersystem. Der Grund liegt darin, dass die großen Firmenvermögen in der Regel über Generationen gehalten werden und niemals verkauft und daher auch niemals als Einkommen versteuert werden. Deshalb sollen sie künftig jährlich deklariert werden. Bewusste Falschangaben müssen strafbar sein.

Um eine Flut von Klagen gegen die Steuerfestsetzung zu vermeiden und Falschangaben zu reduzieren, sollen die Steuern jeweils nur auf der Basis von 70% des angegebenen Vermögenswertes berechnet werden. Wer dagegen klagt, muss mit hoher Wahrscheinlichkeit damit rechnen, dass das Gericht einen höheren realen Vermögenswert feststellt und sich damit höhere Steuerzahlungen ergeben. Um starke jährliche Schwankungen zu vermeiden, soll die Versteuerung des Vermögenszuwachses oder die Erstellung einer Verlustgutschrift jeweils auf zehn Jahre verteilt er-

---

[62] Siehe Kapitel 10.

[63] Entsprechend Einkommensteuergesetz § 4 Satz 1.

folgen. Jedes Jahr wird dadurch ein Zehntel des Wertzuwachses der vergangenen zehn Jahre als Wertzuwachs dem sonstigen jährlichen Einkommen hinzugerechnet. Damit die Alterssicherung der Arbeitnehmer*innen durch dieses Verfahren nicht betroffen wird, soll die Versteuerung der Wertzuwächse eines Vermögens von bis zu einer Million Euro, das der Alterssicherung dient, unter Anrechnung anderer Versorgungsbezüge freigestellt werden.

Welteinkommensprinzip

Grundsätzlich soll das Welteinkommensprinzip gelten. Das bedeutet, dass alle deutschen Staatsbürger*innen für alle ihre Einkünfte in Deutschland steuerpflichtig sind, auch wenn sie die Einkünfte aus dem Ausland bekommen oder dort verdienen und auch wenn sie dauerhaft im Ausland leben. Dies ist möglich, wenn Deutschland oder noch besser die EU den mittlerweile international vereinbarten Informationsaustausch auch gegenüber der USA und ggf. gegenüber anderen nicht kooperierenden Staaten durchsetzt, so dass alle Staaten der Welt den deutschen Steuerbehörden die Daten für alle deutschen Staatsbürger*innen liefern.[64] Auch dieses Prinzip wird von den USA bereits praktiziert und vermeidet die Steuerflucht durch Wohnsitzverlagerung. Bei Einkommen, die im Ausland erzielt werden, wird die dort gezahlte Steuer gegengerechnet. Bei Ausländer*innen wird nur das in Deutschland erzielte Einkommen besteuert. Für Menschen, die ihre deutsche Staatsbürgerschaft abgeben, erlischt natürlich die Steuerpflicht. Sie müssen dann aber eine Exit-Steuer in Höhe der Erbschaftsteuer auf ihr Vermögen zahlen. Sie vererben dann quasi ihr Vermögen an sich selbst.[65]

Individualbesteuerung

Das sogenannte Ehegattensplitting soll abgeschafft werden. Das ursprüngliche Ziel der Unterstützung der Familienbildung (Kinderbetreuung zu Hause durch die Mutter) entspricht nicht mehr der

---

[64] Die USA hat dies mit dem FATCA-Gesetz von Obama getan, liefert aber ihrerseits immer noch nicht alle Daten.

[65] Die jetzige Exit-Steuer betrifft nur die Nachversteuerung der stillen Reserven. Die soll in Zukunft sowieso erfolgen (siehe Besteuerung der Wertzuwächse). Hier geht es aber um eine Besteuerung des Vermögens.

Lebensrealität und ist durch eine direkte Kinderunterstützung zu ersetzen. Durch das Splitting entstehen häufig sehr hohe Steuersätze bei geringen Einkommen, wenn die Steuerfreibeträge dem besser verdienenden Ehepartner (meist dem Mann) zugerechnet werden. Das hat insbesondere eine abschreckende Wirkung auf die Arbeit von Frauen und subventioniert reiche Alleinverdiener*innen. Da davon jedoch Lebensmodelle betroffen sind, die vor allem ältere Menschen nicht mehr ändern können, sollen Menschen ab 50 von den Änderungen ausgenommen werden und es soll für bestehende Ehen Übergangsregelungen geben.

7.4 Vermögensteuern – Eigentumsteuern

Unter Vermögensteuern rechnen wir die eigentliche Vermögensteuer, die seit 1997 nicht mehr erhoben wird, die Erbschaftsteuer, die Schenkungsteuer sowie die Grundsteuern und die Grunderwerbsteuer.

Vermögensteuer (Eigentumsteuer)

Die Vermögensteuer betrug bis zu ihrer faktischen Abschaffung[66] 1% auf das gesamte Vermögen oberhalb eines Freibetrages von 120.000 DM pro Person. Die Abschaffung erfolgte in Folge eines Urteils des Bundesverfassungsgerichts, in dem aber lediglich die viel geringere Besteuerung der Immobilien im Vergleich mit anderen Vermögen bemängelt wurde. Als Vorwand für die Abschaffung diente u. a. auch eine Bemerkung in der Urteilsbegründung, dass die gesamte Steuerlast maximal in der Nähe der Hälfte des Einkommens liegen dürfe (»Halbteilungsgrundsatz«) und dass sie nicht höher sein dürfe als der zu erwartende Gewinn (»Sollertrag«). Da damals der Spitzensteuersatz für Einkommen noch bei 53% lag, beschloss der Bundestag mit schwarz-gelber Mehrheit kurzerhand, die Steuer nicht mehr zu erheben.

Der damalige Verfassungsrichter Ernst Wolfgang Böckenförde kritisierte diese Entscheidung in einem ungewöhnlich scharfen Sondervotum (vgl. Wieland 2003): Die Sicherung der unbegrenzten Vermehrung von Eigentum sei nicht Inhalt des Grundgeset-

---

[66] Das Gesetz gilt bis heute, die Vermögensteuer wird nur nicht mehr erhoben.

Tab. 4: Vorschlag zur Vermögensbesteuerung

Vermögen	Vermögensteuer-Vorschlag (Stufentarif)*		Vorschlag von Piketty**	
< 1 Mio. €	0 €	0 %	10.000 €	1%
(>) 1 Mio. €	0 €	1 %	20.000 €	2%
(>) 5 Mio. €	40.000 €	2 %	250.000 €	5%
(>) 10 Mio. €	140.000 €	5 %	500.000 €	5%
(>) 20 Mio. €	640.000 €	10 %	2 Mio. €	10%
(>) 200 Mio. €	19 Mio. €	15 %	120 Mio. €	60%
(>) 1 Mrd. €	139 Mio. €	20 %	600 Mio. €	60%
10 Mrd. €	1,94 Mrd. €	20 %	9 Mrd. €	90%

* Steuer für die Untergrenze der jeweiligen Stufe
** Eigene Berechnung – effektive Steuer für die Untergrenze der jeweiligen Stufe. Erläuterungen dazu im Text (siehe Piketty 2019).

zes. Wenn die Ungleichheit sich »ungezügelt potenzieren« kann, gerate die verfassungsgemäße Ordnung insgesamt in Gefahr. Er kritisierte ebenso die vom Urteil geforderte Beschränkung der Besteuerung auf den Sollertrag. 2006 wurde dann vom Bundesverfassungsgericht klargestellt, dass der Halbteilungsgrundsatz nicht gilt.

Unser Vorschlag sieht vor, dass das gesamte Vermögen einschließlich des Auslandsvermögens auf der Basis des um 30% reduzierten aktuellen Marktwertes versteuert wird. Der Freibetrag soll eine Million Euro pro Person betragen. Altersversorgung ohne Kapitalwahlrecht bei der Auszahlung wird nicht angerechnet. Wir schlagen einen Stufentarif[67] vor, der mit einem Steuersatz von 1% beginnt. Bei 20 Mio. Euro erreicht die effektive Steuer ca. 3% – das entspricht etwa dem durchschnittlichen Vermögenswachstum. Danach steigt sie weiter progressiv an bis zum Spitzensteuersatz von 20% für Milliardäre. Dabei muss man bei der Abschätzung der Umverteilungswirkung berücksichtigen, dass das Vermögen von Mil-

[67] Beim Stufentarif wird das Vermögen in Abschnitte (z. B. über fünf Millionen, über zehn Millionen, über 20 Millionen) zerlegt und jeder Abschnitt, jede Stufe, mit einem unterschiedlichen Steuersatz besteuert.

liardären vor Steuern im Durchschnitt um mehr als 10% wächst. Inlandsvermögen von Ausländern werden ebenfalls besteuert.[68]

Die von uns vorgeschlagenen Steuersätze liegen damit erheblich niedriger als Thomas Piketty vorgeschlagen hat. Sie sind so justiert, dass sie verhindern, dass die Vermögenskonzentration weiter zunimmt und zugleich bewirken, dass Vermögen über 20 Mio. schrittweise abgebaut werden. In Kombination mit der vorgeschlagenen Einkommensteuer kann so erreicht werden, dass Milliardenvermögen in ca. 20 bis 40 Jahren auf das gesellschaftliche akzeptierte Maximalvermögen von 20 Mio. Euro reduziert werden. Natürlich steht es den Eigentümer*innen von großen Vermögen frei, das Geld in Form von Stiftungen (siehe unten) oder Schenkungen für andere Zwecke einzusetzen. Im Falle von Schenkungen müssen die Empfänger das Geld wie eine Erbschaft versteuern. Im Falle einer Stiftung hängt die Art der Steuer von der Art der Stiftung ab.[69]

Umwandlung der Grundsteuer und Abschaffung der Grunderwerbsteuer

Die Grundsteuer ist heute eine wichtige und stabile Einnahmequelle der Kommunen. Nach unserem Steuerkonzept wird sich das ändern, da wir die Kommunen anders finanzieren wollen.[70] Die heutige Grundsteuer ist keine echte Vermögensteuer. Sie ist im Vergleich zu einer Vermögensteuer in dreifacher Hinsicht ungerecht. Zum einen müssen junge Familien, deren Häuser mit hohen Krediten belastet sind, die gleichen Grundsteuern bezahlen, wie Besitzer von Immobilien, die ihnen zu 100% gehören. Wenn jemand nur 20% des Hauses besitzt (der Rest gehört noch der Bank), dann muss er relativ zum Eigentumsanteil fünffach höhere Steuern zahlen. Zum Zweiten ist die Grundsteuer nicht progressiv und es gibt keine Freibeträge. Zum Dritten ist sie effektiv sogar stark de-

---

[68] Die verschiedenen Optionen der Besteuerung des Vermögens von Ausländern werden hier nicht diskutiert. Sinnvoll erscheint uns, dass hierzu eine Quellensteuer erhoben wird. Siehe dazu auch: netzwerk-steuergerechtigkeit.de/vermoegensbesteuerung-fuer-eine-gerechte-zukunftsgestaltung/.

[69] Siehe unten unter Erbschaftsteuer im Abschnitt Stiftungen.

[70] Siehe Kapitel 10.

gressiv, da heute vor allem die Mittelschicht (Eigenheimbesitzer) und die Unterschicht (über die Mieten) die Grundsteuer bezahlt. Die wirklich Reichen besitzen Aktien oder Anteile von Immobilienunternehmen oder anderen Firmen und zahlen daher keine Grundsteuer. Daher sollte die Grundsteuer zum Teil durch eine zweckgebundene Infrastrukturabgabe und z. T. durch die Vermögensteuer ersetzt werden. Die Infrastrukturabgabe soll dem Erhalt der Verkehrswege und anderer kommunaler Infrastrukturen dienen. Steuerbasis soll eine praktikable Kombination von Bodenwert und Immobilienwert sein. Die Steuer darf nicht auf die Mieter*innen umgelegt werden.[71]

Die Grunderwerbsteuer ist heute eine Steuer der Bundesländer. Sie betrifft zwar nicht die Unterschicht, da diese sich sowieso selten Immobilien leisten kann. Sie belastet aber einseitig Eigenheim- und Wohnungsbesitzer. Die Besitzer von großen und vielen Immobilien können sie dagegen vermeiden, wenn die Immobilien Dachgesellschaften gehören, bei deren Verkauf keine Grunderwerbsteuer anfällt. Auch das ist höchst ungerecht! Sie soll daher nach unserem Konzept ganz abgeschafft werden. Dies muss ebenfalls im Rahmen der Neugestaltung der Vermögensteuer und bei der Neuverteilung der Steuereinnahmen an Bund, Länder, Kommunen und EU berücksichtigt werden.[72]

Erbschaftsteuer

Mit der Erbschaftsteuer ist es seltsam. Obwohl jedes Jahr nur 0,1% der Menschen in Deutschland Erbschaftsteuer zahlen müssen und zwei Drittel dafür sind, den Reichtum umzuverteilen, sind trotzdem viele Geringverdiener*innen dagegen, dass die Steuersätze erhöht werden. Hier verfängt ganz besonders die Pressearbeit des Verbands »Die Familienunternehmer«, die suggerieren, dass dann

[71] Anmerkung: Der Privatbesitz von Grund und Boden sollte unseres Erachtens grundsätzlich abgeschafft und durch ein Nutzungsrecht gegen eine Nutzungsgebühr (Pacht) ersetzt werden. Dies ist aber nicht Gegenstand dieses Buches. Realisiert werden könnte dies, indem der Staat alle Grundstücke kauft und eine staatliche Grundstücksverwaltung einbringt, an die dann die Pachten fließen.

[72] Siehe Kapitel 10.

viele Erben von mittelständischen Betrieben betroffen seien und dies Arbeitsplätze kosten würde.

Der Vordenker des Liberalismus, John Stuart Mill, war der Ansicht, dass man nicht mehr erben dürfe, als man für eine komfortable Unabhängigkeit brauche (vgl. Mill 1982). Das wären heute vielleicht zwei Millionen Euro.[73] Der Philosoph Stefan Gosepath will das Erben sogar ganz abschaffen, weil es eine ungerechte Lotterie sei (vgl. Gosepath 2023). Der Ökonom Thomas Piketty will stattdessen ein Erbe für alle mit dem 25. Lebensjahr – nach seinen Berechnungen könnten das 120.000 Euro sein (vgl. Piketty 2020).

Zu der aktuellen Debatte um die Besteuerung von Betriebsvermögen muss man wissen, dass es bis 1992 selbstverständlich war, dass alle Erbschaften gleich besteuert wurden. Problem war jedoch, dass die Vermögensbewertung je nach Vermögensart unterschiedlich war. Nachdem vom Bundesverfassungsgericht eine realistische Vermögensbewertung gefordert wurde, reagierte die schwarz-gelbe Koalition mit Befreiungen von Betriebsvermögen, das dadurch geringer besteuert wurde. 2006 wurde dies für verfassungswidrig erklärt. 2008 wurde das Gesetz so geändert, dass statt Regelbefreiungen nun Ausnahmen möglich wurden – die aber bald für große Vermögen zum Regelfall wurden, weil die sich die dafür nötigen Anwälte leisten konnten. 2014 wurde das neue Gesetz wieder für verfassungswidrig erklärt. Dabei gab es ein Sondervotum von drei von acht Richtern. Nach deren Meinung diene die Erbschaftsteuer nicht nur der Erzielung von Steuereinnahmen, sondern sei auch »ein Instrument des Sozialstaats, um zu verhindern, dass Reichtum in der Folge der Generationen in den Händen weniger kumuliert und allein aufgrund von Herkunft oder persönlicher Verbundenheit unverhältnismäßig anwächst.«

Ab 2016 wurden nun die Vorschriften insbesondere für große Vermögen etwas verschärft, aber dafür die Möglichkeit geschaffen, einen Steuererlass zu beantragen. De facto führt das dazu, dass die Erben von Milliardenvermögen regelmäßig einen Steuererlass bekommen, weil sie dafür sorgen, dass sie nur Firmenanteile (meist

---

[73] Das ergibt mit 2,5% bis 5% Rendite ein Jahreseinkommen von 50.000 bis 100.000 Euro.

Aktien), aber kein Geldvermögen mehr besitzen, aus dem sie die Steuer bar zahlen könnten. Aktuell (Sommer 2023) steht das Thema wieder auf der Terminliste des Bundesverfassungsgerichtes.

Zu Recht! Die aktuelle Rechtslage ist absurd: Die Kinder mittelständischer Unternehmer zahlen in der Regel die vollen 30% Erbschaftsteuer, weil diese Betriebe nur noch selten in Familiennachfolge übernommen werden, sondern an einen anderen Meister oder Geschäftsmann verkauft werden und die Einnahmen aus dem Verkauf vererbt werden. Dagegen halten die Erben von Multimillionären und Milliardären ihre Aktien und bleiben fast immer steuerfrei. So lag der Steuersatz der 40 größten Erbschaften 2019 bei 1,9%. Hat der Mittelständler sein Geld in Immobilien angelegt, dann müssen die Erben dies ebenfalls voll versteuern. Erbt aber jemand einen Immobilienkonzern mit 300 Mietshäusern, dann bleibt dies in der Regel steuerfrei, weil es nun als Betriebsvermögen gilt.

Diese Praxis widerspricht dem Sinn der Erbschaftsteuer. Denn Erbschaften sind Einkommen ohne eigene Leistung. Die Erbschaftsteuer soll dafür sorgen, dass große Vermögen nicht über Generationen weitergegeben werden. »Mit herkömmlichen Vorstellungen von Gerechtigkeit lässt sich diese Praxis ebenso wenig vereinbaren wie mit der Rechtsprechung des Bundesverfassungsgerichts.« (Buggeln 2023). Diese Verweigerung des Gesetzgebers, ein Urteil des Verfassungsgerichts umzusetzen, kann nur als Skandal bezeichnet werden. Der Hamburger Soziologe Sighard Neckel spricht bereits von »Neofeudalismus – Die Wiederkehr der Ständegesellschaft« (Neckel 2016).

Unser Vorschlag

Die Erbschaftsteuer soll weiterhin bei den Empfänger*innen von Erbschaften und Schenkungen anfallen. Wenn im Folgenden von Erbschaften gesprochen wird, dann sind Schenkungen immer mit gemeint. Alle Arten von Erbschaften sollen gleich – aber progressiv – besteuert werden, auch Erbschaften von Firmenvermögen. Die Steuerklassen nach Verwandtschaftsgraden entsprechen nicht mehr den heutigen Lebensverhältnissen. Sie sind daher abzuschaffen und werden teilweise durch einen Freibetrag ersetzt.

Tab. 5: Vorschlag zur Besteuerung von Erbschaften und Schenkungen

Erbschaftsteuerstufen (oberhalb Freibetrag von 100T bzw. 750T)	Steuersatz – Vorschlag (für Stufe)	Erbschaftsteuer (für Obergrenze)	Vorschlag Piketty * (eigene Rechnung)
0 – 300 T €	10 %	30 T €	30 T €
300 T – 1 Mio. €	20 %	170 T €	300 T €
1 Mio. – 3 Mio. €	30 %	770 T €	1,8 Mio. €
3 Mio. – 10 Mio. €	40 %	3,6 Mio. €	6,5 Mio. €
10 Mio. - 30 Mio. €	50 %	13,6 Mio. €	21 Mio. €
30 Mio. – 100 Mio. €	60 %	56 Mio. €	75 Mio. €
100 Mio. – 500 Mio.€	70 %	336 Mio. €	400 Mio. €
500 Mio. – 2 Mrd. €	80 %	1,54 Mrd. €	1,7 Mrd. €
> 2 Mrd.€	90 %		
10 Mrd. €		8,7 Mrd. €	9 Mrd. €

* Siehe Piketty 2019. Quelle: Eigene Darstellung

Künftig soll die Erbschaftsteuer mit einem progressiven Stufentarif[74] erhoben werden. Alle Schenkungen und Erbschaften werden im Laufe des Lebens addiert. Nach jeder weiteren Erbschaft wird daher die Steuer neu berechnet und die bereits gezahlte abgezogen. Jeder soll einen einmaligen Lebensfreibetrag von 100.000 Euro bekommen. Darüber hinaus gibt es für Erbschaften von Verwandten 1. Grades (Kinder, Enkel, Ehepartner) einen zusätzlichen Freibetrag von 650.000 Euro – insgesamt also 750.000 Euro.

Bei der Weitergabe von Immobilienvermögen können die Steuern optional als Kredit des Staates eingetragen werden mit einer Verzinsung in Höhe 10-jähriger Staatsanleihen. So wird ein Notverkauf von Immobilien wegen der Steuerlast weitgehend ausgeschlossen. Die Höhe der Steuern liegt bis 10 Mio. Euro, etwas unterhalb der Steuersätze der bisherigen Steuer für Verwandte 2. Grades (Steuerklasse 2). Für größere Erbschaften sind wir in etwa den Vorschlägen von Piketty gefolgt und erhöhen die Progression schrittweise bis zu 90% für Milliarden-Erben.

[74] Beim Stufentarif wird eine Erbschaft in Abschnitte (z. B. über eine Million, über fünf Millionen, über 20 Millionen) zerlegt und jeder Abschnitt (jede Stufe) mit einem unterschiedlichen Steuersatz besteuert.

Abb. 12: Erbschaftsteuer Effektiver Steuersatz

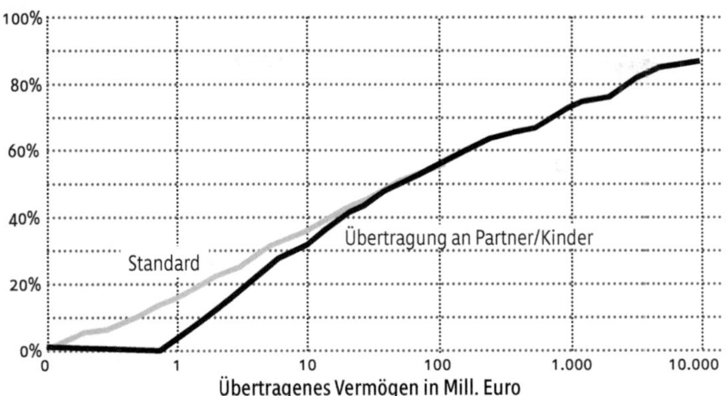

Quelle: Grafik von Alfred Eibl

Die Kontinuität und die Liquidität der Unternehmen

Die beiden Hauptargumente für die Privilegierung von Firmenkapital waren:

- Wenn die Kinder privater Eigentümer das Unternehmen weiterführen, sichert das die Kontinuität der Unternehmen.
- Eine hohe Besteuerung führt dazu, dass die Erben Geld aus den Unternehmen rausziehen und damit die Liquidität des Unternehmens gefährden.

Beide Argumente sind nicht stichhaltig. Zu 1: Es spricht nichts dafür, dass die Fähigkeiten eines Unternehmensgründers sich auf seine Kinder vererben. Vielmehr gibt es zahlreiche Beispiele dafür, dass der Kampf der Erben um die Kontrolle des Unternehmens sogar schädlich für das Unternehmen ist. Das ist auch der Grund, warum viele Besitzer*innen von Großunternehmen wie Bertelsmann, Bosch, Lidl und andere, ihre Firmen in eine Stiftung eingebracht haben. Dadurch bekommen dann die Nachkommen zwar Geld aus der Stiftung, haben aber bei geeigneter Konstruktion keinen Einfluss mehr auf die Unternehmensführung.

Firmeneigner, die an der langfristigen Sicherung des Unternehmens und nicht an dem Eigentum interessiert sind, können natürlich auch andere Eigentumsformen wählen. Dazu gehört zum Beispiel die im aktuellen Koalitionsvertrag vorgesehene Rechtsform des Verantwortungseigentums, bei dem das Eigentum wie bei einer gemeinnützigen Stiftung im Unternehmen bleibt. Die »Eigentümer« bekommen also keine Dividende, sondern sind nur ideelle Träger des Unternehmens, die kein Interesse an der persönlichen Bereicherung, sondern nur an der positiven Entwicklung des Unternehmens haben. Diese Rechtsform ist zum Beispiel in Dänemark weit verbreitet.

Zu 2: Auch das Argument, dass eine hohe Erbschaftsteuer Auswirkungen auf die Liquidität von Firmen haben kann, lässt sich leicht entkräften. Bei Aktiengesellschaften spielt es sowieso keine Rolle, ob ein Teil der Aktien von BMW der Familie Quandt gehören, oder als Streubesitz von Kleinaktionären gehalten werden oder auch von einem anderen Großaktionär gekauft werden. Allerdings kann es bei einem Zwangsverkauf von Aktien zu einem Einbruch des Börsenkurses kommen. Das soll vermieden werden. Handelt es sich bei der Firma um eine GmbH, dann muss natürlich eine andere Lösung gefunden werden. Wir schlagen deshalb vor, dass die Erben von Firmenvermögen nicht mehr verpflichtet sein sollen, die Steuern bar zu zahlen.

Anstatt über den Verkauf von Vermögensanteilen die Steuer aufzubringen, können sie auch unter folgenden Möglichkeiten wählen:

- Stundung der Steuerschuld mit Ratenzahlung über mehrere Jahre. Auf diese Weise können die Erben die Steuerschuld bei mittelständischen und kleineren Großunternehmen auch über einen längern Zeitraum aus den Gewinnen bezahlen. Die Steuerschuld wird dann natürlich mit einem gesetzlich oder per Verordnung festgelegten Zinssatz, orientiert an den Zinsen für Staatsanleihen, verzinst.
- Steuerpflichtige können die Steuer in Form von Aktien oder anderen Anteilen begleichen. Diese Aktien oder Anteile kann der Staat in einen Staatsfonds einbringen. Gute Beispiele für solche Staatsfonds sind die Fonds von Norwegen, China, Singapur, VAE und anderen, aber auch die großen Rentenfonds in vielen Staaten. Der Staat kann dann politisch entscheiden, ob

die Anteile dauerhaft gehalten werden sollen oder ob sie nach und nach verkauft werden.

- Steuerpflichtige könnten auch Unternehmensanteile an den Staat mit einem Wertabschlag als stillen Teilhaber übertragen.

Welche von diesen Lösungen den Erben per Gesetz ermöglichen und wie die Konditionen und die Wertbestimmung gestaltet werden sollen, ist dann eine Frage der Ausgestaltung durch den Gesetzgeber. Jedenfalls können diese Fragen sehr gut im Interesse der Firmen gelöst werden und sind kein Grund, dass der Staat Milliardäre auch noch mit Milliardensummen subventioniert.

7.5 Steuerrecht für Stiftungen

Viele Unternehmer*innen haben in den letzten Jahrzehnten ihr Familienvermögen in Stiftungen eingebracht. Dies dient sowohl der Sicherung der Unternehmenskontinuität wie auch der Steuervermeidung. Ein typisches Konstrukt ist dafür die Doppelstiftung. Dazu wird eine Holding (meist eine GmbH) gebildet, die zwei Stiftungen gehört. Die erste ist eine gemeinnützige Stiftung, die von der Unternehmensteuer, der Gewerbesteuer, der Erbschaft- und Vermögensteuer befreit ist. Sie erhält 90% des Kapitals des Unternehmens, aber nur 10% der Stimmanteile der Holding. Die zweite ist eine Familienstiftung. Diese erhält nur 10% des Kapitals, aber 90% der Stimmrechte. Dieser zehnprozentige Anteil muss voll versteuert werden. Alle 30 Jahre fällt sogar eine »Erbersatzsteuer« an. Dabei wird die Vererbung der Anteile an zwei Kinder simuliert.

Mit den 90% der Stimmrechte hat die Familie die volle Kontrolle über die Holding, de facto auch über beide Stiftungen und den Konzern, obwohl 90% des Konzerns steuerfrei gehalten werden. Die Gewinne der Familienstiftung dienen der Versorgung der Familie des Stifters auf alle Zeiten. Sie reichen völlig aus für einen fürstlichen Lebensstil. Die Gewinne der steuerfreien gemeinnützigen Stiftung dienen – soweit sie ausgeschüttet werden – überwiegend dem angeblich gemeinnützigen Zweck. Sie können aber auch zur Erhöhung des Kapitals des Konzerns eingesetzt werden – und bleiben trotzdem steuerfrei. Ein Drittel der Gewinne darf sogar rausgenommen und an die Familie ausgeschüttet werden, ohne dass dies die Gemeinnützigkeit tangiert. Allerdings unterliegt dieser Anteil der Gewinne dann der Einkommensteuer – es sei denn sie werden an die Holding ausgeschüttet und für neue unternehmerische Investitionen eingesetzt.

Der gemeinnützige Stiftungszweck umfasst typischerweise Bildung und Forschung. Die bekanntesten Stiftungen dieser Art sind die Bertelsmann-Stiftung und die Bosch-Stiftung. Damit kann die Familie über Mitfinanzierung in großem Umfang Einfluss auf staatliche oder private Bildungsinstitutionen und Forschungseinrichtungen, aber auch auf politische Prozesse, auf zivilgesellschaftliche Organisationen und vieles mehr nehmen. So entsteht aus einem Wirtschaftskonzern ein Konglomerat, das sowohl wirtschaftlichen und politischen Einfluss als auch Einfluss auf Forschungs- und Bildungsprogramme nimmt – und somit zu einem politisch-ökonomisch-ideologischen Machtgebilde eigener Art wird.

Unser Vorschlag zum Stiftungsrecht

Wir schlagen vor, dass künftig bei der Gründung von Stiftungen Kapital und Stimmrechte proportional verbunden sein müssen, damit gemeinnützige Stiftungen nicht mehr weiter über eine Holding von der Stifterfamilie kontrolliert werden können. Stiftungen mit privaten Begünstigten (also zum Beispiel die Familienstiftungen) gelten weiterhin, zumindest steuerlich, als Eigentum der Begünstigten und werden künftig auch so versteuert. Das bedeutet, dass im Todesfall die neuen Begünstigten quasi als »Erben« gelten und erbschaftsteuerpflichtig werden, und dass die Wertsteigerungen des Vermögens als Einkommen versteuert werden.

Das Stiftungsvermögen von gemeinnützigen Stiftungen soll nach 30 Jahren in den Besitz einer gemeinnützigen Einrichtung überführt werden. Damit wird sichergestellt, dass die stiftende Familie nicht auf unbegrenzte Zeit die Kontrolle über steuerfrei begünstigte Vermögen mit dem daraus resultierenden politischen und ökonomischen Einfluss behalten kann. Auf diese Weise vergrößert sich der gemeinnützige Unternehmenssektor im Gegensatz zum staatlichen und privaten Sektor.

»Die früheren Piraten hatten Schatzinseln, die modernen haben Steuerparadiese.«
(Glaßl 2019)

8. Unternehmensteuern

Während die Einkommensteuer seit der Einführung des automatischen Lohnabzugs 1920 zunehmend akzeptiert – wenn auch in der Höhe hart umkämpft – wurde, wird nicht nur über die Höhe der Unternehmensteuern anhaltend diskutiert, sondern auch ihr Nutzen grundsätzlich infrage gestellt. Deshalb muss die Frage geklärt werden: Welche Bedeutung haben eigentlich Unternehmensteuern?

Die Finanzierung der Infrastruktur
Nahezu alle Unternehmen – wenn sie nicht im Besitz einer Stiftung sind[75] – gehören entweder direkt oder über mehrere Stufen (geschachtelte Tochterfirmen) – natürlichen Personen. Diese zahlen Einkommensteuern und nach unserem Vorschlag künftig auch wieder Vermögensteuern. Wozu braucht es dann noch Unternehmensteuern?

In einer geschlossenen nationalen Gesellschaft könnte man tatsächlich auf Unternehmensteuern verzichten. In der wirklichen Welt würden dann aber Firmen, die in ausländischer Hand sind, in Deutschland keine Steuern zahlen. Der Zweck der Unternehmensteuern besteht also darin, dass Betriebe die hiesige Infrastruktur mitfinanzieren – die Straßen und Bahnen, die Versorgung mit Wasser und Strom, die Nutzung der Grundstücke, die Bildungseinrichtungen für ihre qualifizierten Beschäftigten, die öffentliche Sicherheit sowie zahlreiche andere Dienstleistungen. Für Rohstoffländer geht es aber häufig auch darum, dass – in der Regel ausländische – Konzerne, die Lagerstätten mit oft schädlichen Umweltauswirkungen ausbeuten, überhaupt etwas dafür bezahlen und an den Kosten zur Behebung der ökologischen und ökonomischen Schäden beteiligt werden.

---

[75] Siehe dazu Kapitel 7.

8.1 Race to the Bottom

In den 1990er-Jahren begann mit der Liberalisierung auch das zweite Zeitalter der Globalisierung.[76] Auf der Basis neuer Kommunikationsformen und günstiger Frachttarife konnten Fabriken weltweit verlagert werden und ihre Ansiedlung musste mit Steuernachlässen bezahlt werden. Je mehr die Zölle gesenkt wurden, desto umkämpfter wurden die internationalen Märkte und umso mehr nahm der Steuerwettbewerb an Fahrt auf. Große Vermögen wurden in Steueroasen ausgelagert und immer mehr Gewinne wurden nicht mehr dort versteuert, wo Rohstoffe gewonnen, Waren produziert oder verkauft wurden, sondern über Briefkastenfirmen (BKF) in den Steuerparadiesen.

Der Zauberkasten

Um die Gewinne der Firmen in die »Oasen« zu schicken, entwickelten die Konzerne einen ganzen Zauberkasten an Tricks – den die OECD zu Recht mit dem Begriff BEPS (Base Erosion and Profit Shifting) bezeichnete. Die OECD berichtet, dass die Vielzahl der Tricks die Steuerbeamten völlig überfordern würden und oft auch die Gesetze so gestaltet sind, dass eine vollständige Steuerprüfung kaum noch möglich ist. Hier die wichtigsten Tricks:[77]

- Klassischer Verrechnungspreistrick: Die Hälfte des Welthandels findet nicht zwischen Firmen statt, sondern zwischen Subunternehmen innerhalb eines internationalen Konzerns. Dieser legt die Verrechnungspreise beim konzerninternen Handel derart fest, dass die Gewinne dort landen, wo die Steuern am niedrigsten sind.
- Lizenztrick: Lizenzgebühren für die Nutzung des Firmennamens, Franchisinggebühren, Patentgebühren usw. werden an eine BKF-Tochter in einer Steueroase überwiesen und daher dort nur minimal oder gar nicht versteuert.
- Zinstrick: Überhöhte Zinszahlungen werden an eine BKF-Tochter überwiesen, bei der die produktive Firma geschickt konstruierte Schulden hat.

---

[76] Die erste Globalisierungsepoche war der Wettlauf um Kolonien vor dem Ersten Weltkrieg mit weltweiten Investitionen und Handel.

[77] Einige Beispiele haben wir in Kapitel 2 im Abschnitt »Das Karussell« geschildert.

- Servicetricks: Es werden hohe Gebühren für firmeninterne Services gezahlt – zum Beispiel für IT, Werbung, Steuerberatung, Produktdesign, Firmenstrategie usw.
- Versicherungstrick: Es werden hohe Versicherungsgebühren an eine konzerneigene Versicherung in einer Steueroase gezahlt.
- Bankentrick: Es werden Bankgebühren und Kosten für Bankservices (zum Beispiel Kundenrabattkarten, Finanzierungskredite für Kunden usw.) an eine konzerneigene Bank in einer Steueroase gezahlt.

Häufig sind die Steueroasen auf bestimmte Tricks spezialisiert. Das bedeutet, dass die Gesetzgebung und die internationalen Verträge dieses Landes (oder Territoriums) gezielt darauf ausgerichtet werden. Zu diesen spezialisierten Oasen zählen nicht nur Karibikinseln und die britischen Kanalinseln, sondern auch eine Reihe von EU-Staaten – an der Spitze die Oase der IT-Giganten Irland und die Banken-Oase Luxemburg sowie die an die EU assoziierte Schweiz –, die den Binnenmarkt geschickt dafür nutzen.

Unternehmensteuern

Als Folge dieser Entwicklung begannen Ende des letzten Jahrtausend immer mehr Staaten ihre Unternehmensteuern zu senken, um überhaupt noch Steuern zu bekommen oder um Investitionen anzulocken. Später sprach man vom »Race to the bottom«. Seit 2003 regte sich aber zunehmend der Widerstand gegen diese neoliberale Agenda. Mit der Gründung des Tax Justice Network (TJN), einer kleinen Gruppe von kritischen Wissenschaftlern, begann der systematische Kampf gegen Steuerflucht, Geldwäsche und das damit verbundene mehr oder weniger kriminelle Netzwerk von Banken, Firmen und Beratern. So aussichtslos das zunächst schien – die permanente Aufklärung über diese Geschäfte hatte beachtliche Wirkung.

2012 erkannten auch die reichen Industrieländer und die großen Schwellenländer, dass es so nicht weitergeht und das Steuerdumping auf Dauer ihre Finanzen ruiniert. Nun beauftragte die G20 die OECD damit, Maßnahmen gegen die Steuerflucht vorzuschlagen. 2014 legte diese den ersten Action Plan vor. Was zur Bekämpfung der internationalen Steuerflucht und der Steueroasen in den letzten Jahren bereits getan wurde und künftig noch getan werden muss, werden wir später beschreiben.[78] An dieser Stelle stellen wir dar, wie die Unternehmensteuern in Deutschland und international weiterentwickelt werden sollten.

In Deutschland gibt es traditionell zwei Arten von Unternehmensteuern: Die Gewerbesteuer geht an die Kommunen, während die Körperschaftsteuer an Land und Bund gezahlt werden. Die sogenannten Personengesellschaften und Ein-Mann/Frau-Betriebe zahlen allerdings nur Einkommensteuer und ggf. – insofern sie dazu steuerpflichtig sind – Gewerbesteuer, die sie aber weitgehend gegenrechnen können.

Körperschaftsteuer

Die Körperschaftsteuer wurde 1920 von Finanzminister Erzberger in Höhe von 10% auf die Gewinne eingeführt. Dazu kam stets noch die Gewerbesteuer für die Kommunen, die vorab vom Gewinn abgezogen wurde. Danach wurde die Körperschaftsteuer kontinuierlich auf bis zu 65% im Jahre 1946 angehoben. Auf ausgeschüttete Gewinne musste zusätzlich noch die Einkommensteuer mit dem Spitzensatz von 95% gezahlt werden. In der DDR stieg sogar die Körperschaftsteuer auf thesaurierte Gewinne auf 95%, was das gewollte Ende der größeren privaten Unternehmen bewirkte.

Ab 1953 wurde es dann in der BRD immer komplizierter: Zunächst wurden die ausgeschütteten Gewinne nur noch mit 30% belastet – plus Einkommensteuer bei deutschen Empfängern. Auf Gewinne, die in der Firma blieben, wurden noch 60% Steuern erhoben. Ab 1958 wurden die Steuersätze auf nur noch 15% für ausgeschüttete und 51% für einbehaltene Gewinne abgesenkt. 1977 wurde dann das Anrechnungsverfahren eingeführt – also generell 51% auf alle Gewinne, aber bei ausgeschütteten Gewinnen nun anrechenbar auf die Einkommensteuer. Dann kam 2001 der nächste Schritt im Race to the Bottom: Aufgrund von Verrechnungsproblemen mit den ausländischen Einkommen und Steuern wurde das sogenannte Halbeinkünfteverfahren eingeführt.

---

[78] Siehe Kapitel 11.

Nun wurden ausgeschüttete Gewinne zu 50% – aber ohne Anrechnung der Körperschaftsteuer – als Einkommen versteuert. Der einheitliche Körperschaftsteuersatz sank dafür auf 25%! Der letzte Schritt erfolgte 2009: Seitdem beträgt die Körperschaftsteuer nur noch 15%. Und die Einkommensteuer auf Kapitaleinkünfte beträgt für Private nur noch 25% (Abgeltungsteuer). Werden die Gewinne an eine Personengesellschaft ausgeschüttet, so werden nur noch 60% der Gewinne besteuert. Und für Kapitalgesellschaften sind die ausgeschütteten Gewinne der Töchter fast komplett steuerfrei.

Das führt dazu, dass die Körperschaftsteuer auch in Deutschland auf einem historischen Minimum angelangt ist. Was aber kaum beachtet wird: Jetzt können Milliardäre wie die Geschwister Quandt ihre Dividenden fast steuerfrei in einer persönlichen Holding für ihre Aktien akkumulieren, da sie ja nur einen Bruchteil ihres Einkommens für ihren Lebensunterhalt benötigen.

Unser Vorschlag

Unternehmensteuern sollen, wie schon von 1977 bis 2001, wieder auf die Einkommensteuer angerechnet werden können. Durch diese Anrechnung ist die Körperschaftsteuer für Deutsche nur noch eine Vorabzahlung auf die Einkommensteuer. Diese Vorauszahlung stellt sicher, dass die in Deutschland nicht steuerpflichtigen Einkommen aus Unternehmensbeteiligungen – insbesondere von Ausländern – an der Finanzierung des Staates beteiligt werden.

Die Anrechnung macht Sinn, wenn nach unserem Vorschlag die Progression der Einkommensteuer auf bis zu 90% erhöht wird.[79] Der große Vorteil dieses Systems ist: Alle Einkommensarten werden einheitlich besteuert. Das ist auch möglich, da durch den internationalen Datenaustausch künftig nachgewiesen werden kann und auch muss, wer wieviel Steuern im Ausland bereits bezahlt hat! Sonst entfällt die Erstattung. Ausländer sollen in Deutschland nur ihr hiesiges Einkommen versteuern müssen – der Steuersatz richtet sich aber nach ihrem Welteinkommen, das sie in ihrer Steuerer-

[79] Siehe Kapitel 7.

klärung angeben müssen. Die Unternehmensteuern auf ausländischen Kapitalbesitz werden natürlich voll in Deutschland erhoben. Ob sie das im Ausland gegen ihre dortige Einkommensteuer verrechnen lassen können, ist allein Sache ihres Heimatlandes.

Um kleinen Betrieben einen Vorteil zu gewähren, soll die Körperschaftsteuer mit einem Freibetrag von 20.000 Euro mit 10% starten und auf einen Steuersatz von 40% für Unternehmensgewinne über eine Million Euro anwachsen. Für genossenschaftliche Unternehmen sollen die Steuersätze um ein Viertel reduziert werden. Der Spitzensteuersatz beträgt dann für sie 30%.

8.2 Gesamtkonzernbesteuerung

Die Gesamtkonzernsteuer (GKS) ist die logische Konsequenz der Globalisierung. Es macht einfach keinen Sinn mehr, dass Gewinne einzelnen Betriebstätten und Ländern zugeordnet werden, da sie mit der oben beschriebenen Trickkiste fast beliebig weltweit in Steueroasen verschoben werden können. Da die Hälfte des Welthandels mittlerweile innerhalb der Konzerne stattfindet, können diese die internen Verrechnungspreise für Waren und Dienstleistungen sehr weitgehend gestalten. Führende Experten der Steuerberatungsfirmen wie Kevin Nicholsen, Head of Tax der Unternehmensberatung PWC, und Craig Cooper, Direktor Tax Service der Steuerberatungsfirma RSMI, erklärten das System schon vor zehn Jahren für gescheitert.

Theoretisch sollen die Finanzbeamten die Verrechnungspreise kontrollieren. Die Richtlinie der OECD umfasst mittlerweile über 700 Seiten. Tatsächlich lassen sich die Verrechnungspreise nicht mehr kontrollieren. Für viele immaterielle Produkte (Computerprogramme, Markennamen usw.) kann überhaupt nicht mehr festgestellt werden, wo das Produkt geschaffen worden ist. Markennamen entwickeln ihren Wert oft erst Jahre nach der kreativen Schöpfung des Namens. Wie soll da festgestellt werden, wo und wann dieser »produziert« wurde und welcher Verrechnungspreis angemessen ist? Auch der Fremdvergleich kann da nicht weiterhelfen. Denn mit welchem Produkt welcher Firma soll ein Finanzbeamter »Google« vergleichen, um festzustellen, welchen Wert der Google-Algorithmus hat?

Am stärksten betroffen von den Vermeidungsstrategien der multinationalen Konzerne sind die Entwicklungsländer. Sie haben besondere Probleme, auf die Daten der Firmen zuzugreifen. Dies wird zusätzlich durch kriminelle Machenschaften, Krieg, Korruption und andere Verbrechen erschwert. Oxfam schätzte die Steuerverluste durch Steuervermeidung und Steuerflucht auf 240 Mrd. Dollar.

Aus diesen Gründen schlagen immer mehr Finanzexperten vor, das Verrechnungspreissystem durch das Konzept der GKS abzulösen. Der Grundgedanke dieses Systems besteht darin, die Gesamtgewinne eines Konzerns entsprechend seiner wirtschaftlichen Aktivitäten in den einzelnen Ländern diesen zuzuordnen. Da diese Zuordnung mithilfe einer Formel geschehen soll, wird das System in den USA »formula apportionment« genannt. Die USA und Kanada benutzen das System schon seit 100 Jahren, um die Gewinne der Konzerne den einzelnen Bundesstaaten zuzuordnen – da in den USA und Kanada das Steuerrecht weitgehend Sache der einzelnen Staaten ist. Auch das EU-Parlament hat schon mehrfach die Einführung der Gesamtkonzernsteuer für die Zuordnung der Gewinne innerhalb der EU gefordert. Mittlerweile ist die Diskussion über die GKS Thema auf zahlreichen internationalen Konferenzen.

Wir schlagen daher vor, dass entweder die EU oder Deutschland das Konzept der Gesamtkonzernsteuer (GKS) einführen sollen. Dann müssen alle international tätigen Unternehmen, die auch in Deutschland tätig sind, eine weltweite Steuerbilanz erstellen. Auf dieser Basis werden die Gewinne weltweit zusammengerechnet. Im zweiten Schritt wird aufgrund einer Formel berechnet werden, wie hoch der Anteil der geschäftlichen Aktivitäten in Deutschland ist. Nach dem Vorschlag des EU-Parlaments sollen dabei zu einem Drittel die materiellen Investitionen, zu einem Drittel der Umsatz und zu einem Drittel die Beschäftigten (zur Hälfte nach Lohnkosten und zur Hälfte nach Beschäftigtenzahl) berücksichtigt werden. Bei Digitalkonzernen könnte nach einem Vorschlag von Indien auch die Zahl der User mit vorab 20% in der Formel eingehen.[80] Wenn die Berechnung beispielsweise ergibt, dass die geschäftlichen Ak-

---

[80] An der Festlegung der Formel sollten auch die Länder des globalen Südens beteiligt werden. Das wird Teil der Verhandlungen über eine UN Tax Convention sein.

tivitäten eines Konzerns zu 10% in Deutschland stattfinden, dann würden 10% der weltweiten Gewinne in Deutschland nach deutschem Recht besteuert werden. An welchem Standort in welchem Land die Gewinne vom Konzern ausgewiesen werden, spielt dann für die Steuererhebung keine Rolle mehr.

Die GKS würde die Verlagerung von Gewinnen in Steueroasen wirkungslos machen. Wenn dort keine Menschen arbeiten, fast keine User wohnen, keine Anlagen gebaut und keine Waren verkauft werden, fallen dort auch keine Steuern an. Die Ursache für das Steuerdumping der letzten Jahre wäre beseitigt. Auch würden auf diese Weise sowohl die Produktionsstandorte, die Rohstoffländer, aber auch die Länder, in denen die Waren verkauft werden, und schließlich die Länder, die ihren Markt für eine internationale Internetplattform öffnen, an den Steuereinnahmen beteiligt.

Oft wird gesagt, dass es nie zu einer Einigung aller Staaten auf dieses System kommen wird. Das ist auch gar nicht erforderlich. Dieses System könnte zum Beispiel von Deutschland unilateral eingeführt werden. Kein Konzern wird deswegen auf Geschäfte in Deutschland verzichten, nur weil er hier besteuert wird. Noch besser wäre natürlich eine gemeinsame Einführung durch die EU. Die einzige Voraussetzung dafür ist es, dass der internationale Datenaustausch über die Kenndaten internationaler Konzerne funktioniert. Schon die Nutzung des Systems intern durch alle EU-Länder wäre ein erster Schritt. Natürlich müssten die Doppelbesteuerungsabkommen Deutschlands mit anderen Staaten angepasst werden, soweit sie nicht sowieso eine Anpassungsklausel für Steueränderungen enthalten.

Würde die EU eine gemeinsame Bemessungsgrundlage festlegen, könnte das System weltweit für alle Staaten zum Vorbild und damit zum Standard werden. Dies wurde auch schon mehrfach vom Europäischen Parlament beschlossen und von der Kommission unterstützt, aber leider stets vom Ministerrat blockiert. Das würde sich ändern, wenn es gelänge, eine UN-Konvention zustande zu bringen, was die UN-Vollversammlung bereits gefordert hat.[81]

---

[81] Siehe Kapitel 11.

8.3 Gemeindeertragsteuer

Die Gewerbesteuer ist eine Kommunalsteuer und heute eine der wichtigsten Einnahmequellen der Kommunen. Sie wurde bereits 1891 in Preußen eingeführt. Ursprünglich hatte sie drei Komponenten, aus denen ein gemeinsamer Steuermessbetrag berechnet wurde:

- Die Gewerbeertragsteuer: Sie ist eine Art Gewinnsteuer wie die Körperschaftsteuer – wird aber etwas anders berechnet.
- Die Lohnsummensteuer: Sie wurde 1978 abgeschafft, um die Arbeit zu entlasten. In Frankreich wird eine solche Steuer für die Krankenversicherungsfinanzierung genutzt. Sie hat den Vorteil, dass alle Einkommen – auch die der Spitzenmanager – gleich belastet werden.
- Die Gewerbekapitalsteuer: Dies ist eine Art Vermögensteuer für Firmen auf das investierte Kapital. Diese Steuer wurde 1998 ebenfalls beendet. Zum Ausgleich wurden die Kommunen an der Mehrwertsteuer beteiligt.

Die heutige Gewerbesteuer hat erhebliche Nachteile und Probleme: Sie hängt nur noch vom Gewinn ab. Das macht sie aber konjunkturabhängig. Außerdem führt dies zu einem manchmal absurden Wettbewerb der Kommunen um Ansiedlung von Betrieben. Auch die Gewerbesteuer wurde mittlerweile zum Gegenstand der Gewinnverschiebungen durch große Konzerne. Während die großen Städte stark auf die Einnahmen von der Gewerbesteuer angewiesen sind, versuchen kleinere Orte im Umfeld von Großstädten durch niedrige Steuersätze Konzernzentralen zu sich zu locken. Das sind die sogenannten Gewerbesteueroasen. Weiterhin führt die Gewerbesteuer zu extremen Ungleichheiten bei den Kommunalfinanzen – nur weil in der einen Gemeinde eine große Firma ansässig ist, während die Nachbargemeinde, wo die Hälfte der Belegschaft wohnt, leer ausgeht. Schließlich sind viele Kommunen und Städte stark abhängig von einer Firma – wie zum Beispiel die VW-Stadt Wolfsburg oder die Bertelsmann-Stadt Gütersloh. Wenn dann noch ein erheblicher Anteil der Stadträte Angestellte dieses Konzerns sind, dann kann man zu Recht von einer deformierten Demokratie in diesem Ort sprechen.

Gemeindeertragsteuer

Daher schlagen wir vor, die heutige Gewerbesteuer abzuschaffen. Die Kommunen erhalten stattdessen als teilweisen Ersatz eine Gemeindeertragsteuer mit der gleichen Bemessungsgrundlage wie die Körperschaftsteuer und einen Freibetrag von 50.000 Euro Gewinn. Dabei sollen sowohl Körperschaften wie alle Einzelbetriebe – und damit auch Freiberufler – einbezogen werden.

Damit Konzerne den Gewinn nicht einfach in einer Gemeinde mit niedrigem Steuersatz ausweisen können, soll künftig der deutsche Anteil aus der Gesamtkonzernsteuer als Steuermessbetrag für den Konzern genommen werden. Dieser wird dann auf die Gemeinden, in denen der Konzern Niederlassungen hat, entsprechend dem örtlichen Anteil an der Lohnsumme des Konzerns aufgeteilt.[82] Die Gemeinde legt dann wie bisher einen Hebesatz fest. Diese Gemeindeertragsteuer soll wie die Körperschaftsteuer auf die Einkommensteuer angerechnet werden.

Die Gemeindeertragsteuer hat zwei Aufgaben: Einmal dient sie der Beteiligung der ortsansässigen Betriebe an den Kosten der kommunalen Infrastruktur. Zum anderen sollen aber die Kommunen weiterhin ein Interesse an der Ansiedlung von Betrieben haben. Durch die Zuordnung der Gewinne nach Lohnsumme ist es nicht mehr möglich, Gewinne durch entsprechende Gestaltung der internen Verrechnungspreise in eine Steueroase mit niedrigen Gewerbesteuern oder ins Ausland zu verschieben.

Durch den neuen kommunalen Einkommensteueranteil und die stärkere Beteiligung der Kommunen an der Mehrwertsteuer wird die Abhängigkeit der Kommunen von den lokalen Unternehmen deutlich reduziert. Daher wird sich vermutlich entsprechend der heutigen Varianz bei der Gemeindeertragsteuer ein Steuersatz zwischen null und maximal 10% je nach Verkehrslage und Infrastruktur einpegeln.

---

[82] Auch heute kann die Gewerbesteuer nach der örtlichen Lohnsumme berechnet werden, wenn der Betrieb mehrere Betriebsstätten hat. Das ist aber freiwillig. Manche Konzerne umgehen das, um die Gewinne in eine Niedrigsteueroase zu schieben.

8.4 Weitere Vorschläge und Überlegungen

Mindeststeuersatz

Mindeststeuersätze für die Unternehmensteuern können naturgemäß nur international vereinbart werden. Mittlerweile hat die OECD für Großkonzerne eine Mindeststeuer von leider nur 15% vorgeschlagen.[83] Wir schlagen vor, dass Deutschland sich international für Mindeststeuersätze auf Unternehmensgewinne einsetzen soll, die eine Gesamtbesteuerung der Gewinne von mindestens 20 bis 40% sicherstellen. Dieser Mindeststeuersatz soll progressiv mit dem BIP pro Kopf wachsen. Ökonomisch entwickelte Länder mit guter Infrastruktur müssen daher 40% erheben, während arme Länder mit nur 20% konkurrenzfähig bleiben können. Damit würden die Unterschiede nicht gänzlich abgeschafft – aber der enorme Druck auf die Staaten, die Steuern zu senken, würde in Verbindung mit der Gesamtkonzernsteuer stark reduziert. Auch heute haben die Länder ja durchaus sehr unterschiedliche Steuersätze.

Wenn Gewinne von Konzernen, die in Deutschland tätig sind, im Ausland nicht mit dem Mindeststeuersatz versteuert werden, soll Deutschland diese nachversteuern können.[84] Wenn dies genügend Länder ebenfalls beschließen, kann durch die Nachversteuerung das Steuerdumping einzelner Länder wirksam verhindert werden.

Gesamtbelastung durch Unternehmensteuern und Sozialabgaben

Während die Steuerbelastung der Eigentümer für die Wirtschaftlichkeit einer Firma keine Rolle spielt, wenn diese sauber von der Firma abgetrennt ist,[85] spielt die Belastung einer Firma oder eines Konzerns durch Unternehmensteuern und Sozialabgaben eine er-

[83] Siehe dazu in Kapitel 11.

[84] Vorrang bei der Nachversteuerung hat das Land, in dem die Konzernzentrale sitzt. Falls dieses Land von diesem Recht keinen Gebrauch macht, kann Deutschland eine Nachversteuerung durchführen. Hierbei ist eine Abstimmung mit anderen Staaten notwendig, die das Recht ebenfalls wahrnehmen wollen.

[85] Siehe oben in Kapitel 7.

hebliche betriebswirtschaftliche Rolle. Deswegen haben wir hier eine Modellrechnung vorgenommen.

Tab. 6: Belastung von Firmen durch Steuern und Abgaben

Heutige Eckdaten	**Firma X**
Umsatz	100 Mrd. €
Gewinn vor Unternehmensteuern	7 Mrd. €
Beschäftigte	250.000 €
Bruttolohnkosten	10 Mrd. €
Sozialabgaben (30 % der Lohnkosten)	3 Mrd. €
Unternehmensteuern (30 % des Gewinn)	2,1 Mrd. €
Belastung nach unserem Vorschlag (zum Sozialsystem siehe Kapitel 9)	
Nationaleinkommenbeitrag	17 Mrd. €
Davon 15 % Nationaleinkommenabgabe für Basisabsicherung	2,5 Mrd. €
Restliche Lohnkosten	7,8 Mrd. €
davon 10 % Berufsrente	0,8 Mrd. €
Gesamte Sozialabgaben	3,3 Mrd. €
Gewinn vor Steuern	6,7 Mrd. €
Unternehmensteuern: 40 % Körperschaftsteuer + 7 % Gemeindeertragsteuer	3,1 Mrd. €

Heute liegt die nominale Belastung des in Deutschland erwirtschafteten Ergebnisses bei ca. 30% – davon die Hälfte Körperschaftsteuer und die Hälfte Gewerbesteuer. Die von uns vorgeschlagenen Steuersätze bedeuten künftig eine Gesamtbelastung des Gewinns von 47%. Das stellt eine Rückkehr zu früher üblichen Sätzen dar, ist aber nur möglich, wenn die international vereinbarte Mindeststeuer für Industriestaaten wie vorgeschlagen bei 40% liegt.

Handelt es sich um einen internationalen Konzern, dann hängen die realen Belastungen durch Steuern davon ab, wie viel Gewinne Deutschland zugeordnet werden. Dadurch werden deutsche Konzerne, die relevante Produktionsstätten in Deutschland haben und erhebliche Exporte vornehmen, deutlich entlastet, da ein relevanter Anteil der Gewinne in weniger entwickelten Ländern mit niedrigeren Steuersätzen versteuert werden. Umgekehrt müssen ausländische Konzerne, die nach Deutschland exportieren oder zum Beispiel Internet-Konzerne, die in Deutschland Dienstleistungen anbieten, in Deutschland erheblich mehr Steuern bezahlen, da sie keine Gewinne mehr in Steueroasen verschieben können. Per Saldo ist also damit zu rechnen, dass die Konkurrenzfähigkeit der deutschen Wirtschaft voll erhalten bleibt, dass aber die Steuereinnahmen durch die höheren Steuerbeiträge insbesondere von im Ausland beheimateten Internetkonzernen, die in Deutschland tätig sind, erheblich gesteigert werden können.

Übergewinnsteuer
Mit der Gewinnexplosion bei Firmen der Logistikbranche (z. B. Kühne + Nagel, Amazon) und der Pharmaindustrie (z. B. Biontec/Pfizer, Moderna) durch die Corona-Pandemie und zuletzt verstärkt durch entsprechende Entwicklungen auf dem Energiemarkt und dem Lebensmittelmarkt in Folge des Kriegs Russlands gegen die Ukraine ist erneut eine Diskussion über die Besteuerung von Übergewinnen ausgebrochen.

Wenn die Rendite eines Konzerns deutlich über dem Durchschnitt liegt, dann rechtfertigt dies, dass der Staat im Interesse der Allgemeinheit eine Übergewinnsteuer erhebt, um gesellschaftliche Krisenlasten zu finanzieren bzw. um eine faire marktwirtschaftliche Ordnung zu sichern. Die Höhe dieser Zufallsgewinne kann mit hoher Trennschärfe dadurch identifiziert und berechnet werden, dass eine Firma kurzfristig einen sprunghaften Anstieg der Gewinne im Verhältnis zum Umsatz und im Vergleich zu den Vorjahren ausweist. Diese Gewinne führen notwendig zu entsprechenden Verlusten bei anderen Marktteilnehmern (zum Beispiel den Kunden der Strom- und Gaslieferanten oder von Zwischenhändlern oder energieintensiven Firmen), die gegebenenfalls sogar vom Staat gerettet bzw. unterstützt werden müssen. Daher macht es Sinn, dass diese Ausgleichszahlungen durch eine zeitnahe Besteuerung der Zufallsgewinne ganz oder teilweise finanziert werden.

Wir unterscheiden dabei Übergewinne aus der marktbeherrschenden Stellung von Konzernen (z. B. Google, Amazon, aber auch VW u. a.). Diese Gewinne sind strukturell und dauerhaft. Die hohe Besteuerung dieser Gewinne kann kartellrechtlich begründet werden. Für ihre Besteuerung braucht es einen gesellschaftlichen Konsens und eine grundsätzliche Regelung im Körperschaftsteuergesetz, wie wir sie im Folgenden vorschlagen.

Übergewinne entstehen andererseits vorübergehend als Zufallsgewinne (windfall-profits) aus Verwerfungen der Marktgegebenheiten durch externe Faktoren – aktuell durch den Angriff Russlands auf die Ukraine und durch die Corona-Pandemie. Für die Zufallsgewinne kann es in einer aktuellen Krisensituation sinnvoll sein, zusätzliche kurzfristige branchenspezifische Regelungen vorzunehmen, die zeitlich begrenzt sind.

Als generelle Regelung schlagen wir vor, dass bei Firmen mit einem Kapital von über 20 Mio. Euro bei überproportional hohen Gewinnen eine Übergewinnsteuer erhoben wird. Wir stufen eine Gewinnspanne von bis zu 10% noch als normal ein. Wenn die Eigenkapitalrendite über 15% liegt, dann kann man davon ausgehen, dass hier Monopolprofite oder Windfallprofits vorliegen. Daher schlagen wir vor, dass für den Teil der Gewinne, der die Rendite von 15% übersteigt, eine zusätzliche Übergewinnsteuer veranlagt wird. Der Steuersatz soll progressiv von Null auf bis zu 50% für Renditen oberhalb von 30% anwachsen. Diese zusätzliche Übergewinnsteuer kann nicht mit der Einkommensteuer verrechnet werden.

»Nun gilt der einfache und klare Satz, dass aller Sozialaufwand immer aus dem Volkseinkommen der laufenden Periode gedeckt werden muss. [...] Volkswirtschaftlich gibt es immer nur ein Umlageverfahren.«
(Mackenroth 1952)

9. Die Finanzierung des Sozialstaates

Bei den Diskussionen über unser Steuerkonzept tauchte immer wieder die Frage auf: Was haben die Sozialversicherungen – also die Beiträge für die Rentenversicherung, die Krankenversicherung und die Arbeitslosenversicherung usw. mit dem Steuersystem zu tun? Eine erste Antwort gibt uns die folgende Grafik.

Abb. 13: Anteil Sozialleistungen am Bruttoinlandsprodukt 2021

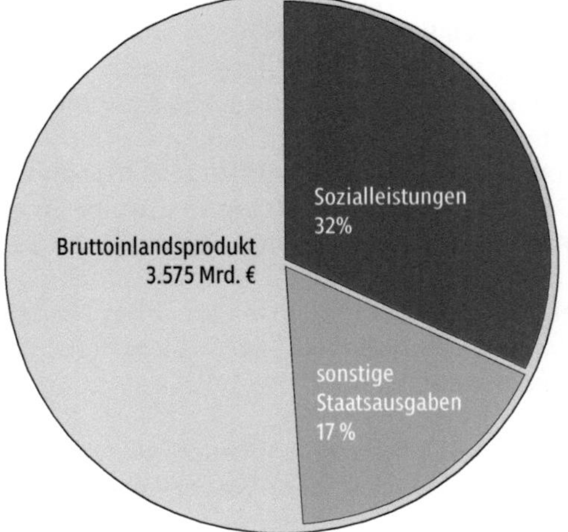

Der moderne Staat ist – bei allen Mängeln und Problemen – ein Sozialstaat. 2021 machten die Ausgaben für Sozialleistungen ein Drittel des Bruttoinlandsproduktes und zwei Drittel der Staatsausgaben aus. Diese umfassen neben den gesetzlichen Renten und der Krankenversicherung die Beihilfe der Beamten, die Arbeitslosenversicherung, die Pflegeversicherung, die Unfallversicherung, Kindergeld, Grundsicherung und vieles mehr. Von diesen Sozialleistungen wurden wiederum zwei Drittel durch die Sozialversicherungsbeiträge finanziert und nur ein Drittel aus Steuern (vgl. BMAS 2022; vgl. Statista 2021). Man kann das auch anders ausdrücken: Das Sozialsystem ist kostenmäßig der wichtigste Teil der Staatstätigkeit. Daher kommt man, wenn man untersucht, wie der Staat gerecht finanziert werden kann, um die Einbeziehung der Sozialkassen nicht herum.

9.1 Sozialstaatsfinanzierung als Teil des Steuer- und Abgabensystems

Man kann die Angelegenheit auch aus der Sicht einer einfachen Arbeitnehmer*in betrachten. Wie wir in Kapitel 7 schon ausgerechnet haben, bezahlt sie oder er bei einem Mindesteinkommen in Vollzeit von 20.000 Euro immerhin 4.000 Euro an die Sozialversicherung. Dazu kommen nochmal 4.000 Euro durch den Arbeitgeber dazu. Ist sie oder er alleinstehend, so fallen »nur« 1.100 Euro Lohnsteuern, aber immerhin 2.700 Euro Mehrwertsteuer, Kfz-Steuer oder andere Verbrauchsteuern an. Handelt es sich um eine alleinerziehende Person, so entfällt zwar die Lohnsteuer ganz, aber die Sozialversicherungsbeiträge sind weiter in voller Höhe zu entrichten. Im Ergebnis bedeutet das: Nicht die Steuern, sondern die Sozialbeiträge sind für einfache Arbeitnehmer*innen die größte Belastung! Die Frage eines gerechten Abgabensystems kann also ohne die Einbeziehung der Sozialbeiträge gar nicht beantwortet werden.

Die Walgrafik der Belastung durch Steuern und Abgaben

Auch ein Vergleich des deutschen Steuersystems mit dem anderer Länder ist nur möglich, wenn die Sozialsysteme mitberücksichtigt werden. Denn deren Finanzierung ist international sehr unterschiedlich geregelt. So ist das Gesundheitssystem in Dänemark staatlich und wird daher über allgemeine Steuern der Kommunen finanziert. Das Gleiche gilt für die Finanzierung der dänischen Basisrente. In Frankreich erfolgt die Finanzierung der meisten Sozialleistungen über die Contribution Sociale Generalisée – eine

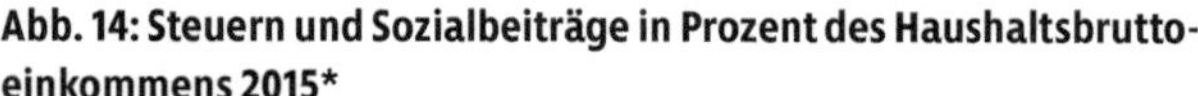
Abb. 14: Steuern und Sozialbeiträge in Prozent des Haushaltsbruttoeinkommens 2015*

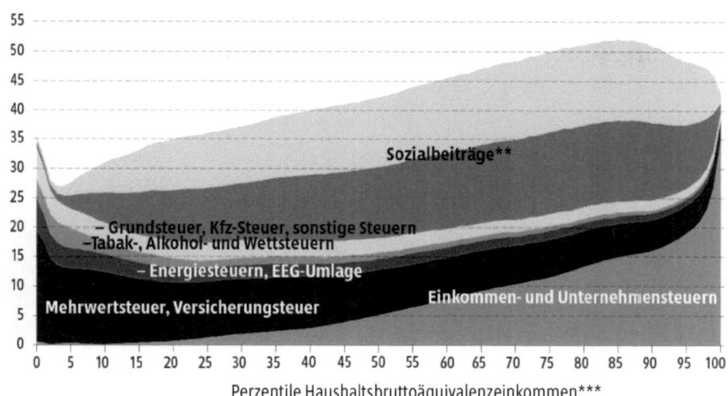

* Werte polynomisch geglättet. ** Hälftige Aufteilung der Sozialbeiträge. *** Äquivalenzgewichtet mit der neuen OECD-Skala. Quelle: Bach/Beznoska/Steiner 2016.

Sozialsteuer, die in Form einer Lohnsummensteuer vom Arbeitgeber bezahlt wird. In UK und den USA werden die Renten über eine Payroll Tax finanziert. Berücksichtigt man also nicht das Sozialsystem, so ist ein internationaler Vergleich gar nicht möglich (vgl. Bach/Beznoska/Steiner 2016).

Und natürlich muss das Sozialsystem ebenfalls berücksichtigt werden, wenn man die Ungleichheit in Deutschland messen will. Nur unter Berücksichtigung der Sozialversicherungsbeiträge und der sozialen Leistungen macht es Sinn, die Einkommen zu vergleichen, egal ob man dazu den Gini-Index oder ein anderes Verteilungsmaß verwendet.

Überraschenderweise kam die stärkste Gegenwehr gegen die Einstufung der Sozialbeiträge als steuerähnliche Abgabe – so wird sie vom Bundesfinanzministerium eingestuft – lange Zeit von den Gewerkschaften. Sie bestanden und bestehen teilweise noch darauf, dass es sich um Versicherungsbeiträge handelt. Daraus leiten sie einen fiktiven Besitzanspruch der Arbeitnehmer*innen auf die Leistungen der Renten- oder Krankenversicherung ab. Das trifft aber faktisch nicht zu. Die Höhe der Renten und die Krankenkassenbeiträge und -leistungen werden genauso vom Bundestag beschlossen wie die Steuern. Und das ist auch gut so. Denn eine Kürzung von Leistungen würde einer Versicherung viel leichter fallen, selbst wenn ihre Aufsichtsgremien formal gewählt werden. Dagegen steht die Entscheidung des Bundestages über die Renten jedes Jahr im Zentrum der Aufmerksamkeit und kann wahlentscheidend sein.

9.2 Was soll das Sozialsystem leisten?

Um die Aufgaben des Sozialsystems zu beschreiben, wird oft der Begriff »soziales Netz« verwandt. Es geht darum, Menschen, die in finanzielle, psychische oder physische Not geraten, Hilfeleistungen zur Verfügung zu stellen, damit sie weiter in der Lage sind, ein selbstbestimmtes Leben zu führen. Über viele Komponenten dieses Netzes gibt es einen breiten Konsens, wenn auch nicht über die Ausgestaltung. Einige sind immer noch stark umstritten. Hier ein Überblick dazu:

Rentensystem

Heute herrscht Konsens darüber, dass die Altersversorgung eine staatliche Aufgabe ist. Insbesondere Menschen mit geringen Einkommen würden aus der unmittelbaren ökonomischen Zwangslage heraus oft nicht genügend vorsorgen und im Alter in elende menschenunwürdige Lebensumstände fallen. Dies ist gegenwärtig im Bereich der neuen Scheinselbständigen (z. B. bei den Lieferdiensten) erkennbar, für die keine Verpflichtung zur Altersvorsorge besteht. Auch ist die Beteiligung von Geringverdienenden an freiwilligen Altersvorsorgeprogrammen wie der Riester-Rente sehr gering, weil jeder Euro für das tägliche Leben benötigt wird.

Für Lohnabhängige gibt es in Deutschland eine verbindliche Rentenversicherung, aber insbesondere die Geringverdienenden sind nur unzureichend abgesichert und fallen oft in die Grundsicherung. Da dabei weitgehend ihre Ersparnisse und Rentenansprüche angerechnet werden, haben sie keinen Anreiz, eine eigene ausreichende Alterssicherung aufzubauen. Ob man sein Leben lang für Mindestlohn gearbeitet hat oder niemals einen Job hatte, macht beim Renteneinkommen keinen Unterschied.

Im internationalen Vergleich unterscheidet man die sogenannten »Bismarck-Systeme« und die »Beveridge-Systeme«.[86] Bei den ersteren gibt es keine Umverteilungskomponente im System. Wer viel einzahlt im Laufe des Lebens, der bekommt eine höhere Rente, wer weniger einzahlt eine niedrigere (Äquivalenzsystem). Versichert sind entweder nur die Lohnabhängigen (wie in Deutschland) oder auch die Selbständigen. Das Problem besteht darin, dass die Menschen mit geringen Einkommen oft viel häufiger und länger arbeitslos sind. Frauen sind wegen der Kinderunterbrechungen, der geringeren Einkommen und der dominierenden Teilzeitarbeit stark benachteiligt. Da die besserverdienenden Schichten leichter während ihres Arbeitslebens Geld zurücklegen können und meist noch Zusatzversicherungen haben, führt dieses System dazu, dass die Einkommensunterschiede im Alter noch weit größer sind als während des Arbeitslebens.

Die Alternative sind Beveridge-Systeme wie in Skandinavien, der Schweiz oder den Niederlanden. Dort sind grundsätzlich alle Menschen rentenversichert. Jeder hat Anspruch auf eine Basisrente in Höhe einer Grundsicherung. Hinzu kommt eine Berufsrente, deren Leistungen von den Einzahlungen abhängt. So hat jeder einen Anreiz, zu arbeiten und einzuzahlen, da jeder eingezahlte Euro zu einer Erhöhung der Rente führt. Deswegen präferieren wir bei unserem Vorschlag ein solches System mit einer deutlichen Umverteilungskomponente.

Eine weitere Debatte wird über die Art der Finanzierung geführt. Dabei unterscheidet man die Umlagefinanzierung von der Kapitaldeckung. In umlagefinanzierten Systemen wie in Deutschland werden die Renten durch die noch arbeitenden Beitragszahlenden – und ggf. durch Zuschüsse aus Steuern – bezahlt. In kapitalgedeckten Systemen werden die Beiträge durch Rentenfonds in Wertpapieren angelegt. Die Hoffnung besteht darin, dass die Fonds Gewinne ausweisen können und so die Rentner*innen überproportional von ihren eingezahlten Geldern profitieren. Allerdings stecken diese Fonds in der Zwick-

---

86 Benannt nach dem deutschen Reichskanzler Otto von Bismarck und dem britischen Ökonomen William Henry Beveridge.

mühle. Da die Anlagen sicher sein sollen, sind sie auf sichere und daher meist geringverzinste Papiere angewiesen. Deswegen hat sich der Einstieg in Deutschland mit der Riester- und Rürup-Rente als Flop erwiesen.

Dagegen wachsen die Renten in umlagefinanzierten Systemen mit der Wirtschaftsleistung des Landes. Doch auch die kapitalgedeckten Renten müssen aus dem gegenwärtigen Sozialprodukt bezahlt werden, da sie aus dem der Wertpapiere des Rentenfonds finanziert werden. Deshalb ist auch das Kapitaldeckungssystem letztlich ein Umlagesystem – mit dem riskanten Umweg über den Kapitalmarkt (vgl. Mackenroth 1952). Es besteht aber auch ein grundsätzliches Problem: Bereits jetzt besteht ein Anlagenotstand. Würden weitere große Länder ihre Rentenbeiträge in Wertpapieren anlegen, gäbe es weltweit nicht genügend Anlagemöglichkeiten. Aus diesen Gründen wäre eine Abkehr vom Umlagesystem sozial und ökonomisch nicht sinnvoll.

Gesundheitssystem

An dieser Stelle wollen wir keine Diskussion über die zweifellos notwendige Neugestaltung des Gesundheitssystems führen. Man kann allerdings feststellen, dass im Gesundheitsbereich eine marktwirtschaftliche Organisation nicht wirklich funktionieren kann. Die Erfahrung zeigt, dass ein Mensch, solange er jung und gesund ist, nicht genug Vorsorge betreiben würde. Wenn er aber einen Blinddarmdurchbruch hat, wird er jeden Wucherpreis bezahlen, um optimal behandelt zu werden. Es ist daher für Experten keine Überraschung, dass ausgerechnet das marktorientierte System der USA mit großem Abstand das teuerste System ist. Die US-Bürger zahlen fast doppelt so viel für ihre Gesundheitsversorgung wie ein Durchschnittseuropäer – mit dem Ergebnis, dass ihre Lebenserwartung mittlerweile um drei Jahre geringer ist als diesseits des Atlantiks.

Ein weiterer Fehlanreiz entsteht dann, wenn Ärzte und Kliniken die Möglichkeit haben, durch zusätzliche Behandlungen zusätzliche Einnahmen zu generieren – was in Deutschland durch Zusatzleistungen und Fallpauschalen gefördert wird. Dies führt dazu, dass mehr kritische Diagnosen, mehr Behandlungen und insbesondere teure Operationen generiert und durchgeführt werden.

Was man ebenfalls feststellen kann: Aus dem internationalen Vergleich ergibt sich keinerlei Rechtfertigung für das Zweiklassensystem von Kassenpatienten (90%) und Privatpatienten (10%) in Deutschland. Fast alle OECD-Mitglieder haben mittlerweile ein einheitliches Gesundheitssystem für alle Bürger*innen. Die drei Ausnahmen sind ausgerechnet die USA, die Türkei und Deutschland. Unser System hat insbesondere die fatale Konsequenz, dass die Beamten, die Abgeordneten und die einflussreichen wohlhabenden 10% der Bevölkerung überwiegend Privatpatient*innen sind. Damit sind ausgerechnet die, die über das System der gesetzlichen Krankenkassen entscheiden oder auf die Entscheidungen viel Einfluss haben, selbst nicht betroffen.

Daher fordern wir eine einheitliche Bürgerversicherung für alle Bürger*innen. Dazu gehören auch eine Pflegeversicherung und die gesetzliche Unfallversicherung, die durch eine allgemeine Unfallversicherung abgelöst werden sollte.

Kindergrundsicherung und Finanzierung der Ausbildung

Die größte verbleibende Baustelle der Sozialsysteme in den wohlhabenden Ländern betrifft die Finanzierung der Kinder. Heute wachsen in vielen Städten ein Viertel aller Kinder in Haushalten auf, die auf das Bürgergeld angewiesen sind. Insbesondere viele Alleinerziehende fallen wegen ihrer Kinder in die Grundsicherung. Das hat erhebliche Auswirkungen auf deren Entwicklungschancen. Während Schulen und teilweise die Universitäten mittlerweile kostenfrei sind, muss für die Kindertagesstätten in den meisten Bundesländern noch bezahlt werden.

In der Konsequenz sind Haushalte mit Kindern erheblich ärmer als Haushalte ohne, obwohl die Eltern für die Erziehung und Ausbildung der nächsten Generation sorgen, die dann allen die Renten und den Lebensstandard finanzieren. Und wohlhabende Eltern bekommen durch die Steuerersparnis mehr Geld pro Kind, als andere in Form des Kindergeldes erhalten. Auch das ist ungerecht! Aus diesen Gründen halten wir eine kostendeckende Grundsicherung, kostenlose Kinderbetreuung und eine kostenlose Ausbildung mindestens bis zum ersten Berufsabschluss für notwendig, um mehr Chancengleichheit in der Gesellschaft herzustellen.

Arbeitslosengeld oder Grundeinkommen
Bei den Diskussionen über die Unterstützung von Arbeitslosen gibt es sehr unterschiedliche Positionen und Diskussionsstränge. Vertreter des bedingungslosen Grundeinkommens sehen darin eine positive Utopie. Gegner des Konzeptes betonen dagegen, dass Arbeit ein ganz wesentliches Element der sozialen Teilhabe an der Gesellschaft ist und befürchten, dass dieses zum dauerhaften Ausschluss von Menschen aus der Gesellschaft mit der Folge von Isolation und Depressionen führen kann. Eine Alternative könnte das dänische Konzept sein, allen Menschen, die arbeitslos sind, einen 30-Stunden-Job zu Mindestlohnbedingungen bei der Kommune anzubieten.

Für unser Steuer- und Abgabenkonzept lassen wir diese Diskussion außen vor. Analog zum Vorschlag zur Neugestaltung des Rentensystems schlagen wir vor, dass alle Arbeitslosen für maximal fünf Jahre, je nach der bisherigen Tätigkeitszeit, einerseits einen Anspruch auf eine Grundversorgung haben, andererseits aber entsprechend der Höhe der Einzahlungen ein einkommensabhängiges zusätzliches Arbeitslosengeld erhalten. Dies ermöglicht Arbeitslosen mit höherem Einkommen, die Probleme haben, in ihren Beruf wieder einzusteigen, eine Neuorientierung bzw. eine veränderte Lebensplanung. Arbeitslose ohne Qualifikation können dadurch – ggf. mit Unterstützung der Arbeitsverwaltung – eine bessere Qualifikation erwerben.

Sonstige Sozialleistungen
Es gibt noch eine Vielzahl von Sozialleistungen, die wir im Rahmen dieses Buches nicht im Detail diskutieren können. Dazu gehören insbesondere Hilfen für Menschen mit eingeschränkten körperlichen und geistigen Fähigkeiten, damit sie einen geeigneten Beruf ausüben können und am öffentlichen Leben soweit wie möglich teilhaben können. Weiterhin benötigen Menschen, die keinen Beruf ausüben können, oder die im Rentenalter keine oder keine

ausreichenden Ansprüche auf eine Altersversorgung haben, eine Grundsicherung für ihren Lebensunterhalt. Solche bedarfsabhängigen Sozialleistungen sollen nicht Teil eines Umlagesystems sein, sondern sollen nach unserer Auffassung als eine steuerfinanzierte dritte Säule des Sozialsystems organisiert werden.

9.3 Das Drei-Säulen-System

Aufgrund der vorangegangenen Überlegungen schlagen wir ein Drei-Säulen-Modell für ein solidarisches System der Sozialleistungen vor. Dabei würde künftig unterschieden zwischen

- den allgemeinen und gleichen Leistungen für alle,
- den einkommensabhängigen Leistungen und
- den Leistungen aufgrund von besonderem Bedarf.

Säule 1: Allgemeine und gleiche Sozialleistungen

Diese Säule umfasst die allgemeinen Sozialleistungen, die allen Menschen in gleichem Umfang bzw. gleicher Höhe zustehen (Basissozialsystem). Dabei handelt es sich um folgende Leistungen:

- Das Gesundheitssystem einschließlich der Grundkosten der Pflege – also eine einheitliche Bürgerversicherung, in der alle Menschen, die in Deutschland leben, automatisch Mitglied sind. Deutsche Staatsbürger, die temporär im Ausland leben, können für eine Übergangszeit optional Mitglied sein, wenn ihr Arbeitgeber oder sie selbst den entsprechenden Beitrag leisten.
- Eine Grundrente (Basisrente) von 1100 Euro (wahlweise 600 Euro + Wohngeld) im Monat, für alle, die ab dem 20. Lebensjahr 40 Jahre in Deutschland gelebt haben, anteilig bei kürzerer Aufenthaltszeit. Da das System eine Grundrente für alle Menschen, die in Deutschland leben, egal welche Staatsbürgerschaft, aber nicht für Menschen – auch nicht mit deutschem Pass –, die im Ausland leben, finanziert, muss festgelegt werden, wie lange jemand in Deutschland gelebt haben muss, um die volle Leistung zu erhalten. Mit einem Beginn ab dem 20. Lebensjahr und der Erreichung der vollen Leistung nach einer Aufenthaltsdauer von 40 Jahren bis zum Eintritt in die Rente orientieren wir uns am Schweizer Modell.

- Eine Kindergrundsicherung von 500 Euro im Monat. Damit folgen wir der Empfehlung nahezu aller Sozialverbände (vgl. Bündnis Kindergrundsicherung 2023).[87]
- Eine Grundversorgung für Arbeitslose. Diese Grundversorgung soll für maximal fünf Jahre entsprechend der bisherigen Beschäftigungszeit bedingungslos gezahlt werden. Unabhängig davon sollte den Arbeitslosen Beratung, eine Beschäftigung bei der Kommune oder Angebote für die Wiederaufnahme einer Arbeit gegeben werden.
- Eine allgemeine Unfallversicherung.

Für die Finanzierung dieser Säule schlagen wir eine »Allgemeine Sozialabgabe« in Form einer Nationaleinkommenabgabe vor. Diese soll in Höhe von etwa 15% auf alle Einkommen erhoben werden (vgl. Saez/Zucman 2020).[88] Sie wird von den Firmen auf die gesamten Personalausgaben[89] und auch auf die Gewinne entrichtet. Selbstständige und Empfänger von Einkommen aus dem Ausland müssen die Allgemeine Sozialabgabe selbst abführen. Da dadurch die Beitragsbemessungsgrenze entfällt, gewährleistet dieses System eine einheitliche Belastung aller Einkommen zur Finanzierung der Sozialleistungen der Säule 1. Jede*r Bürger*in wird entsprechend ihres oder seines Einkommens gleich belastet.

Säule 2: Einkommensabhängige Berufsversicherung

Als zweite Säule des Sozialsystems soll eine Berufsversicherung dienen, deren Leistungen vom Einkommen und damit von den Einzahlungen abhängen. Sie umfasst

- eine einkommensabhängige Berufsrente, die zusätzlich zur Grundrente der Säule 1 gezahlt wird;

---

[87] Die Sozialverbände fordern ca. 502 Euro/Monat + 244 Euro Kinderbetreuungskosten. Die Kinderbetreuung sollte aber durch eine kostenlose Kinderbetreuung durch die Länder gewährleistet werden, damit Eltern keinen Anreiz haben, die Kinder nicht in die Krippe bzw. die Kita zu schicken.

[88] Der Vorschlag stammt von den Ökonomen Emmanuel Saez und Gabriel Zucman. Sie nennen die Abgabe »national income tax«. Die Höhe der Abgabe haben wir grob kalkuliert.

[89] Personalausgaben sind Löhne, Gehälter, Tantiemen, Boni, Gratifikationen, Aufwandsentschädigungen usw.

- ein einkommensabhängiges Arbeitslosengeld, das zusätzlich zur Grundversorgung der Säule 1 gezahlt wird.

Diese Pflichtversicherung wird finanziert nach dem Äquivalenzprinzip durch eine Beitragsleistung in Höhe von 10% vom Bruttoeinkommen nach Abzug der Allgemeinen Sozialabgabe. Einkommen unter 10.000 Euro sind auf Antrag frei. Bis 20.000 Euro gibt es auf Antrag eine Übergangszone. Dann reduzieren sich natürlich auch die Ansprüche entsprechend. Ab 20.000 Euro muss der volle Beitrag gezahlt werden. Die Beitragsbemessungsgrenze liegt bei 100.000 Euro. Wer ein höheres Einkommen hat, kann optional ebenfalls Mitglied in der Berufsversicherung werden. Auch soll es jederzeit möglich sein, zusätzliche Einzahlungen vorzunehmen oder für Zeiten, in denen nicht eingezahlt wurde, Einzahlungen nachzuholen.

Das Konzept einer Altersversorgung durch eine Basisrente und eine einkommensabhängige zusätzliche Berufsrente zur Lebensstandardsicherung wird in einer Reihe von Ländern wie der Schweiz, Dänemark, Schweden, den Niederlanden und Australien seit Langem praktiziert. Es gewährleistet, dass alle einen Anspruch auf Grundversorgung haben, die solidarisch von allen Einkommen finanziert wird. Es gewährleistet aber auch, dass sich jede zusätzliche Einzahlung in die Berufsrente auch in einer Erhöhung der Rente niederschlägt. Es lohnt sich also immer, zu arbeiten und Beiträge zu zahlen.

Der optionale Freibetrag und die Progressionszone sollen die Belastung von Geringverdienenden senken und damit die Arbeitsaufnahme erleichtern, indem die heutige hohe Einstiegsbelastung reduziert wird. Wer aber will, kann auch voll einzahlen oder sogar zusätzliche Einzahlungen vornehmen. Damit wird für alle ein Anreiz geschaffen, gut für das Alter vorzusorgen.

Säule 3: Sozialleistungen bei besonderem Bedarf

Bei der Säule 3 handelt es sich um bedarfsabhängige zusätzliche Sozialleistungen. Diese sind Leistungen für Menschen, die ihren Lebensunterhalt nicht selbst tragen können, Menschen, die aufgrund von körperlichen oder psychischen Beeinträchtigungen einen erhöhten Bedarf haben und für Personen, die wegen kurzer

Aufenthaltsdauer in Deutschland keine eigenständigen Versorgungsansprüche aufbauen konnten und auch keine Ansprüche im Ausland haben. Diese Sozialleistungen werden durch Steuern finanziert.

Fazit zum Sozialsystem
Insgesamt führt das von uns vorgeschlagene Sozialsystem zu einer deutlichen Besserstellung von Menschen mit geringen Einkommen und mit unterbrochenen Erwerbsbiografien – wozu viele Frauen gehören. Weiterhin schafft es Anreize für alle, um für das Alter vorzusorgen. Und außerdem wird so ein einheitliches Sozialsystem für alle Menschen geschaffen – also ein echtes Bürgerversicherungssystem. Es umfasst erstmals alle Menschen, während heute nicht nur Geringverdiener, sondern auch viele Selbstständige und nicht Erwerbstätige nicht eingebunden sind. Ohne eine angemessene Altersvorsorge erwartet sie Arbeit im Alter und der Weg zum Sozialamt.

»Insbesondere in zentralistischen Nationalstaaten wie Frankreich […], aber auch in semi-föderalen Staaten wie Deutschland oder Österreich würde eine […] Aufwertung der Regionen und Kommunen nicht nur den Nationalismus schwächen, sondern neue gesellschaftliche und wirtschaftliche Impulse geben. Es wäre die einzig richtige Antwort auf den Brexit und Anti-EU-Populismus der heutigen Zeit.«
(Peter Jósika, Autor, Manager, Historiker, siehe Jósika 2016)

10. Dezentralität und Finanzausgleich

So erstaunlich es klingt: Am stabilsten gegen die Wirkungen der Globalisierung und die Folgen der Finanzkrisen erwiesen sich nicht starke zentralistisch organisierte Staaten, sondern dezentrale Gesellschaften wie die Schweiz oder Dänemark.

Dort ist auch das Vertrauen in Politik und Regierung am größten. Warum das so ist und was das für die Konstruktion des Steuersystems bedeutet, damit wollen wir uns in diesem Kapitel beschäftigen. Jetzt fragen wir also nicht mehr »Welche Steuern sollte der Staat erheben?«, sondern es geht um die Frage »Wer soll das Geld bekommen?«

Tatsächlich hat der Beamtenbund zu dieser Frage eine Umfrage erheben lassen – mit einem auf den ersten Blick erstaunlichen Ergebnis. Über 80% der Bürger*innen sind nämlich der Meinung, dass zusätzliche Steuern an die Kommunen gehen sollten. Nur 7% wollen das Geld der Bundesregierung geben und immerhin noch 13% den Ländern *(s. Abb. 15 nächste Seite)*.

10.1 Die Rolle der Kommunen

Die deutsche Wirklichkeit sieht dagegen völlig anders aus. Der Anteil der Kommunen an den Staatsausgaben liegt nach Angaben der OECD nur bei 16%. Zum Vergleich: In Dänemark verfügen die Kommunen über 64%, in der Schweiz über 56%. Dabei habe ich die Kantone der Schweiz, deren Durchschnittsgröße etwas geringer ist als die der Landkreise in Deutschland, der kommunalen Ebene zugerechnet. In beiden Ländern sind die Kommunen die wichtigste politische Ebene. Dabei hat die Selbstverwaltung der

Abb. 15: Wer sollte mehr Geld aus Steuern bekommen?

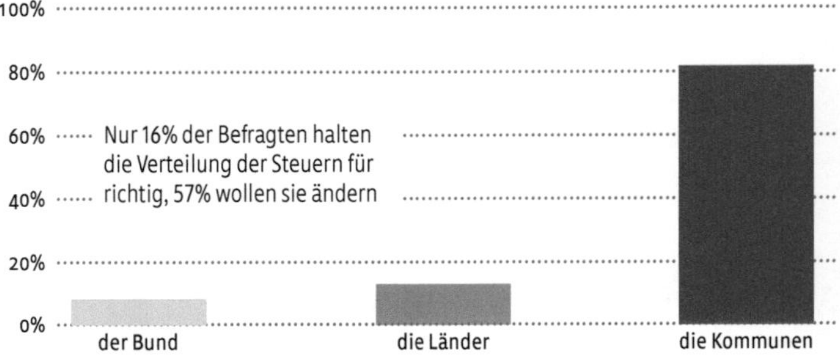

Quelle: Eigene Darstellung nach Forsa-Umfrage für DBB 2010

Gemeinden auch in Deutschland durchaus eine Tradition. Der Reformer und Staatsrechtler Lorenz von Stein (1815–1890), Vordenker des modernen Sozialstaats (und Schöpfer des Begriffs »sociale Demokratie«), sah die kommunale Selbstverwaltung mit hoher Eigenverantwortung als dessen Keimzelle.

In den politischen Feiertagsreden klingt das bis heute nach: Von allen Politiker*innen wird dann regelmäßig das Subsidiaritätsprinzip hochgehalten: »Vorrang bei der Zuständigkeit soll im Zweifelsfall immer die untere Ebene haben.« Leider wurde aber in Deutschland die kommunale Selbstverwaltung, die den Konservativen sowieso ein Dorn im Auge war, ausgerechnet nach der Revolution von 1918 durch die große Finanzreform entscheidend geschwächt. Aus einem teilautonomen Steuersouverän wurde bis heute ein Empfänger von Zuschüssen und Fördergeldern mit sehr begrenzten eigenen Zuständigkeiten.

Natürlich haben die Kommunen in den stark dezentralisierten Ländern auch sehr viel mehr Aufgaben, Kompetenzen und Rechte. So sind die Kommunen in Dänemark für das gesamte Sozialsystem, die Arbeitsverwaltung, das Schulsystem, das gesamte Gesundheitswesen und die Pflege verantwortlich. Die Kantone der Schweiz sind sogar völkerrechtlich selbstständige Subjekte mit einem Status, der fast dem der Nationalstaaten in der EU entspricht. Während die Kommunen in Deutschland in fast allen Bereichen von den Fördermitteln der Länder, des Bundes oder der EU und

Abb. 16: Anteil der Kommunen an den öffentlichen Ausgaben in %

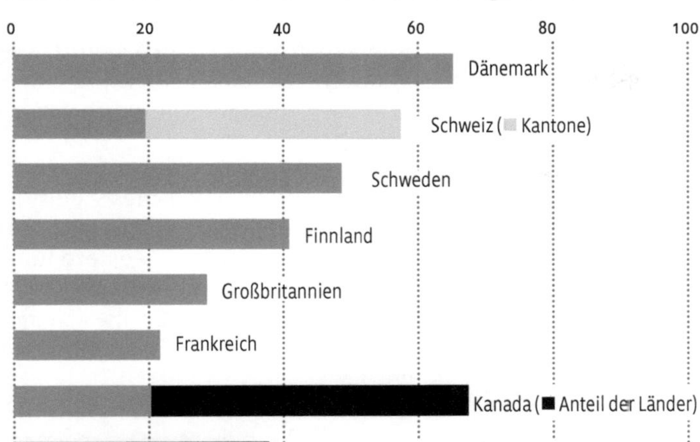

Quelle: OECD 2009

den damit verbundenen Richtlinien abhängig sind – also am goldenen Zügel hängen –, haben sie in Dänemark und der Schweiz sowohl die Mittel wie auch die Steuerhoheit, um ihre Angelegenheiten autonom zu gestalten.

10.2 Nachteile und Vorteile der Dezentralisierung

Unser Plädoyer für mehr Dezentralisierung bedeutet keineswegs, dass alle Aufgaben vor Ort kommunal entschieden werden sollen, denn die zweite Komponente des Subsidiaritätsprinzips lautet »so hoch wie notwendig«. Ein einheitlicher Rechtsrahmen hat durchaus Vorteile – es wäre schon seltsam, wenn jede Kommune ihre eigenen Maße und Gewichte, eigenes Geld oder eigene Schulabschlüsse einführen würde. Auch eine kommunale Polizei, wie es sie früher in Preußen gab, sähen wir skeptisch, weil dann zu sehr die Gefahr der Verbrüderung mit den lokalen Eliten bestünde.

Die Kontrolle von internationalen Konzernen sollte auf jeden Fall durch zentralstaatliche, wenn nicht sogar durch EU-Behörden erfolgen, die ihnen ein angemessenes Gegengewicht bieten können. Nicht umsonst beklagte die Finanzministerin Monika Heinold von Schleswig-Holstein, dass die Steuerbehörden von Hessen oder Bayern bei großen Konzernen gerne wegschauen, da sie davon profitieren, wenn die Konzernzentralen in München oder Frankfurt sitzen. Und natürlich müssen Stromtrassen, Autobahnen, Bahnstrecken und Kanäle zentral geplant werden.

Aber in vielen Politikbereichen reicht es aus, wenn zentral nur ein Rahmen gesetzt wird (zum Beispiel ein einheitliches Schulsystem, ein einheitliches Gesundheitssystem), aber die Schulen oder Krankenhäuser kommunal verwaltet werden. Auch die dezentrale Arbeitsverwaltung hat sich in Dänemark bewährt, da die Kommune viel bessere Kontakte mit der Wirtschaft vor Ort hat als eine zentrale Behörde in Nürnberg, und Vermittlungserfolge sofort zur finanziellen Entlastung führen.

Der größte Vorteil der Dezentralisierung ist allerdings die direkte politische Kontrolle durch die Wählenden. Die meisten Menschen trauen sich am ehesten auf der kommunalen Ebene zu, sich in die Politik einzumischen. Interessanterweise ist das Vertrauen in die Politik vor Ort ein Vielfaches so groß wie das in Landes- und erst recht in Bundespolitiker. Nicht weil die Gemeindevertreter oder Bürgermeister klüger sind als Minister oder Bundestagsabgeordnete, sondern weil man sie besser kennt und auch die Sachentscheidungen besser beurteilen kann. Natürlich treffen auch die Bürgermeister Fehlentscheidungen, aber das wird viel schneller erkannt und korrigiert. Notfalls kann dies auch durch einen Bürgerentscheid geändert werden. So entsteht auch mehr Spielraum für Experimente. Je mehr Entscheidungen vor Ort angesiedelt sind, je offener die örtlichen Verantwortlichen alle Bürger einbeziehen, desto mehr werden sich die Menschen mit der Demokratie identifizieren. Vertrauen stellt sich am besten persönlich her.

Vertrauen in Mitmenschen und in Gewählte ist aber ein entscheidender Faktor dafür, ob die Menschen zufrieden sind. Das führt auch zu einer höheren Akzeptanz der Demokratie. Und es führt zu einer größeren Bereitschaft, Steuern zu zahlen. Vielleicht werden aus diesem Grunde die Einkommensteuern in Skandinavien und der Schweiz direkt an die Kommune gezahlt. Denn die Menschen

Abb. 17: Vertrauen – »Welchen Politikern vertrauen Sie am meisten?«

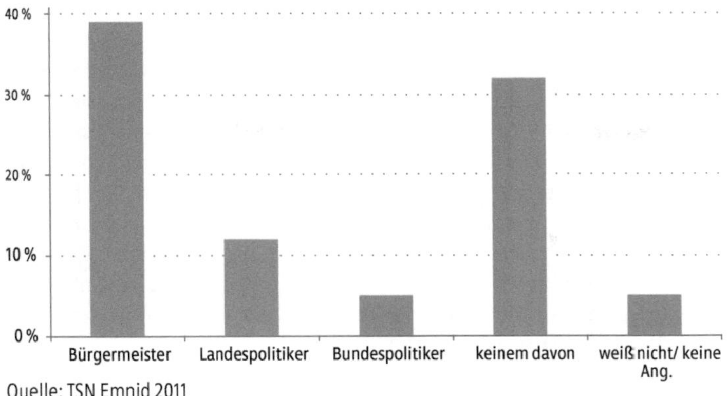

Quelle: TSN Emnid 2011

sind viel eher bereit, auch mal mehr Steuern zu zahlen, wenn es um »ihre« Schule, »ihre« Kita oder »ihr« Krankenhaus geht. Und das ist von größter Bedeutung.

Eine gute Verteilung der Aufgaben und Finanzmittel auf die vier Ebenen Kommune, Land und Region, Staat und EU setzt auch eine klare Trennung der vier Ebenen voraus. Nur wenn die Bürger*innen wissen, was von wem entschieden wird, wer für welche Bereiche verantwortlich ist, können sie ihre Kontrollfunktion wirksam wahrnehmen. Leider haben wir heute in Deutschland eine starke Vermischung der Ebenen, so dass kaum zu erkennen ist, wofür nun der Bund, das Land oder die Kommune zuständig ist oder ob die EU »Schuld« hat. Zum Beispiel werden Investitionen für die Wirtschaft in strukturschwachen Gebieten in der Regel durch Fördermittel der EU, des Bundes und der Länder kofinanziert. Das erfordert einen riesigen Antragsaufwand und dann müssen auch noch alle Förderrichtlinien eingehalten werden. Damit geht der Entscheidungsspielraum für die Kommunalpolitik gegen Null. Deswegen wäre es viel besser, die Kommunen würden die Mittel zur freien Verfügung bekommen und die demokratisch gewählten Gemeindevertretungen könnten frei entscheiden, wofür sie es ausgeben.

Schließlich haben die Kommunen auch eine hohe wirtschaftspolitische Bedeutung. Nicht zufällig sind sie der wichtigste öffentliche Investor. Und zugleich sind die Kommunen auch ein wichtiger Arbeitgeber. In Skandinavien arbeitet jede dritte Arbeitnehmer*in für die Kommune – schließlich sind die sozialen Dienstleistungen einschließlich des Bildungssektors mittlerweile in allen wohlhabenden Ländern der wichtigste Wirtschaftszweig. Und das sind Bereiche, in denen über zwei Drittel der Beschäftigten Frauen sind. Auch familienpolitisch ist es daher von großer Bedeutung, wenn es vor Ort viele gut bezahlte Arbeitsplätze für Frauen gibt. Als wichtigster Arbeitgeber und Investor haben die Kommunen auch eine entscheidende Rolle in einer Krise – sie können antizyklisch gegensteuern und damit die Konjunktur stabilisieren.

10.3 Autonome Kommunen und Finanzausgleich

Bei den Diskussionen über autonome Kommunen tauchen regelmäßig zwei Fragen auf. Die erste lautet: Driften dann nicht arme und reiche Kommunen immer weiter auseinander? Reiche Kommunen werden immer reicher und arme immer ärmer. Die zweite Frage hängt damit zusammen: Besteht bei kommunaler Autonomie nicht die Gefahr, dass Kommunen Steuerdumping betreiben, um reiche Steuerzahler – Firmen oder Privatpersonen – anzulocken?

Beide Probleme sind real und sind auch in einer Reihe von Staaten zu finden. So findet man in den USA arme Kommunen, die Probleme haben, die Schulen und Straßen zu renovieren, während reiche Kommunen ihnen die besten Lehrer*innen abwerben können. Bekannt sind auch Beispiele in der Schweiz: So bietet der Kanton Uri Niedrigsteuersätze für besonders Reiche und versucht damit, Millionäre aus dem benachbarten Kanton Zürich abzuwerben.

Um diese Entwicklungen zu verhindern, hat Schweden eine intelligente Gesetzgebung entwickelt. Die Hauptsteuer für die Kommunen ist wie in Dänemark und der Schweiz die Einkommensteuer. Die Höhe können die Kommunen selbst festlegen. Aber an die Kommune geht nur die Steuer für Einkommen bis zu 50.000 Euro – die Basiseinkommensteuer. Wer mehr verdient, zahlt für 50.000 Euro die Basissteuer, für das Einkommen darüber wird eine progressive Reichensteuer fällig, die aber nicht an die Kommune, sondern an den Zentralstaat geht. So gibt es keinen Anreiz für das Abwerben reicher Menschen.

Trotzdem bleibt das Problem, dass es reiche und arme Kommunen gibt. Und Kommunen mit vielen Sozialhilfeempfänger*innen, Arbeitslosen, alten Menschen oder Kindern werden von den Soziallasten erdrückt, während in den Reichenvierteln viele Probleme privat gelöst werden und ein Spielraum besteht, die Steuersätze niedrig zu halten.

Um zu verhindern, dass die armen und reichen Kommunen auseinanderdriften, ist ein kommunaler und regionaler Finanzausgleich notwendig. Den gibt es bereits in vielen Staaten. In Deutschland gibt es den Länderfinanzausgleich und in den Bundesländern den kommunalen Finanzausgleich. Dadurch werden die Unterschiede bei den Einnahmen etwas ausgeglichen. Daneben gibt es den impliziten Finanzausgleich, der dadurch entsteht, dass die Lehrer und Polizisten usw. in den ärmeren Regionen genauso bezahlt werden wie in den wohlhabenden Städten und dass Schienentrassen, Bundesstraßen, Landesstraßen und andere Infrastruktur vom Bund beziehungsweise von den Ländern finanziert werden. Außerdem gibt es Programme der EU, des Bundes und der Länder zur Förderung der regionalen Wirtschaft, die überwiegend in die strukturschwachen Regionen fließen.

Ist das alles sinnvoll? Um das zu beantworten, muss man sich vorstellen, was passieren würde, wenn es keinen Finanzausgleich gäbe. Dann würden mit Sicherheit noch viel mehr Menschen – und zwar vor allem die besser ausgebildeten mobileren Menschen – in die Metropolen abwandern und das flache Land würde sich noch mehr entleeren. Der Frust auf dem Land würde noch mehr zunehmen und die sozialen Probleme in den Großstädten würden sich multiplizieren. Es ist offensichtlich, dass der Finanzausgleich eine bessere Lösung ist. Man sollte das auch auf die EU und letztlich auf die ganze Welt beziehen. Nur wenn wir bereit sind, alle bei dem Bestreben »ein gutes Leben zu gestalten« zu unterstützen, wird auch der Zwang zur Migration vermindert, der sowohl in den Heimat- als auch in den Zielländern wirtschaftliche und soziale Probleme bereitet.

Was nun den Finanzausgleich zwischen den Regionen und Kommunen betrifft, lässt sich ebenfalls einiges von anderen Ländern lernen. In Schweden erfolgt der Finanzausgleich so, dass für jede Kommune der objektive Bedarf berechnet wird. Dieser hängt ab von der Anzahl der Arbeitslosen, der alten Menschen, der Kinder und von klimatischen Faktoren, da eine Kommune im kalten dünn besiedelten Lappland mehr Geld benötigt, um die gleiche Lebensqualität zu bieten wie im südlichen Schonen. Dann kommt aber das Entscheidende: Dieser Bedarf wird gegengerechnet gegen die fiktiven Einnahmen, die die Gemeinde hätte, wenn sie den Durchschnittssteuersatz für Einkommen ansetzen würde. Die Differenz wird durch den Finanzausgleich des Zentralstaates ausgeglichen. Im Ergebnis bekommen die strukturschwachen Kommunen und Regionen nicht nur einen Ausgleich für ihre geringen Einnahmen. Sie werden vielmehr sogar deutlich bessergestellt, damit sie in der Lage sind, durch Investitionen ihre Lage zu verbessern.

Man kann es auch so ausdrücken: In Schweden gibt es nicht nur eine individuelle Umverteilung zwischen Armen und Reichen, sondern auch eine regionale Umverteilung zwischen armen und reichen Kommunen bzw. Regionen. Denn konsequente Dezentralisierung kann nur gelingen, wenn sie auf einem solidarischen Pakt zwischen reicheren und ärmeren Städten, Regionen und Staaten basiert. Die Grundlage dafür muss ein systematischer Finanzausgleich zwischen den Kommunen und Regionen sein. Dezentralisierung erfordert auch eine Wiederbelebung und Stärkung gemeinwohlorientierten Wirtschaftens – mit starken kommunalen Einrichtungen, Stadtwerken und Sparkassen.

Auf der Grundlage eines solchen Finanzausgleichs macht es Sinn, dass die Kommunen die Steuersätze für die Kommunalsteuern und -abgaben selbst festsetzen können. Die Höhe dieser Steuern und Abgaben darf aber keinen Einfluss auf den Finanzausgleich haben. Wenn eine Kommune bzw. die Bevölkerung einer Kommune beschließt, die Steuern zu senken, dann muss sie eben mit weniger Geld auskommen. Wenn sie die Steuern erhöht, um eine neue Schule zu bauen, dann kann sie die Mehreinnahmen ungekürzt selbst vor Ort verwenden. Tatsächlich gibt es auch in Schweden erhebliche Unterschiede bei der Höhe der kommunalen Steuern. Es ist aber nicht erkennbar, dass reiche Kommunen Steuerdumping betreiben – allerdings haben Städte meist höhere Steuersätze, was aber mit einer besseren Infrastruktur einhergeht.

10.4 Vorschläge für ein dezentrales Steuer- und Abgabensystem

Aus den obigen Überlegungen und den in den vorigen Kapiteln dargestellten Vorschlägen für die einzelnen Steuer- und Abgabenarten haben wir folgende Vorschläge entwickelt:

- Eine Grundgesetzänderung: Die Kommunen werden zur eigenständigen Ebene der Demokratie. Sie sind weiterhin an die Richtlinien der EU und die Gesetze des Bundes und des Landes gebunden, sie sind aber keine weisungsgebundene Verwaltungsbehörde der Länder mehr, wie es heute der Fall ist.
- Soweit sinnvoll, sollen Kompetenzen vom Bund und den Ländern nach unten an die Kreise, Städte oder sogar an die Gemeinden verlagert werden.
- Eigenständige Finanzierung jeder Ebene: Die Steuer- und Abgabensysteme der vier Ebenen EU, Staat, Land, Kommune werden getrennt. Jede Ebene bekommt eigene Einnahmequellen und ein eigenes Heberecht. In Skandinavien hat diese Regelung über längere Zeiträume dazu geführt, dass die Steuerbelastung durch den Zentralstaat eher gesunken ist, während die Steuereinnahmen der Kommunen kontinuierlich gestiegen sind, da die Menschen immer wieder bereit waren, für Schulen, Krankenhäuser, Pflegeeinrichtungen usw. mehr Geld zur Verfügung zu stellen.
- Infolgedessen soll die Kofinanzierung von Aufgaben durch richtliniengebundene Fördersysteme durch die oberen Ebenen abgeschafft werden. Das bedeutet, dass es zumindest langfristig auch kaum noch Förderprogramme der EU mehr geben soll. Stattdessen sollen diese durch einen europaweiten Finanzausgleich für die Regionen ersetzt werden – so, dass die regionalen Parlamente frei und demokratisch über ihre Ausgaben entscheiden können.
- Der Finanzausgleich zwischen den Regionen und Kommunen soll auf dem Bedarfsprinzip – errechnet auf Basis von objektiven

Daten (Zahl der Einwohner*innen, Kinder, Alten, Arbeitslosen, Insellage, Randlage, sonstige Strukturprobleme usw.) – basieren. Alle Kommunen sollen so in die Lage versetzt werden, eine vergleichbare Lebensqualität bereitzustellen. Der Finanzausgleich soll überall gleiche Lebensbedingungen ermöglichen. Das vorgeschlagene System ergibt für strukturschwache Kommunen einen höheren Bedarf, der zu einer überproportionalen Finanzierung führt, um dem Bedarf gerecht zu werden.

Verteilung der Einnahmen auf die politischen Ebenen
Die in den vorangegangenen Kapiteln dargestellten Steuern und Abgaben werden in folgender Weise den politischen Ebenen zugeordnet. Diese Darstellung ist allerdings nicht vollständig und kann sinngemäß auf die übrigen Steuer- und Abgabenarten erweitert werden:

- Haupteinnahmequelle der Kommunen wird die Einkommensteuer für Jahreseinkommen bis zu 50.000 Euro (Basis-Einkommensteuer). Die Kommunen entscheiden frei über ihren Hebesatz. Die Finanzierung der Kommunen durch die Einkommensteuer stärkt die Verbindung der Kommunen und ihrer Bürger*innen. Zusätzliche Einnahmen durch den Hebesatz bleiben zu 100% in der Kommune. Dieses Konzept erhöht die Akzeptanz der Demokratie und der Steuerzahlung, da Bürger*innen weit eher bereit sind, Steuern an ihre Kommune zu zahlen als an den Zentralstaat.
- Darüber hinausgehende Einkommen werden einheitlich durch den Bund besteuert (Wohlhabendensteuer). Dadurch wird vermieden, dass Kommunen Steuern senken, um reiche Bürger anzulocken.
- Die Kommunen bekommen als zweite wichtige Einnahmequelle die Einnahmen aus der neuen Gemeindeertragsteuer, die nach unserer Zielsetzung nur noch die Hälfte der heutigen Gewerbesteuer ausmachen sollte. Damit wird die bisherige starke einseitige Abhängigkeit der Kommunalfinanzen von der Gewerbesteuer reduziert.
- Die Sozialabgaben werden anders als die Steuern zentral verwaltet. Die Leistungen gehen naturgemäß individuell an die

Berechtigten. Soweit das aber nicht der Fall ist – wie zum Beispiel beim Gesundheitswesen oder bei der Arbeitsverwaltung, werden sie aufgabenbezogen den vier Ebenen zugeordnet. Diese Mittel werden über die in Kapitel 9 vorgeschlagene Nationaleinkommenabgabe finanziert. Die Ausgaben für die Gesundheit gehen daher an die Träger der Einrichtungen und Verbände – das sollten überwiegend die Kreise und kreisfreien Städte sein. Die Ausgaben für die Arbeitsverwaltung gehen bedarfsgerecht an die Kommunen.

- Die Unternehmensteuern sollen bis zu einem Gewinn von 2 Mio. Euro an die Länder gehen. Die Steuern für darüber hinausgehende Gewinne werden an den Bund gezahlt, der für diese Betriebe auch die Steuerprüfung übernimmt. Für große Unternehmen (Konzerne) mit Gewinnen oberhalb von zehn Mio. Euro erfolgt die Steuerverwaltung durch die EU. Die Steuern auf Unternehmensgewinne oberhalb von zehn Mio. Euro und die Steuern und Abgaben auf den internationalen Verkehr (Straßen und Schiene ab 300 Kilometer, Flugverkehr, Schiffsverkehr) fließen an die EU. Die Verlagerung der Steuern aus hohen Gewinnen nach oben an den Bund bzw. die EU verhindert die verbreitete »Schonung« von großen Unternehmen und Einkommen im Rahmen des Standortwettbewerbs sowie die gezielte Werbung um Firmenzentralen.
- Die Finanztransaktionssteuer soll zu einem Drittel an die EU und zu zwei Dritteln an die UN für Klima, Umwelt und Armutsbekämpfung gehen. Da die Folgen von Finanzkrise und Spekulationsgeschäften insbesondere Länder des Globalen Südens treffen, soll die Finanztransaktionssteuer vorrangig zur Finanzierung der UN beitragen.
- Über die Mehrwertsteuer wird der Finanzausgleich für die Länder und für die Kommunen finanziert. Ansonsten erfolgt die Aufteilung der Mehrwertsteuer an die vier Ebenen EU, Bund, Land und Kommunen nach einem Verteilungsschlüssel. Der Verteilungsschlüssel wird jährlich neu justiert und soll eine Verteilung der gesamten Steuereinnahmen ohne die Sozialabgaben (Berufsabgabe und Nationaleinkommensteuer) nach dem Schlüssel 1:2:2:5 (EU:Bund:Land:Kommunen) bewirken.

*»Die Besteuerung ist ein wichtiges Instrument, um den Reichtum innerhalb und zwischen den Ländern gerecht zu (ver-)teilen und Unternehmen und Bürger*innen im Hinblick auf die Wahrung des Gemeinwohls, einschließlich der Pflege der globalen ökologischen Gemeinschaft, zur Verantwortung zu ziehen.«*
(Aus dem Konzeptpapier der Zacharias-Kampagne für Steuergerechtigkeit, siehe Müller 2019)

11. Internationale und nationale Steuerregulierung

»Ein Nationalstaat wie Deutschland kann nichts gegen die Steuerflucht machen.« Dieser Mythos wird von interessierten Kreisen, wie dem Verband »Die Familienunternehmer« lautstark und mit viel Erfolg verbreitet. Denn würden die Reichen stärker besteuert werden, würden sie das Land verlassen, Fabriken schließen, Arbeitsplätze gingen verloren und niemand hätte etwas davon.

11.1 Steuerhinterziehung ächten

Die kalifornischen Professoren Emmanuel Saez und Gabriel Zucman haben dieser Auffassung entschieden und mit guten Argumenten widersprochen (vgl. Saez/Zucman 2020). Sie stellen dar, dass Steuervermeidung und gar Steuerhinterziehung bis in die 1970er-Jahre gesellschaftlich geächtet waren. Von der Einführung der Körperschaftsteuer zu Beginn des 20. Jahrhunderts bis in die späten Siebzigerjahre haben große Unternehmen kaum »Steuervermeidung« – also Steuerhinterziehung – betrieben. Entscheidend waren schnelle Reaktionen des Staates auf jeden Versuch, aber noch wichtiger war das öffentliche »shaming« von Steuertricksern. Mit dem Regierungsantritt von Präsident Reagan in den USA änderte sich das. Seitdem hat die Steuerhinterziehung so stark zugenommen, dass die Körperschaftsteuer in den USA praktisch zusammengebrochen ist. Sie bringt nur noch 1% des Nationaleinkommens ein. Auch in Deutschland wurde aus Steuerhinterziehung ein »Kavaliersdelikt«. Nun gilt nicht nur »Geiz ist geil«, sondern auch Steuerbetrug, oft als Steuervermeidungsstrategie getarnt.

Gerichtsverfahren enden regelmäßig mit einem Vergleich, durch den sich die Beschuldigten freikaufen, weil die Prozesse vor den überlasteten Gerichten sonst jahrelang dauern würden.

Möglich war diese Kehrtwende, weil die neoliberalen Ökonomen Steuervermeidung, oder besser Steuerhinterziehung, nicht mehr als kriminell ansahen. Im Gegenteil: Sie wurde sogar durch die Gesetzgebung und durch die unzureichende Ausstattung der Steuerbehörden erleichtert. Bis 1982 waren in den USA Aktienrückkäufe anstelle von Dividendenausschüttungen, die versteuert werden müssen, noch nicht zugelassen.[90] Auch andere Tricks zur Steuervermeidung wurden jeweils sofort unterbunden, sobald sie bekannt wurden (wie Briefkastenfirmen 1937, Spenden an Privatstiftungen 1969 usw.). Aber ab der Wahl Reagans änderte sich dies völlig. Es entstand eine Steuervermeidungsindustrie, die ihre Angebote in den Finanzteilen der Zeitungen offensiv bewarb.

Tatsächlich kann die immer noch weltweit grassierende Steuervermeidung durchaus national oder auf EU-Ebene wirksam bekämpft werden. Einige Schritte sind bereits getan worden. Dazu sind klare Regeln für Verbrauch-, Einkommen-, Unternehmen- und Vermögensteuern erforderlich, wie wir sie oben beschrieben haben.[91] Auch internationale Vereinbarungen über die Bereitstellung von Steuerdaten, über die Art der Gewinnfeststellung und Besteuerung sind von Bedeutung. Benötigt werden auch ein wirksames nationales Steuerstrafrecht sowie wirksame und handlungsfähige Steuerbehörden. Dafür sollte die EU einen gemeinsamen Rahmen schaffen. Es muss wieder selbstverständlich sein, dass Steuerhinterziehung kriminell ist und der Staat dies auch durchsetzt.

---

[90] Aktienrückkäufe führen dazu, dass die Zahl der Aktien eines Unternehmens verringert wird. Dadurch steigt der Wert der verbliebenen Aktien theoretisch um den Kaufpreis. Wenn diese Wertsteigerung der Firma nicht versteuert wird (was wir aber vorschlagen – siehe Kapitel 7), so führt das dazu, dass die dazu genutzten Gewinne steuerfrei bleiben. Aktuell wurde in den USA durch den IRA (Inflation Reduction Act) beschlossen, Aktienrückkäufe mit allerdings nur harmlosen 1% zu besteuern.

[91] Saez und Zucman widersprechen entschieden den Behauptungen von interessierter Seite, Steuervermeidung sei national nicht zu verhindern, und machen dazu Vorschläge. Insbesondere das FATCA-Gesetz von Obama war extrem erfolgreich und zeigt, was möglich ist.

11.2 BEPS und der Plan des Tax Justice Network

Als Folge des Durchbruchs der neoliberalen Politik in den 1980er-Jahren begannen Ende des letzten Jahrtausends immer mehr Staaten ihre Unternehmensteuern zu senken, um überhaupt noch Steuern zu bekommen oder um Investitionen anzulocken. Viele Nationalstaaten bekamen Probleme und versuchten, durch steigende Mehrwertsteuern und Senkung von Sozialausgaben die wegbrechenden Unternehmensteuern zu kompensieren. Dagegen regte sich zunehmend Widerstand in der Zivilgesellschaft – aber auch in der Politik. Attac entstand 1998, um eine internationale Steuer zur Kontrolle der Finanzmärkte einzuführen. 2003 begann mit der Gründung des Tax Justice Network (TJN), einer kleinen Gruppe von kritischen Wissenschaftler*innen, der systematische Kampf gegen Steuerflucht, Geldwäsche und das damit verbundene mehr oder weniger kriminelle Netzwerk von Banken, Firmen und Beratern. So aussichtslos das zunächst schien – die permanente Aufklärung über diese Geschäfte hatte beachtliche Wirkung.

Mittlerweile hat sich um das TJN ein weltweites Netz von Nichtregierungsorganisationen unter dem Dach des GATJ[92] gebildet, das über die Steuervermeidung forscht, Analysen erstellt, informiert, Lobby-Arbeit organisiert und Kampagnen dagegen initiiert. In Deutschland ist das GATJ durch das Netzwerk Steuergerechtigkeit (NWSG) vertreten, an dem die beiden großen Kirchen, Gewerkschaften und zivilgesellschaftliche Organisationen, darunter auch Attac, beteiligt sind.[93] Entscheidend war, dass es gelang, fast jährlich ein oder mehrere Skandale aufzudecken und so die Öf-

---

[92] Entwicklung des TJN und seiner Ableger: 2003 – Gründung von TJN in UK; 2007 – Tax Justice Africa; seit 2009 arbeitet TJN auch in Deutschland – seit 2013 unter dem Namen »Netzwerk Steuergerechtigkeit« (NWSG). Seit 2013 gibt es auch den weltweiten Dachverband Global Alliance für Tax Justice (GATJ) mit Suborganisationen auf allen Kontinenten, in Europa vertreten durch TJE/EURODAD. Seitdem macht TJN nur noch die wissenschaftliche Grundlagenarbeit, während GATJ, EURODAD und die Gruppen in den einzelnen Ländern die Kampagnen und die Lobbyarbeit organisieren.

[93] NWSG-Mitglieder sind Miserior (katholisch), KDA-EKD (evangelisch), ver.di, GEW, FÖS, Attac, Oxfam, Arbeitsgruppe Alternative Wirtschaftspolitik, Global Policy Forum, Transparency International, WEED.

fentlichkeit immer wieder zu mobilisieren.[94] Ganz wesentlich dafür war auch die Arbeit des 1997 gegründeten International Consortium of Investigative Journalists (ICIJ).

Wie schon in Kapitel 2 dargestellt, beauftragte 2012 die G20 die OECD damit, Maßnahmen gegen die Steuerflucht vorzuschlagen. Das Projekt bekam den Namen BEPS: Base Erosion and Profit Shifting. 2014 legte die OECD den ersten Actionplan vor. Neun Jahre später kann man feststellen: Die zentralen Punkte des Handlungsplans von TJN sind mittlerweile zumindest auf der Tagesordnung der G7, G20, OECD, Weltbank, IWF und den internationalen Konferenzen angelangt. Einige wurden auch trotz aller Widerstände umgesetzt.

Der Aktionsplan des Tax Justice Network

Den Handlungsplan des Netzwerkes kann man in sechs Punkte zusammenfassen. Unseres Erachtens ist dieser Plan eine gute Leitlinie für die internationale Steuerpolitik:

Schritt 1: Automatischer Informationsaustausch

Der Austausch der Steuerdaten ist die Grundlage für jede internationale Verständigung. Ziel ist es, dass alle Banken, Versicherungen, Investmentinstitute und andere Einrichtungen, die Vermögen verwalten, die Eckdaten der Konten ihrer natürlichen und juristischen Kunden an ihre Regierung bzw. Steuerverwaltung liefern. Die Staaten tauschen dann jeweils bilateral die Daten über ihre jeweiligen Staatsangehörigen gegenseitig aus. Auf diese Weise erfährt jeder Staat, welche Vermögen und Einkommen seine Bürger*innen und Firmen in welchen Ländern der Welt besitzen bzw. beziehen. Mithilfe dieser Daten können nun endlich die Angaben in den Steuererklärungen geprüft und die Menschen und Firmen entsprechend besteuert werden.

---

[94] Die wichtigsten Skandale der letzten 15 Jahre waren (die bekanntesten fett gedruckt): Russia Archive, Ericson List, **Pandora Papers**, FinCEN Files, Luanda Leaks, Mauritius Leaks, West Africa Leaks, **Cum-Ex-Files, Paradise-Papers,** Malta-Files, Bahamas-Leaks, Football-Leaks, **Panama-Papers,** Swiss-Leaks, Lux-Leaks, China Leaks, Offshore-Leaks, Lagarde-Liste, Liechtenstein-Affaire usw.

Auf Basis des OECD-Plans von 2014 wurde der Automatische Informationsaustausch (AIA)[95] tatsächlich weltweit vereinbart, nachdem die USA unter Obama bereits 2010 mit ihrem FATCA-Gesetz vorgeprescht waren. Damit zwang die USA alle Staaten, ihr die Steuerdaten von US-Bürgern zu liefern, indem sie drohte, sonst sämtliche Geschäftsbeziehungen zu blockieren. Mittlerweile tauscht Deutschland die Daten mit 108 Staaten. Leider fehlt aber immer noch die Unterschrift der USA, die sich weigern, ihrerseits die Daten an andere Länder im gleichen Umfang zu liefern, weil dafür die in den USA für internationale Abkommen nötige 60-Prozent-Mehrheit im Senat fehlt.

Schritt 2: Öffentliches Unternehmensregister

Das Unternehmensregister (Beneficial Ownership Register) soll darüber Auskunft geben, welchen natürlichen Personen die Firmen, Trusts, Stiftungen oder andere nicht natürliche Rechtspersonen gehören, wer auf sie Einfluss nimmt und wer von den Einkünften profitiert. Bei Stiftungen gibt es zum Beispiel keine Eigentümer*innen. Es gibt aber Begünstigte, die die Gewinne bekommen und es gibt Personen, die das Vermögen verwalten, über Ausschüttungen verfügen und über die Vergabe der Stiftungsgelder politischen Einfluss ausüben.

Dieses Register ist ein anspruchsvolles Vorhaben, da häufig das Eigentum an Firmen über mehrere Stufen geschachtelt wird, um die wahren Eigentümer zu verschleiern. Ein solches Register ist nicht nur wichtig für die Steuerfestsetzung. Es ist auch eines der wichtigsten Instrumente gegen Steuerhinterziehung, Geldwäsche, Waffenhandel, Bestechung von Politikern und anderen illegalen Geschäften.

Auch diese Forderung von TJN wurde mittlerweile von der OECD übernommen und von allen wichtigen Staaten unterschrieben. In der EU wurde die Einrichtung nationaler Register mit Wirkung ab 2017 verpflichtend beschlossen. Bis heute stehen aber nicht mal 60% der Firmen im deutschen Register.

---

[95] Automatischer Informationsaustausch (AIA) – auch Common Reporting Standard (CRS).

Außerdem wurde die öffentliche Einsicht in das Register 2022 vom EuGH für unzulässig erklärt, sodass man jetzt eine Legitimation vorweisen muss. Das EU-Parlament hat nun beschlossen, dass der freie Zugriff auf jeden Fall für Vertreter*innen von NGOs, Journalist*innen und Wissenschaftler ohne Einschränkung möglich sein soll. Das ist wichtig, weil es in den vergangenen Jahren meist nicht die Steuerbehörden, sondern vor allem NGOs und Journalisten waren, die die großen Skandale aufgedeckt haben. Der Kampf um ein öffentliches vollständiges Register geht also in die nächste Runde.

Schritt 3: Öffentliche länderbezogene Berichte

Die dritte große Berichtspflicht, die von TJN, GATJ und vielen anderen NGOs wie Attac gefordert wurde, war die Erstellung und Veröffentlichung von länderbezogenen Berichten (public Country by Country Reporting – pCbCR). Jede international tätige Firma soll in einem Bericht jährlich darstellen, in welchen Ländern sie geschäftlich tätig ist. Für jedes dieser Länder soll sie die wichtigsten Kenndaten (Beschäftigte, Investitionen, Umsatz, Gewinn, Steuern, User usw.) veröffentlichen. Das wäre der erste Schritt für eine internationale Unternehmensbilanz. Mit Hilfe von pCbCR können die Staaten erstmals erfahren, wo die Firmen in welchem Umfang tätig sind, wie viele Gewinne sie machen und wo die Gewinne versteuert werden.

Nachdem länderbezogene Berichte im Rahmen der Bankenregulierung nach der Finanzmarktkrise zunächst nur für Banken und Rohstoffkonzerne eingeführt wurden, schlug die EU-Kommission 2016 auf Vorschlag der OECD die Einführung von öffentlichen Berichten für Großkonzerne vor. In den folgenden Jahren wurde der Kampf um diese Richtlinie in den EU-Gremien zu einem Krimi. Trotz einer großen Mehrheit im Europäischen Parlament stemmten sich insbesondere Deutschland und Österreich bis zuletzt dagegen und verhinderten die Einstimmigkeit.

Als 2021 Portugal turnusmäßig die Ratspräsidentschaft übernahm, entzog Augusto Santos Silva, der neue Vorsitzende des Europäischen Rates, den Finanzministern die Zuständigkeit und übergab sie an den Ministerrat für Wettbewerb, weil dort nicht die Einstimmigkeit erforderlich war, sondern eine qualifizierte Mehrheit entscheiden konnte. Schließlich verabschiedete dieser eine Richtlinie, nach der alle Großkonzerne mit mehr als 750 Millionen Euro Umsatz öffentliche länderbezogene Berichte vorlegen müssen. Das war der Durchbruch – auch wenn er zunächst nur für wenige Großkonzerne gilt. Mittlerweile wurde der Vorschlag der OECD von über 100 Staaten unterschrieben – allerdings sind die Berichte noch nicht überall öffentlich. Der Bundestag hat die verpflichtende Umsetzung ab 2025 beschlossen.

Schritt 4: Gesamtkonzernsteuer (GKS)

Während sich die ersten drei Schritte um die Herstellung einer Informationsgrundlage drehten, geht es hier an die Substanz. Denn wenn sich tatsächlich etwas ändern soll, reicht natürlich nicht der Austausch von Informationen. Allerdings ist der Widerstand der Wirtschaft auch entsprechend härter.

Die Einführung der Gesamtkonzernsteuer (GKS – englisch: Unitary Taxation – UT)[96] als neues weltweites Steuersystem für Unternehmensteuern anstelle des heutigen Verrechnungspreissystems wird seit Längerem in der OECD und der EU diskutiert, wurde aber bislang vor allem von der Mehrheit der OECD-Mitglieder abgelehnt. Die GKS würde dazu führen, dass der Gewinn dort besteuert wird, wo er erwirtschaftet wird und nicht mehr dort, wo er ausgewiesen wird. Das Konzept haben wir schon im Abschnitt über Unternehmensteuern[97] genauer beschrieben. Es soll zunächst auf Basis einer weltweiten Bilanz der Gesamtgewinn berechnet werden. Im zweiten Schritt wird für jedes Land der Anteil des Geschäftes der Firma mithilfe einer Formel auf Basis der Beschäftigtenzahl, der Umsätze, des investierten Kapitals und ggf. anderer Faktoren berechnet. Im dritten Schritt kann das jeweilige Land den berechneten Anteil des weltweiten Gewinnes nach nationalem Recht besteu-

[96] Gesamtkonzernsteuer ist die deutsche Bezeichnung von Unitary Taxation. In den USA bezeichnet man sie auch als Formulary Apportionment.

[97] Siehe Kapitel 8.

ern. Das EU-Parlament und die Kommission haben sich bereits mehrfach dafür ausgesprochen, dieses Verfahren für die EU einzuführen – sind aber bislang im Ministerrat gescheitert. Auch die OECD hat bislang nur einen ersten kleinen Einstieg vorgeschlagen.[98]

Wir möchten aber an dieser Stelle noch mal betonen, dass es keinen internationalen Vertrag für die Einführung der GKS benötigt. Natürlich wäre eine internationale Vereinbarung ein guter und wichtiger Schritt. Aber die EU – ja sogar Deutschland – könnten die GKS auch einseitig einführen. Sie würden dann allen in der EU/Deutschland tätigen Konzernen die Vorlage einer geeigneten Bilanz vorschreiben und auf dieser Basis die Unternehmensteuern an den deutschen Staat berechnen.

Dass eine solche einseitige Besteuerung von Gewinnen abweichend von den Richtlinien der OECD-Regeln möglich ist, hat die USA bereits zweimal praktiziert: Erstens Präsident Obama mit dem FATCA-Gesetz – womit alle Auslandseinkommen von US-Bürgern in den USA besteuert werden können, wenn im Ausland die Steuern zu gering sind. Zum Zweiten dann Präsident Trump mit der GILTI-Regelung im TCJA-Gesetz, in dem die USA einseitig eine weltweite Mindeststeuer für US-Konzerne von 10,5% (anwachsend auf 13,725%) beschlossen haben.

Natürlich hat insbesondere Deutschland anders als die USA ein hohes Interesse daran, dass internationale Verträge gelten und nicht einseitig Staaten wie die USA oder China ihre Machtposition für Alleingänge nutzen. Aber im Fall der GKS würde ein solcher Schritt Deutschlands, oder besser noch der EU, mittlerweile international auf sehr viel Unterstützung treffen. Und alle anderen Staaten könnten sofort davon profitieren! Denn da die Bilanzen öffentlich sind, würden alle Staaten erfahren, welche Konzerne in ihrem Land welche Geschäftstätigkeiten ausüben. Eine internationale Vereinbarung hätte aber trotzdem wichtige Vorteile, da dann alle beteiligten Staaten die Berichte kontrollieren und sich gegenseitig informieren könnten.

---

[98] Im Pillar 1 der Anti Global Base Erosion Rules (GloBE Rules) von 2021.

Schritt 5: Mindeststeuern

Auch nach Einführung der Gesamtkonzernsteuer würde das Problem bleiben, dass Staaten versuchen, mit geringen Steuersätzen Investitionen anzuziehen. Ein Mindeststeuersatz (Minimum Tax) soll dem einen Riegel vorschieben. Die OECD hat dazu als ersten Schritt ein Minimum von 15% in jedem Land für Großkonzerne mit einem Umsatz von mehr als 750 Mio. Euro vorgeschlagen.[99] Dem haben sich bereits über 100 Staaten angeschlossen. Unterschrieben haben schließlich auch die Staaten, denen dies viel zu wenig ist, denn 15% ist natürlich besser als 0%. Wenn die 15% in einem Land nicht erreicht werden, soll das Stammsitzland des Konzerns die fehlende Steuer einfordern.

Die G77 (die Entwicklungsländer)[100] und das Tax Justice Network kritisieren diesen Vorschlag allerdings als unzureichend, weil die 15% viel zu niedrig sind und daher die Gefahr besteht, dass das Race to the Bottom weitergeht. Eine Senkung der Steuersätze in der EU oder den USA auf 15% würde für die Entwicklungsländer bedeuten, dass sie noch weiter darunter gehen müssen, um konkurrenzfähig zu bleiben. Das können sich aber viele Länder nicht leisten, da die Steuern der Unternehmen für viele eine wichtige Einnahmequelle darstellen.

Schritt 6: UN Tax Convention

Die Forderung nach einer UN Tax Convention ist die Konsequenz aus den zähen Verhandlungen der letzten Jahrzehnte, die für die ärmeren Staaten kaum Vorteile gebracht haben. Natürlich handelt es sich um ein ambitioniertes Vorhaben. Bislang wird die internationale Steuerpolitik nicht von der UNO, sondern von der OECD koordiniert. Diese wird aber von den reichen Ländern und einer Anzahl von Schwellenländern do-

[99] Im Pillar 2 der GloBE Rules. Ich verzichte hier auf Grund der hohen Komplexität auf eine Diskussion des 2-Säulen-Konzepts der OECD. Es ist sicher ein Fortschritt, aber für die Länder des globalen Südens völlig unbefriedigend.

[100] Die Gruppe G77 wurde 1964 von 77 Staaten des globalen Südens gegründet, um ihre Interessen gegenüber den wohlhabenden Nationen international wirksam zu vertreten. Mittlerweile sind 134 Staaten Mitglied in der Gruppe.

miniert. Die Mehrheit der armen Länder (und ihr Zusammenschluss in der G77) betrachtet die Beschlüsse der OECD als völlig unzureichend. Sie halten die Anliegen der armen Länder und insbesondere der Rohstofflieferanten durch die OECD für nicht ausreichend berücksichtigt. Die GATJ und EURODAD hatten deshalb 2022 einen Vorschlag für eine UN Tax Convention nach dem Vorbild der Klima-Konvention von Paris vorgeschlagen (vgl. Ryding 2022). Tatsächlich wurde dann Ende 2022 auf Antrag einer Gruppe von afrikanischen Ländern eine Resolution vorgelegt.

Und dann kam es zur großen Überraschung. Anders als in der Vergangenheit, als es der USA durch Druck und Geld immer wieder gelungen war, Initiativen der G77 zu Fall zu bringen, bekam der Vorschlag auf der Vollversammlung der UN Anfang 2023 eine Mehrheit. So wurde beschlossen, dass die UN die Steuerpolitik übernehmen soll mit dem Ziel, eine Unterorganisation für Steuerfragen zu gründen und eine Steuer-Konvention zu verhandeln (vgl. United Nations General Assembly 2023).

Eine internationale Steuerbehörde als Unterorganisation der UN?
Jetzt wird es spannend! Dabei kommt es auch auf die EU an. Natürlich können Deutschland und die EU noch über Jahre hinaus die bisherige Verzögerungstaktik fortsetzen. Es gäbe aber auch die Chance, dass die EU diesen Prozess aktiv gemeinsam mit den Ländern Afrikas, Lateinamerikas und Südasiens unterstützt. Der wichtigste Grund, der dafür spricht, endlich einen gemeinsamen Weg zu finden, ist die internationale Klimapolitik. Sie kann nur erfolgreich sein, wenn die Länder des globalen Südens in die Lage versetzt werden, eine wirksame Politik für Klimaneutralität durchzuführen. Deshalb ist eine Konsolidierung der Haushalte der Länder des globalen Südens und eine wirksame Besteuerung der dort tätigen Konzerne im gemeinsamen Interesse.

Zuständig für die Festlegung internationaler Steuervereinbarungen soll daher eine internationale Steuerbehörde als Unterorganisation der UN werden, wie es der Vorschlag von EURODAD und GATJ vorsieht. Das Festhalten an der OECD durch die Industriestaaten sollte beendet werden, damit die Vielzahl von Aktivitäten in unterschiedlichen Gruppen und Organisationen endlich zusammengeführt werden.[101]

11.3 Wiederherstellung der Steuermoral

Im Folgenden werden wir weitere Maßnahmen beschreiben, die dazu führen sollen, dass die staatsbürgerliche Verpflichtung zur Steuerzahlung wieder selbstverständlich wird und die Duldung von Steuerhinterziehung und Steuerflucht beendet wird.

Die Steuerpflicht an die Staatsangehörigkeit binden

Um Steuerflucht zu vermeiden und um zu verhindern, dass Einnahmen und Gewinne nicht ordentlich deklariert und versteuert werden, schlagen wir vor, dass alle deutschen Staatsbürger unabhängig vom Wohnsitz in Deutschland versteuert werden, wie das in den USA seit Langem der Fall ist und mit FATCA auch zunehmend durchgesetzt wird. Dann nützt es auch nichts mehr, seinen Wohnsitz in eine Steueroase zu verlegen. Mit dem Automatischen Informationsaustausch bekommen die deutschen Steuerbehörden die erforderlichen Daten, um die Steuererklärungen zu überprüfen. Wer dem entfliehen will, indem er die Staatsbürgerschaft abgibt, soll mit einer Exit-Steuer belegt werden, die dies unattraktiv macht (wie schon in Kapitel 5 ausgeführt).

Transparenz

Das Steuergeheimnis soll aufgehoben werden. Stattdessen soll eine öffentliche Statistik der Einkommen, Vermögen, Steuern und Abgaben eingeführt werden, um Steuertransparenz zu schaffen. Für Firmendaten gibt es keinen Grund, die Daten geheim zu halten. Die Bilanzdaten von Kapitalgesellschaften sind sowieso öffentlich zugänglich. Aber auch für die privaten Einkommen macht Schweden vor, was in einer transparenten demokratischen Gesellschaft möglich ist. Es gibt dort eine öffentlich online zugängliche Datenbank, in der Einkommen und Steuerzahlungen aller Bürger

---

[101] Gremien bzw. Organisationen, die mit der internationalen Steuerpolitik beschäftigt sind: UNTC (UN-Tax-Committee), ECOSOC (Wirtschafts- und Sozialrat), FACTI Panel, IFRSF OECD, G20, BEPS, Global Forum on Transparency and Exchange of Information for Tax Purposes u. a.

eingesehen werden können. Damit werden eine öffentliche Kontrolle und Debatte über die Steuern möglich und Steuerhinterziehung zumindest erschwert.

Amt für Steuergerechtigkeit

Um eine angemessene Besteuerung sicherzustellen und die Flucht in Steueroasen zu kontrollieren, ist auch eine Stärkung der Steuerfahndung mit Personal und Kompetenzen nötig. Dazu sollten die entsprechenden Abteilungen des Bundeszentralamts für Steuern in ein Amt für Steuergerechtigkeit weiterentwickelt werden.[102] Dieses Amt soll unabhängig von den Landesbehörden eigenständig ermitteln können und Kompetenzen von Polizei und Staatsanwaltschaft bei der Verfolgung von Steuerverstößen haben. Auch die Gewerkschaft der Polizei fordert die Einrichtung einer Bundesfinanzpolizei, die u. a. Vermögen unbekannter Herkunft sucht.

Jede*r Bürger*in und jede Firma, die in Deutschland tätig ist, sollen verpflichtet sein, alle Einkommen bzw. Vermögen anzugeben und darauf die entsprechenden Steuern zu zahlen. Darüber hinaus sollen dem Amt alle Steuerstrategien der Konzerne gemeldet werden. Wer Vermögen oder Einkommen verschweigt oder falsch angibt, macht sich strafbar. Bei Firmen haftet der verantwortliche Vorstand.

Dabei soll der »Grundsatz der wirtschaftlichen Substanz« gelten.[103] Jede Form der Vermeidung wird damit illegal, auch wenn sie sich auf Gesetzeslücken stützen kann. Dieses Prinzip gilt nach einem Gerichtsurteil in Zusammenhang mit dem Cum-Ex-Skandal in Deutschland schon heute, wird aber leider wohl in der Praxis nicht oder noch nicht immer angewandt. Das Amt soll auch die Aufgabe haben, ausländische Steuerpraktiken zu überwachen und ggf. wirtschaftliche Sanktionen gegen Steueroasen durch das Finanzministerium anzustoßen.

---

[102] Ein Vorschlag von Saez und Zucman – sie nennen es *Public Protection Bureau*.
[103] Dies erfordert eine konkretere Formulierung des § 42 der Abgabenordnung.

Steuerstrafrecht
Das Steuerstrafrecht soll um folgende Punkte erweitert werden. Die Missbrauchsklauseln in der Abgabenordnung (insbesondere § 42) sollen so konkretisiert werden, dass sie Personen und Unternehmen wirksam verbieten, Geschäftsvorgänge oder buchhalterische Maßnahmen mit dem Ziel der Steuervermeidung vorzunehmen. Ebenso sollen die Änderungen verhindern, dass Steuern an einem anderen Ort entrichtet, Steuerrückzahlungen für nicht gezahlte Steuern erlangt oder mehrfache Rückzahlungen für den gleichen Sachverhalt erwirkt werden. Dazu soll die Beweislastumkehr vorgenommen werden, so dass die Steuerzahler*innen im Zweifelsfall die wirtschaftliche Funktion einer betrieblichen Maßnahme nachweisen müssen.

Wir benötigen in Deutschland endlich auch ein Unternehmensstrafrecht, das die Verfolgung und Bestrafung von Unternehmen ermöglicht, wenn ein Unternehmen Steuern hinterzieht oder illegal vermeidet. In Großbritannien ist dies bereits Gesetz. Dieses Recht soll unabhängig davon gelten, ob einzelnen Personen eine persönliche Schuld nachgewiesen werden kann. In diesem Fall sollen Sanktionen bis zum zehnfachen der nicht gezahlten Steuer gegen die Firmen verhängt werden können.

Schließlich sollte auch in Deutschland das Prinzip der Managementverantwortung eingeführt werden: Jede Firma soll verpflichtet sein, für alle Geschäftsvorgänge jeweils die verantwortlichen Manager zu benennen. Wenn die Firma oder einzelne Verantwortliche der Firma Steuerstraftaten begehen, dann machen sich die zuständigen benannten Manager strafbar, wenn sie nicht nachweisen können, dass sie aktiv gegen Steuerverstöße in ihrem Geschäftsbereich vorgegangen sind.

Die Verjährungsfrist von Steuerstraftaten soll erst mit der Erklärung der zu versteuernden Tatsachen beginnen, so dass eine Nichterklärung keiner Verjährung unterliegt. Heute verjähren Steuerstraftaten nach zehn Jahren, so dass die Straftat bei Bekanntwerden häufig schon verjährt ist.

Whistleblower: Die Weitergabe von Firmendaten zur Aufdeckung von Straftaten soll grundsätzlich straffrei sein. Whistleblower sollen bei beruflichen Nachteilen Anspruch auf Entschädigung haben. Bei all diesen Maßnahmen geht es nicht nur eine bessere Strafverfolgung. Es geht auch um die Wiederherstellung der Moral. Steuerhinterziehung muss wieder als Verbrechen geahndet und gesellschaftlich geächtet werden.

11.4 Europäische Finanzpolitik

Klimawandel, der Krieg in der Ukraine, Bürgerkriege, Terror und die davor flüchtenden Menschen lehren uns täglich neu, dass wir nicht mehr national denken dürfen. Auch die wirtschaftliche Dominanz Deutschlands hat in anderen EU-Staaten Misstrauen hervorgerufen. Deswegen braucht auch Europa eine neue Finanzverfassung.

Im Rahmen einer strikten Subsidiarität, wie wir sie im Kapitel über die Dezentralität beschrieben haben, soll auch die EU schrittweise voll integriert werden. Das bedeutet, dass die EU über eigene Steuern finanziert wird. Die Besteuerung von internationalen Großkonzernen und Banken sowie des internationalen Verkehrs soll dazu auf der EU-Ebene erfolgen. Zu diesem Zweck benötigt die EU eine EU-Steuerbehörde mit ausreichenden Kompetenzen.

Die Mitgliedsstaaten, die Regionen und Länder sowie die Kommunen sollen aber entsprechend dem Subsidiaritätsprinzip finanziell autonom sein. Daraus folgt auch, dass die EU-Förderprogramme mittelfristig gänzlich durch einen echten Finanzausgleich auf EU-Ebene ersetzt werden müssen. Die Ebene des Finanzausgleichs sollen in der Regel nicht die Nationalstaaten, sondern Regionen sein. Auf der nachfolgenden Karte *(Abb. 18)* sind die Förderregionen der EU in der letzten Förderperiode dargestellt. Allerdings müssen diese Regionen künftig so gestaltet werden, dass der Finanzausgleich an Regionen (Bundesländer) geht, die eigene demokratische Parlamente besitzen.

Damit stehen die Finanzmittel den Regionen direkt zur Verfügung. Über die Mittel entscheiden dann die Regionalparlamente selbstständig. Wir sind nämlich der Überzeugung, dass die demokratische Kontrolle vor Ort besser funktioniert, als wenn dies durch eine kontrollierende Bürokratie der EU geschieht. Auch die Mafia ist in der Lage, perfekte Förderanträge zu stellen. Voraussetzung für die demokratische Kontrolle ist vielmehr eine

Abb. 18: Förderregionen der EU 2014 – 2020
(die höchste Förderung erhalten die dunkel gefärbten Regionen)

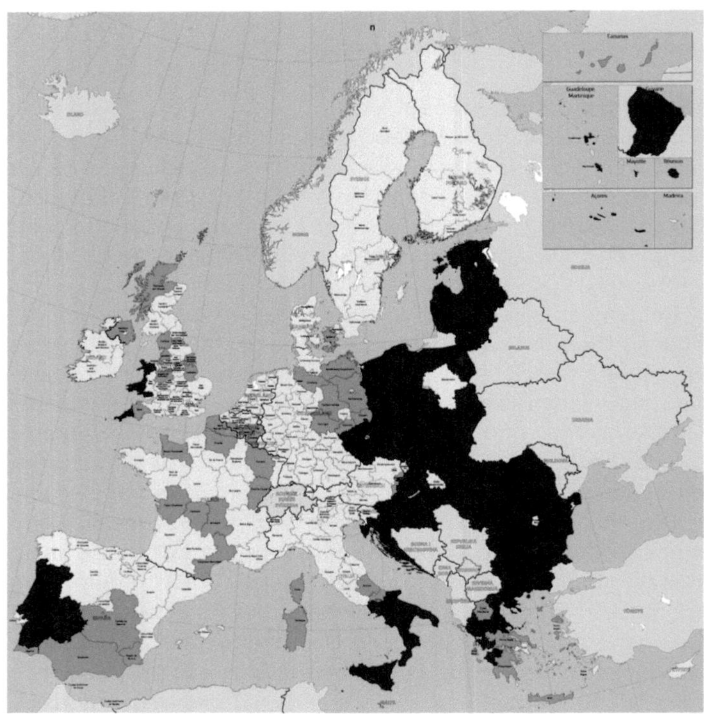

Quelle: Europäische Kommission 2014

funktionierende Demokratie – die dadurch auch gefördert wird. Dies muss im Zweifelsfall per Gericht überprüfbar sein, kann aber nicht durch Behörden kontrolliert werden.

»Das zugrundeliegende Problem ist das Verhältnis von Demokratie und Kapitalismus. Der globalisierte Kapitalismus hat die soziale Ungleichheit in vielen westlichen Ländern ansteigen lassen. […] In einer Demokratie darf die Gruppe der materiell Privilegierten nicht mehr Einfluss auf die Politik haben als andere Gruppen – doch dies zu verwirklichen, ist eine große Herausforderung.«

(Lisa Herzog, 2019b)

Schluss: Wie machen wir die Revolution?

Liebe Leserin, lieber Leser, natürlich fragen Sie uns nun: »Das klingt ja alles ganz einleuchtend. Aber angesichts der konservativen Mehrheiten und gegenwärtig Herrn Lindner als Finanzminister sind das doch alles nur hohle Träume. Glaubt Ihr wirklich, so etwas ließe sich realisieren? Das kann ja hundert Jahre dauern.«

Hier unsere Antwort: Die Geschichte ist kein ruhig fließender Fluss, sondern ein Springparcours. Große Veränderungen entwickeln sich meist nicht langsam, sondern finden ganz plötzlich statt, wenn die Zeit reif ist und die Stimmung kippt. Das nennt man einen Kipppunkt. Solche Kipppunkte waren Tschernobyl und der erneute Atomausstieg, der Fall der Mauer, die große Finanzkrise und zuletzt die Entstehung von Fridays for Future und der Aufschwung der Klimabewegung.

Eine deutliche Änderung des Steuersystems hin zu mehr Gerechtigkeit kann nur Ergebnis eines solchen Kipppunktes sein. Aber ob und wie dann auf dem Parcours der Geschichte eine Hürde genommen wird, darüber entscheidet die Erfahrung der Reiter*innen, die Performance des Pferdes, die Kenntnis der Hürden und vieles mehr. Niemand kann voraussehen, wann das passiert. Wichtig ist aber, dass dann geeignete Konzepte für eine neue Politik vorliegen und bekannt sind. Sonst passiert nichts. Ohne den Träumer Rousseau hätte es die Absetzung des Königs in der Französischen Revolution nicht gegeben. Ohne die Gedanken des Aristokraten Montesquieu hätten die Gründerväter der USA nicht die Gewaltenteilung in die US-Verfassung geschrieben.

Heute stehen wir vor der größten Transformation unserer Gesellschaft seit der Industrialisierung. Dabei geht es nicht nur um Klimaneutralität. Es geht auch um Gerechtigkeit, um Demokratie, um Wohlstand und vieles mehr. Wir können in ein Zeitalter des Chaos stürzen, in dem Warlords à la Putin und Prigoschin[104] die Macht übernehmen. Wir können aber auch einen sanft geordneten Übergang in eine klimaneutrale gerechte demokratische Gesellschaft hinbekommen. Wahrscheinlicher aber wird es so sein, dass wir in erhebliche Turbulenzen geraten. Oder besser gesagt: Wir sind schon mittendrin.

Dann wird es darauf ankommen, ob es geeignete Lösungsansätze gibt, ob die Fakten auf dem Tisch liegen: Sowohl für die Klimaneutralität – wie auch für eine neue handlungsfähige demokratische Verfassung – aber auch für ein neues Steuersystem. Und dieses Steuersystem muss den Dreiklang lösen: 1. Finanzierung der erforderlichen zwei Billionen Euro für die Klimatransformation in Deutschland und der zig Billionen für die Transformation weltweit; 2. Finanzierung des Sozialstaates in Krisenzeiten mit einer weiter alternden Bevölkerung in Europa und einer schnell wachsenden Bevölkerung in Afrika; 3. Umverteilen des Reichtums und der Einkommen in Deutschland und weltweit – und das in einem Umfang, der gewährleistet, dass die große Mehrzahl der Menschen nicht den Glauben an die Demokratie verliert.

Dazu muss heute die Debatte geführt werden, damit die Konzepte zur Verfügung stehen. Dazu ist dieses Buch ein Beitrag. Wir konzipieren eine radikale Alternative, um einen Gegenpol zu setzen. Wir sind gespannt auf die Reaktionen. Jeder Beitrag ist willkommen.

---

[104] Es kann auch schnell mit ihnen zu Ende gehen. Aber Nachfolger stehen bereit.

Anlagen

Ergänzende Tabellen und Grafiken

Anlage 1: Anteile am Vermögen

		USA	Deutschland	Europa
1 % Reiche besaßen:	1919	38 %	44 %	56 %
	ca. 1985 (Minimum)	24 %	23 %	16 %
	2015/2017	39 %	35 %	21 %
10 % Wohlhabende besaßen:	1919	79 %		86 %
	ca. 1985 (Minimum)	62 %		51 %
	2015/2017	74 %	67 %	52 %

Quelle: Daten aus Piketty (2019); Albers/Bartels/Schularick 2020)

Anlage 2: Anteile am Einkommen

		USA	Deutschland	Europa
1 % Reiche bekamen:	1919	16 %	20 %	18 %
	ca. 1980 (Minimum)	12 %	11 %	7 %
	2015	22 %	13 %	12 %
10 % Wohlhabende bekamen:	1919	41 %	44 %	46 %
	ca. 1980 (Minimum)	34 %	32 %	28 %
	2015	47 %	40 %	36 %

Quelle: Daten aus Piketty (2019)

Nach dem Ende des 1. Weltkriegs war die Ungleichheit der Vermögen in den USA viel niedriger als in Europa – in Deutschland hatte der 1. Weltkrieg viele Vermögen zerstört. Bis Anfang der 1980er-Jahre nahm die Ungleichheit ab, danach nahm sie wieder zu. Entscheidend für die Abnahme der Ungleichheit war die Hochsteuerphase nach dem 2. Weltkrieg. Seitdem ist die Ungleichheit in den USA auf ein Niveau wie nach dem 1. Weltkrieg gewachsen. In Europa hat sie auch zugenommen, aber erheblich langsamer.

Anlage 3: Entwicklung der Ungleichheit in Deutschland 1983 bis 2013

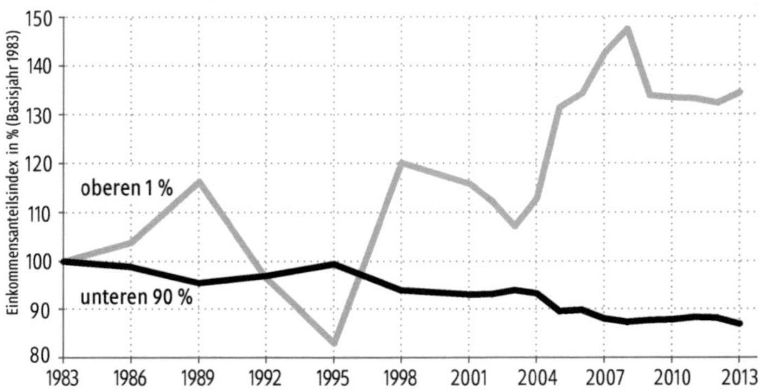

Quelle: Vgl. Alvaredo 2018; www.wir2018.wid.world: Summary, S. 105

Anlage 4: Wachstum der Vermögen (Realwachstum nach Steuern; vor Steuern liegt die Rendite von Milliardären bei über 10%)

Jährl. durchschnittl. Realwachstumsrate 1987–2017 (inflationsbereinigt)	**Welt**	**USA – Europa – China**
Die Hundertmillionstel Reichen *(Forbes)*	6,4%	7,8%
Die Zwanzigmillionstel Reichen *(Forbes)*	5,3%	7,0%
Die reichsten 0,01% *(WID.world)*	4,7%	5,7%
Die reichsten 0,1% *(WID.world)*	3,5%	4,5%
Die reichsten 1% *(WID.world)*	2,6%	3,5%
durchschnittl. Vermögen/Erwachsener	1,9%	2,8%
durchschnittl. Einkommen/Erwachsener	1,3%	1,4%
Gesamtbevölkerung	1,9%	1,4%
BIP oder Gesamteinkommen	3,2%	2,8%

Quelle: Siehe Piketty 2019, hier Grafik 28

Quellen und Literatur

ACFS/Mercer (2011): Melbourne Mercer Global Pension Index. Australian Centre for Financial Studies. In: Pensionreform vom November; pensionreform.ru/files/7147/2011.%20Melbourne%20Mercer.%20Global%20 Pension%20Index.pdf (2.11.2023).

AFP (2012): Ikea ist neun Milliarden Euro wert. In: Spiegel Online vom 9.8.; spiegel.de/wirtschaft/unternehmen/markenrechte-ikea-ist-neun-milliarden-euro-wert-a-849203.html (2.11.2023).

Albers, Thilo/Bartels, Charlotte/Schularick, Moritz (2020): Wealth and its distribution in Germany, 1895–2018. In: ECONtribute vom 8.3.; econtribute.de/wp-content/uploads/ECONtribute_The_Distribution_of_Wealth_eng_study.pdf (2.11.2023).

Albers, Willi (1954): Die Belastung durch die deutsche Einkommensteuer im Verhältnis zum Ausland. In: FES 1954; library.fes.de/gmh/main/pdf-files/gmh/1954/1954-08-a-479.pdf (2.11.2023).

Alvaredo, Facundo/Chancel, Lucas/Piketty, Thomas/Saez, Emmanuel/Zucman, Gabriel (2018): World Inequality Report 2018. Cambridge u.a.

Attac (2022): Steuern, Abgaben und Umverteilung – Position der Attac-AG Finanzmärkte und Steuern. In: Attac vom 8.9.; attac.de/kampagnen/werzahlt/unser-steuerkonzept (2.11.2023).

Bach, Stefan/Beznoska, Martin/Steiner, Viktor (2016): Wer trägt die Steuerlast in Deutschland? Steuerbelastung nur schwach progressiv. In: DIW-Wochenbericht Nr. 51+52/2016; diw.de/documents/publikationen/73/diw_01.c.549401.de/16-51-1.pdf (2.11.2023).

Bach, Stefan (2023): Unternehmensbesteuerung. Hohe Gewinne – mäßige Steuereinnahmen. In: DIW Wochenbericht 22–23; diw.de/documents/publikationen/73/diw_01.c.421907.de/13-22-1.pdf (2.11.2023).

Baker, Raymond W. (2005): Capitalism's Achilles Heel – Dirty Money and How to Renew the Free-Market System. 1. Auflage. New Jersey.

BCG (Boston Consulting Group)/Prognos (2018): Klimapfade für Deutschland. In: BDI (Bundesverband der deutschen Industrie) vom Januar; e.issuu.com/embed.html#2902526/57478058 (2.11.2023).

BDK (Bund Deutscher Kriminalbeamter) (2016): Deutschland als Eldorado der Geldwäsche – wo steht MV? In: BDK vom 22.4.; bdk.de/der-bdk/was-wir-tun/aktuelles/deutschland-als-eldorado-der-geldwaesche-2013-wo-steht-mv/aspdf (2.11.2023).

Beck, Ulrich (2016): Die Metamorphose der Welt. Berlin.

Benjamin, Walter (1991): Kapitalismus als Religion [Fragment], in: Tiedemann, Rolf/Schweppenhäuser, Hermann (Hrsg.), Gesammelte Schriften. 7 Bände. 1. Aufl. Frankfurt a. M.

Bentham, Jeremy (2007): An Introduction to the Principles of Morals and Legislation. New York.

Binswanger, Mathias (2006): Die Tretmühlen des Glücks – Wir haben immer mehr und werden nicht glücklicher. Was können wir tun? Freiburg.

BMAS (Bundesministerium für Arbeit und Soziales) (2022): Sozialbudget 2021. In: BMAS vom Juni; bmas.de/DE/Service/Publikationen/Broschueren/a230-21-sozialbudget-2021.html (2.11.2023).

BMWK (Bundesministerium für Wirtschaft und Klimaschutz) (2023): Im Fokus – Gemeinwohlorientierte Unternehmen stärken und eine Gründungswelle befördern. In: BMWK vom 13.9.; bmwk.de/Redaktion/DE/Dossier/nationale-strategie-fuer-sozialunternehmen-und-social-startups.html (2.11.2023).

Buggeln, Marc (2023): Die Besteuerung des Reichtums. Die Erbschaftsteuer in Geschichte und Gegenwart. In: Online-Magazin Geschichte der Gegenwart vom 5.2.; geschichtedergegenwart.ch/die-besteuerung-des-reichtums-die-erbschaftsteuer-in-geschichte-und-gegenwart (2.11.2023).

Bündnis Kindergrundsicherung (2023): Kinder brauchen mehr – Unser Vorschlag für eine Kindergrundsicherung. In: Kinderarmut hat Folgen 2023; kinderarmut-hat-folgen.de (2.11.2023).

CIA/UN: List of Countries by Income Equality. In: Wikipedia; wikipedia.org/wiki/List_of_countries_by_income_equality (2.11.2023).

Clausing, Kimberly A. (2014): Lessons for International Tax Reform from the US State Experience under Formulary Apportionment. Brighton.

Coordination gegen BAYER-Gefahren (2011): Abschreibungen durch Wegfall der Marke »Schering«: BAYER zahlt erneut weniger Steuern. In: CBG Network vom 2.11.; cbgnetwork.org/3719.html (2.11.2023).

Crouch, Colin (2008): Postdemokratie. Frankfurt a. M.

Cobham, Alex u. a. (2022): State of Tax Justice 2022. In: Tax Justice Network vom November; taxjustice.net/wp-content/uploads/2022/11/State-of-Tax-Justice-2022-Tax-Justice-Network.pdf (2.11.2023).

Destatis (2023): Steuereinnahmen – Kassenmäßige Steuereinnahmen des Bundes, der Länder und der Gemeinden nach Steuerarten. In: Genesis-Online, Datenbank des Statistischen Bundesamtes 2023; destatis.de/DE/Themen/Staat/Steuern/Steuereinnahmen/kassenmaessige-steuereinahmen-monatlich.html (2.11.2023).

Diamond, Jared (2005): Kollaps. Warum Gesellschaften überleben oder untergehen. Frankfurt a. M.

Diekmann, Florian/Grigat, Guido (2017): Vermögensverteilung – Wenn FDP-Wähler zu Sozialisten werden. In: SpiegelOnline vom 5.8.; spiegel.de/wirtschaft/soziales/ungleich-heit-bei-vermoegen-wenn-fdp-waehler-zu-sozialisten-werden-a-1158432.html (2.11.2023).

Dolan, Kerry A. (2021): Billionaires 2021 – Forbes' 35th Annual World's Billionaires List: Facts And Figures 2021. In: Forbes vom 6.4.; forbes.com/sites/kerryadolan/2021/04/06/forbes-35th-annual-worlds-billionaires-list-facts-and-figures-2021/?sh=2896ebb65e58/ (2.11.2023).
Ebert, Thomas (2010): Soziale Gerechtigkeit. Ideen – Geschichten – Kontroversen. Bonn.
Eibl, Alfred/Priesemann, Johannes (2020): Das Geld gehört uns allen! AttacBasisTexte 58. Hamburg.
Eichenberger, Reiner/Stadelmann, David (2017): Wie die EU stärker wird. Die europäische Gemeinschaft braucht Dezentralisierung und muss den Einfluss der Bürger stärken. In: Süddeutsche Zeitung vom 8.10.; sueddeutsche.de/wirtschaft/forum-wie-die-eu-staerker-wird-1.3699736?reduced=true (2.11.2023).
Europäische Kommission (2014): Structural Funds 2014–2020 (ERDF and ESF) eligibility. In: Europäische Kommission vom 28.1.2014; ec.europa.eu/regional_policy/information-sources/publications/posters/2014/structural-funds-2014-2020-erdf-and-esf-eligibility_en.
Europäisches Parlament (2012): Parlament verabschiedet ehrgeizige Vorgaben für die Finanztransaktionssteuer. In: Pressemitteilung zur Plenartagung vom 23.5.; europarl.europa.eu/news/de/pressroom/20120523IPR45627/parlament-verabschiedet-ehrgeizige-vorgaben-fur-die-finanztransaktionssteuer (2.11.2023).
Fastenrath, Florian/Marx, Paul (2023): Wann setzen sich linke Parteien für die Besteuerung hoher Einkommen und Vermögen ein? Lehren aus dem Bundestagswahlkampf von 2021. In: PVS – Politische Vierteljahresschrift vom 3.1.; link.springer.com/content/pdf/10.1007/s11615-022-00441-3.pdf (7.11.2023).
Feld, Lars (2011): Zwischen Anarchie und totalem Staat. In: Frankfurter Allgemeinen Zeitung vom 3.7.; faz.net/frankfurter-allgemeine-zeitung/wirtschaft/zwischen-anarchie-und-totalem-staat-dervolkswirt-12542.html (7.11.2023).
Forsa (2016): Viel Verständnis für Firmenerben. In: Stern Nr. 38 vom 15.9.
Fraunhofer IWES (2014): Geschäftsmodell Energiewende. Eine Antwort auf das »Die-Kosten-der-Energiewende«-Argument vom Januar. In: Fraunhofer; fraunhofer.de/content/dam/zv/de/forschungsthemen/energie/Studie_Energiewende_Fraunhofer-IWES_20140-01-21.pdf (7.11.2023).
Friedman, Milton/Freidman, Rose (1980): Free to Choose – A Personal Statement. New York.
Friedman, Thomas L. (2007): A Warning from the Garden. In: The New York Times vom 19.1.; nytimes.com/2007/01/19/opinion/19friedman.html (7.11.2023).
Friedman, Thomas L. (2007): The Power of Green. In: The New York Times

vom 15.4.; nytimes.com/2007/04/15/opinion/15iht-web-0415edgreen-full.5291830.html (7.11.2023).

Gallarotti, Ermes (2015): Eine andere Realität – Die Schweizer HSBC-Tochter wird die Vergangenheit nicht mehr los. In: Neue Zürcher Zeitung vom 10.2.; nzz.ch/meinung/kommentare/eine-andere-realitaet-ld.745363 (7.11.2023).

Glaßl, Helmut (2019): Zeitgeist und neue Aphorismen. Remscheid.

Göpel, Maja (2021): Unsere Welt neu Denken – Eine Einladung. Berlin.

Gosepath, Stefan (2023): Parallelgesellschaft der Reichen. In: taz vom 8.8.; taz.de/Philosoph-ueber-Abschaffung-von-Erbe/!5936644/ (7.11.2023).

Graeber, David (2012): Schulden – Die ersten 5000 Jahre. Stuttgart.

Gurria, Angel (2013): Angriff auf die Steueroasen, in: Handelsblatt vom 25.2.

Harari, Yuval Noah (2013): Eine kurze Geschichte der Menschheit. München.

Hentschel, Karl-Martin (2013): Von wegen alternativlos! Die gerechte Gesellschaft als Ziel. Zürich.

Hentschel, Karl-Martin (2019): Demokratie für morgen. München.

Hentschel, Karl-Martin/Krenzer, Steffen u. a. (2020): Handbuch Klimaschutz – Wie Deutschland das 1,5-Grad-Ziel einhalten kann. München.

Hentschel, Karl-Martin (2021): Aktuelle Studien zur Ungleichheit des Vermögensbesitzes in Deutschland. Zeitschrift für Sozialökonomie (ZfSÖ) Online vom 1.1.; sozialoekonomie-online.de/files/archiv/ab%20 2019:%20Online-Beitraege/ZfS%C3%96-ONLINE_Hentschel_Studie_Verm%C3%B6gensbesitz_Deutschland.pdf (7.11.2023).

Herrmann, Ulrike (2022): Das Ende des Kapitalismus. Köln.

Herzog, Lisa (2013): Freiheit gehört nicht nur den Reichen – Plädoyer für einen zeitgemäßen Liberalismus. München.

Herzog, Lisa (2019a): Die Rettung der Arbeit – Ein politischer Aufruf. Berlin.

Herzog, Lisa (2019b): Politische Philosophie. Paderborn.

House of Commons, Committee of Public Accounts: Tax avoidance – The Role of Large Accountancy Firms. In: Publications Parliament UK; publications.parliament.uk/pa/cm201213/cmse-lect/cmpubacc/870.pdf (7.11.2023).

Hudson, Michael (2018): … and forgive them their debts. Lending, Foreclosure and Redemption From Bronze Age Finance to the Jubilee Year (Tyranny of Debt). Dresden.

IEK (Institut für Energie- und Klimaforschung) (2019): Wege für die Energiewende. In: Forschungszentrum Jülich, vom 31.10.; fz-juelich.de/iek/iek-3/DE/_Documents/Downloads/transformationStrategies2050_studySummary_2019-10-31.pdf.pdf?__blob=publicationFile (7.11.2023).

Jackson, Tim (2009): Prosperity without Growth – Economics for a Finite Planet. London.

Jósika, Peter (2016): Das Europa des Winston Churchill. In: Die Presse vom 15.9.; diepresse.com/5085434/das-europa-des-winston-churchill (7.11.2023).
Kaiser, Stefan (2013): Die Tricks der Superreichen und Konzerne. In: Spiegel-Online vom 21.5.; spiegel.de/wirtschaft/soziales/steuern-die-tricks-der-superreichen-und-konzerne-a-900612.html (7.11.2023).
Kaminski, Simon (2020): Als Richard von Weizsäcker seine berühmte Rede hielt. In: Augsburger Allgemeine vom 14.4.; augsburger-allgemeine.de/politik/100-Geburtstag-Als-Richard-von-Weizsaecker-seine-beruehmte-Rede-hielt-id57227331.html (7.11.2023).
Kar, Dev/Spanjers, Josef (2015): Illicit Financial Flows from Developing Countries. 2004–2013. In: Global Financial Integrity vom 8.12.; gfintegrity.org/report/illicit-financial-flows-from-developing-countries-2004-2013/ (14.11.2023).
Klein, Naomi (2014): This Changes Everything. Capitalism vs. The Climate. New York.
Krämer, Ralf/Schwarz, Yannick (2021): Vermögensbesteuerung für eine gerechte Zukunftsgestaltung. In: Netzwerk Steuergerechtigkeit vom 5.10.; netzwerk-steuergerechtigkeit.de/vermoegensbesteuerung-fuer-eine-gerechte-zukunftsgestaltung/ (14.11.2023).
Layard, Richard (2005): Die glückliche Gesellschaft – Kurswechsel für Politik und Wirtschaft. Frankfurt a. M.
Leon, D.A./Vagero, D./Olausson, P. O. (1992): Social class differences in infant mortality in Sweden. Comparison with England and Wales. In: British Medical Journal 305 vom 19.9.; bmj.com/content/bmj/305/6855/687.full.pdf (14.11.2023).
Locke, John (1977): Zwei Abhandlungen über die Regierung. Berlin.
Lorenz, J. Jarass (2020): Fair and Simple Taxation of Wealth. Taxation of Unrealized Capital Gains. Online Workshop vom 7.9.; jarass.com/fair-and-simple-taxation-of-wealth-taxation-of-unrealized-capital-gains/ (7.11.2023).
Mackenroth, Gerhard (1952): Die Reform der Sozialpolitik durch einen deutschen Sozialplan, in: Schriften des Vereins für Socialpolitik NF. Band 4. Berlin.
Meadows, Donella/Meadows, Dennis/Randers, Jørgen/Behrens, William (1972): Die Grenzen des Wachstums. Stuttgart.
Meier, Christian (2009): Kultur, um der Freiheit willen – Griechische Anfänge – Anfang Europas? München.
Meinzer, Markus (2015): Steueroase Deutschland – Warum bei uns viele Reiche keine Steuern zahlen. München.
Milanović, Branco (2020): Kapitalismus global – Über die Zukunft des Systems, das die Welt beherrscht. Berlin.

Mill, John Stuart (1982): Grundsätze der politischen Ökonomie, in: Diehl, Karl/Mombert, Paul (Hrsg.), Grundsätze der Besteuerung. Ausgewählte Lesestücke zum Studium der politischen Ökonomie. Frankfurt a. M.

Mill, John Stuart (2004): Principles of Political Economy. New York.

Misik, Robert (2010): Anleitung zur Weltverbesserung – Das machen wir doch mit Links. Berlin.

Morus, Thomas (1986): Utopia. Ditzingen.

Müller, Christine (2019): So gebe ich es vierfach zurück – Initiative für eine neue Finanz- und Wirtschaftsarchitektur. In: Feinschwarz vom 26.11.; feinschwarz.net/zachaeus-kampagne/ (14.11.2023).

Neckel, Sighard (2016): N wie Neofeudalismus – Die Wiederkehr der Ständegesellschaft. In: Heinrich Böll Stiftung vom 14.6.; boell.de/de/2016/06/14/neofeudalismus-die-wiederkehr-der-staendegesellschaft (14.11.2023).

Nolan, Patrick/Lenski, Gerhard (2010): Human Societies – An Introduction to Macrosociology. 11. Auflage. Boulder.

Nussbaum, Martha (2011): Creating Capabilities – The Human Development Approach. Cambridge.

NWSG (2014): Charta des Netzwerk Steuergerechtigkeit Deutschland. In: NWSG vom 8.1.; netzwerk-steuergerechtigkeit.de/netzwerk/charta/ (14.11.2023).

OECD (2009): Fiscal Decentralized Database. In: OECD, Centre for Tax Policy and Administration 2009; oecd.org/tax/federalism/fiscal-decentralisation-database/ (14.11.2023).

OECD (2011): Divided we stand – Why inequality keeps rising. Paris.

Oxfam (2017): 8 Männer besitzen so viel wie die ärmere Hälfte der Weltbevölkerung. In: Oxfam vom 16.1.; oxfam.de/ueber-uns/aktuelles/2017-01-16-8-maenner-besitzen-so-viel-aermere-haelfte-weltbevoelkerung (14.11.2023).

Paech, Niko (2012): Nachhaltigkeit – »Grünes« Wachstum wäre ein Wunder. In: ZEIT Online vom 21. Juni; zeit.de/wirtschaft/2012-06/wachstumskritik-paech/komplettansicht (14.11.2023).

Piketty, Thomas (2014): Capital in the Twenty-First Century. Padstow.

Piketty, Thomas (2020): Kapital und Ideologie. München. Alle Daten und Grafiken sowie ergänzende Informationen und Grafiken auf piketty.pse.ens.fr/en (14.11.2023).

Platon (2000): Der Staat. Ditzingen.

Pongs, Armin (2007): In welcher Gesellschaft leben wir eigentlich? Auf dem Weg zu einem neuen Gesellschaftsvertrag. Rimsting am Chiemsee.

Raspe, Helena (2023): Deutschland ist ein Paradies für die Mafia. Interview von Jean Dumler, in: wochentaz vom 5.–11.8.

Rawls, John (1979): Eine Theorie der Gerechtigkeit. Frankfurt a. M.

Rawls, John (1998): Politischer Liberalismus. Frankfurt a. M.
Rousseau, Jean-Jacques (1977): Vom Gesellschaftsvertrag. Ditzingen.
RSM Bird Cameron (2013): International Tax Wars? Or the End of the Arm's Length Principle as we Know it. Sydney.
Ryding, Tove (2022): Proposal for a United Nations Convention on Tax. In: EURODAD vom 10.3.; eurodad.org/un_tax_convention (14.11.2023).
Sandel, Michael J. (2020): Vom Ende des Gemeinwohls – Wie die Leistungsgesellschaft unsere Demokratien zerreißt. Frankfurt a. M.
Saez, Emmanuel/Zucman, Gabriel (2020): Der Triumph der Ungerechtigkeit – Steuern und Ungleichheit im 21. Jahrhundert. Berlin. Hintergrundinformationen und Steuerrechner für die USA unter taxjusticenow.org/#/.
Schmitt, Manuel/Hauschild, Tobias (2023): Umsteuern – Für soziale Gerechtigkeit. In: OXFAM Deutschland; oxfam.de/system/files/documents/oxfam_factsheet_davos-2023_umsteuern.pdf (14.11.2023).
Schröder, Carsten/Bartels, Charlotte/Göbler, Konstantin/Grabka, Markus M./König, Johannes (2020): MillionärInnen unter dem Mikroskop – Datenlücke bei sehr hohen Vermögen geschlossen – Konzentration höher als bisher ausgewiesen. In: DIW Wochenbericht 29; diw.de/documents/publikationen/73/diw_01.c.793785.de/20-29-1.pdf (14.11.2023).
Sen, Amartya (2000): Ökonomie für den Menschen – Wege zu Gerechtigkeit und Solidarität in der Marktwirtschaft. München.
Sengelin, Thomas (2011): Der Gemeinschaft dienen… In: Wiener Zeitung vom 5.8.; wienerzeitung.at/nachrichten/wissen/geschichte/387315-Der-Gemeinschaft-dienen-.-.-..html#iframe-2 (14.11.2023).
Smith, Adam (2009): Der Wohlstand der Nationen. München.
Spindler, Wolfgang (2017): Verfassungsrechtliche Grenzen der Besteuerung. In: silo.tips; silo.tips/queue/verfassungsrechtliche-grenzen-der-besteuerung?&queue_id=-1&v=1700135090&u=MjAwMzplZToxNzEzOjFiMDA6ZTUxYzplMDZkOmI3N2Y6NGQ2YQ==#google_vignette (14.11.2023).
Srnicek, Nick (2016): Platform Capitalism. Cambridge.
Statista (2021): Ausgaben und Einnahmen. Daten für 2021. In: Statista; destatis.de/DE/Themen/Staat/Oeffentliche-Finanzen/Ausgaben-Einnahmen/Tabellen/ausgaben.html (14.11.2023).
Stehr, Nico/Moldaschl, Manfred (2013): Wir brauchen keine Ökodiktatur – Die Klimakatastrophe lässt sich abwenden, ohne die Demokratie zu opfern. In: ZEIT Online Nr. 6/2013; zeit.de/2013/06/Klimaschutz-Demokratie-Oekodiktatur (14.11.2023).
Stiglitz, Joseph (2004): Im Interview mit Stephan Kaufmann. Berliner Zeitung vom 6./7.3.; beruhmte-zitate.de/autoren/joseph-e-stiglitz/ (14.11.2023).
Stiglitz, Joseph (2012): Der Preis der Ungleichheit. Wie die Spaltung der Gesellschaft unsre Zukunft bedroht. München.

Süddeutsche Zeitung (2012): US-Senat rügt Großbank HSBC: Eine »durch und durch versaute Unternehmenskultur«. In: sz vom 17.7.; sueddeutsche.de/wirtschaft/us-senat-ruegt-grossbank-hsbc-eine-durch-und-durch-versaute-unternehmenskultur-1.1414332 (14.11.2023).
Trabold, Harald (2014): Kapital Macht Politik – Die Zerstörung der Demokratie. Marburg.
Trautvetter, Christoph/Jirmann, Julia/Kern-Fehrenbach, David (2022): Jahrbuch Steuergerechtigkeit 2023. Netzwerk Steuergerechtigkeit. Berlin.
United Nations General Assembly (2023): United Nations General Assembly High-level Week 2023. In: UN vom September 2023; un.org/en/high-level-week-2023 (14.11.2023).
Unzicker, Kai/Baarck, Julia/Dolls, Mathias/Windsteiger, Lisa (2022): Gerechtigkeitsempfinden in Deutschland. In: Bertelsmann Stiftung; bertelsmann-stiftung.de/fileadmin/files/BSt/Publikationen/GrauePublikationen/DZ_Studie_Gerechtigkeitsempfinden_2022.pdf (14.11.2023).
VKU (2016): Aktuelle Forsa-Umfrage: 91 Prozent der Deutschen sind zufrieden mit kommunalen Unternehmen. In: VKU vom 17.2.; vku.de/presse/pressemitteilungen/archiv-2016-pressemitteilungen/aktuelle-forsa-umfrage-91-prozent-der-deutschen-sind-zufrieden-mit-kommunalen-unternehmen/ (14.11.2023).
Weizsäcker, Ernst Ulrich von/Hargroves, Karlson/Smith, Michael (2010): Faktor Fünf. Die Formel für nachhaltiges Wachstum. München.
Werner, Götz/Goehler, Adrienne (2010): 1000 € für jeden. Freiheit, Gleichheit, Grundeinkommen. Berlin.
WID.WORLD (2023): World Wealth and Income Database. In: WID.world; wid.world/wid-world (14.11.2023).
Wieland, Joachim (2003): Rechtliche Rahmenbedingungen für eine Wiedereinführung der Vermögensteuer. Rechts-gutachten erstattet für ver.di. In: wipo.verdi; wi-po.verdi.de/++file++53a83626aa698e68ab0022d3/download/rechtliche_rahmenbedingungen_fuer_eine_wiedereinfuehrung_der_vermoegensteuer.pdf (14.11.2023).
Wilkinson, Richard/Pickett, Kate (2010): The Spirit Level – Why Equality is Better for Everyone. London.
Wüllenweber, Walter (2016): Ist das gerecht? In: Stern vom 8.12.
Xiao Geng (2004): Round-Tripping Foreign Direct Investment in the People's Republic of China. Asian Development Bank Institute Research Policy Brief No. 10. In: ADB; adb.org/sites/default/files/publication/157279/adbi-rpb10.pdf (14.11.2023).
Wright, Thomas (2018): The Exorbitant Tax Privilege. In: NBER working paper series vom September 2018; gabriel-zucman.eu/files/WrightZucman2018.pdf (14.11.2023).

Stichwortverzeichnis

Abgaben 62, 67, 70, 156
  Klima-. *Siehe* Klimaabgabe
  Nationaleinkommen-. *Siehe* Nationaleinkommenabgabe
  Sozial-. *Siehe* Sozialabgaben
Abgabenordnung 170
Abgabenpolitik. *Siehe* Steuerpolitik
Abgabensystem 66ff. *Siehe* Steuersystem
AfD 64, 83
Afrika 75
Agrargesellschaft 12, 15, 18, 61
Ägypten, Altertum 12f., 60
Aktien 86, 105, 108, 125
Aktienrückkäufe 84, 159
Alphabet 7, 28, 30, 33, 83, 126, 134
Altersversorgung 25, 62, 107, 109, 111, 141, 143
Amazon 7, 28, 31, 65, 83, 133f.
Amt für Steuergerechtigkeit 169
Anlagen. *Siehe* Finanzanlagen
Anrechnungsverfahren 124
Apple 7, 28ff., 83
Arbeiterbewegung 42, 72
Arbeitgeberbrutto 104, 136
Arbeitseinkommen 101
Arbeitslosengeld 10, 78, 107, 135f., 142
Arbeitslosigkeit 26, 107, 142, 144, 153–57
Arbeitsmarktpolitik 77
Arbeitsplätze 65, 76, 114, 152, 158
Arbeitsverwaltung 142, 148, 150, 157
Arme. *Siehe* Unterschicht
Armut 8, 14, 157
Artensterben 8, 43, 75
Aruba 29
Assyrer 15
Attac 85, 160, 163
Augustus, Kaiser 13
Auslandseinkommen 80, 109, 144, 165
Auslandsvermögen 111
Australien 52
Auswanderer. *Siehe* Staatsbürgerschaftswechsel

Babylonier 15
Bahnverkehr 50, 62, 72, 85, 89, 121, 150
Banken 30, 34ff., 45, 71, 123, 161, 163, 171
Bartsteuer 85
BASF 28
Basiseinkommensteuer 152
Basisrente 136, 139, 143
Bayer AG 28
Becker, Boris 80
bedingungsloses Grundeinkommen. *Siehe* Grundeinkommen
Beitragsbemessungsgrenze 145
Belarus 29
Bentham, Jeremy 63
Berger, Hanno 80, 82
Bermudas 29f., 33
Berufsrente 139, 144
Besitzlose. *Siehe* Unterschicht
Beveridge-System 139
Bevölkerungswachstum 41, 44, 97
Bezos, Jeff 83
Biersteuer 91
Bildung 8, 10, 25, 45, 56, 58, 62, 71ff., 78, 120f., 141, 148, 152
Binswanger, Mathias 47
Biosphäre 43f.
BIP. *Siehe* Bruttoinlandsprodukt
Bismarck-System 139
BMW 105
Böckenförde, Ernst Wolfgang 110
Börsenumsatzsteuer 86

Brandt, Willi 24
Brasilien 31f., 51, 58, 75, 86, 88
Bretton-Woods-System 34
Brexit 30, 53
Briefkastenfirma 84, 122, 159
Bruttoeinkommen 101, 104, 145
Bruttoinlandsprodukt 15, 25, 36, 46, 48, 56, 73, 131, 135
Bundesfinanzgericht 30
Bundesgerichtshof 82
Bundesverfassungsgericht 102, 110f., 114f.
Bundeszentralamt für Steuern 169
Bündnis 90/Die Grünen. *Siehe* Grüne
Bürgermeister 150

Capability Approach 62, 78
Cayman Islands 29
CbCR 163
CDU 64, 66
China 18, 20, 32, 34, 37, 51, 73, 86, 88, 118, 165
Citymaut. *Siehe* Straßenmaut
CO_2-Abgabe/CO_2-Preis. *Siehe* Klimaabgabe
Commerz-Bank 30
Corona-Pandemie 8, 103, 133f.
Credit Suisse 35, 36
Cum-Ex/Cum-Cum 30, 80–84, 169
Curacao 29

Dachgesellschaft. *Siehe* Holding
Dänemark 20, 57, 78, 93, 118, 136
Datenaustausch. *Siehe* Informationsaustausch
DDR 23, 97, 124
Degrowth 46
Deloitte 30
Demokratie 8, 15, 21, 32, 37, 41, 51, 62, 75, 103, 130, 150, 155f., 174
Depardieu, Gerard 80, 82
Deregulierung 26, 34
Derivate 86
Deutsche Bank 28, 31, 35
Deutsche Bundesbank 36
Dezentralisierung 77, 147–157, 171
Digitalwirtschaft. *Siehe* Internet-Konzerne
Dividenden 12, 46, 84, 101, 125, 159
Dotcomkrise 34
Drittes Reich 96
Drogenhandel 7, 34f., 83
Drogensteuern 94
Dumping-Wettlauf 28, 31, 80, 122, 123, 128, 131, 152, 155
Durchschnittseinkommen 57

Effizienzstrategie 46, 48, 71
Ehegattensplitting. *Siehe* Individualbesteuerung
Eigenheim. *Siehe* Immobilien
Einfachsteuern 67ff.
Einfuhrausgleichsabgabe. *Siehe* Klimazölle
einkommensabhängig 142f., 145
Einkommensteuer 20–23, 27, 38, 66–70, 101, 104–110, 112, 120, 124ff., 130,. 150, 156, 159, 168
Einkommensverteilung 10, 37, 47, 51f., 56–64, 71, 74f., 99ff., 104, 137, 139, 168, 174ff.
Elektroauto 53, 92
Emissionshandelssystem 89
Energiesteuer 69, 92
Energiewende 8, 39–50, 89
England. *Siehe* Großbritannien
Enteignung 23
Entfernungspauschale 66
Entwicklungshilfe 31, 87
E.ON 28, 83
Erbschaftsteuer 10, 13, 20, 22–25, 27, 38, 66, 68ff., 82f., 106, 109f., 113–120
Erneuerbare Energie. *Siehe* Energiewende
Ernst & Young 30f.

Erzberger, Matthias 21f., 124
Etrusker 15
EU 11, 28, 30, 33, 37, 52, 74, 82, 84, 86, 92f., 109, 123, 127f., 148–57, 159, 162–67, 171f.
EURODAD 167
Europa 18f., 21, 24f., 32, 38, 72–76, 84f., 175f.
Europäischer Rat 84
Europäisches Parlament 74, 84, 127f., 163, 165
Exit-Steuer 82, 109, 168
Exporte 68, 87, 132

Facebook. *Siehe* Meta
Familienstiftung 29, 119f.
Familienunternehmer, Die 47, 113, 158
FATCA 81, 107, 162, 165
FCKW 40
FDP 64
Feld, Lars 74
Fenstersteuer 85
Fernverkehr. *Siehe* Verkehr
Feuerschutzsteuer 91
Finanzanlagen 86, 139f.
Finanzausgleich 147–157, 171
Finanzkrise 36ff., 74, 103, 147, 157, 173
Finanzmarkt 34, 36, 75, 86
Finanzpolitik 8, 16, 18-25, 49-55, 67–80, 121, 135–138, 147–152, 156f.
Finanztransaktionssteuer 85f., 157
Finnland 78, 93
Fisher, Irvin 103
Flugverkehr 49, 93f., 157
Förderprogramm 155, 171
Förderregionen. *Siehe* Regionen
Franchising 122
Frankreich 19, 28, 34, 67, 75, 85f., 129, 136, 147
Friedrich III., Kaiser 96
Fronarbeit 14
G20 37, 123, 161
G77 166f.
GATJ 160, 163, 167
Gebühren 12, 70, 72
Kita-. *Siehe* Kita
Pacht-. *Siehe* Pachtgebühren
Park-. *Siehe* Parkgebühren
Geld 12f., 18, 23, 29, 33, 35, 62, 81, 103, 115, 117, 149
Geldschöpfung 71
Geldwäsche 7, 34f., 94, 123, 160ff.
Gemeindeertragsteuer 129f., 156
Genossenschaft 126
Gerechtigkeit 7, 54, 56–65, 74, 76, 97f., 115, 174
Geringverdiener 7, 65f., 100, 104, 138, 146
Gesamtkonzernsteuer 126f., 130f., 166
Gesundheitswesen 24, 62, 72f., 136, 140f., 143, 148, 150, 157
Gewerbesteuer 16, 68, 119, 124, 156
Gewerkschaften 79, 137, 160
Gewinnsteuer 68, 129
Gini-Index 10, 64, 74, 137
Glaßl, Helmut 121
Gleichgewichtsgesellschaft 42, 53, 89
globaler Süden 157, 167
Globalisierung 68, 76, 85, 122, 126, 147
Gold 108
Google. *Siehe* Alphabet
Göpel, Maja 101
Graeber, David 13
Grenzsteuersatz 66
Griechen, Altertum 13, 15
Großbritannien 34, 57f., 67, 75
Großkonzerne. *Siehe* internationale Konzerne
Grundeinkommen 142
Grunderwerbsteuer 113
Grundrente. *Siehe* Basisrente

Grundsteuer 17, 85, 106, 110–113
Grüne 27, 64, 65

Halbeinkünfteverfahren 124
Halbteilungsgrundsatz 102, 110f.
Händlergesellschaft 15
Hansestädte 17
Heberecht 155
Heinold, Monika 150
Herrmann, Andreas 63
Herzog, Lisa 62f., 173
Hochfrequenzhandel 86
Hoeneß, Uli 80f.
Holding 113, 119f., 125
Holmes, Oliver Wendell 66
HSBC 34f.
Hundesteuer 91
Hypo Real Estate 36

ICIJ, Investigative Journalists 161
IKEA. *Siehe* Kamprad, Familie
Immobilien 23, 92, 108, 110, 112f., 115f.
Importe 68, 87, 92
Indien 18, 20, 32, 37, 51, 75, 127
Individualbesteuerung 109
Indonesien 19f., 52
Industrialisierung 73, 174
Inflation 26
Informationsaustausch 37, 84, 107, 109, 125, 128, 162, 168
Infrastruktur 12, 71, 73, 113, 121, 130, 153, 155
Inka-Reich 13f.
Insiderhandel 31
internationale Konzerne 10, 28, 77, 80, 83f., 121, 132, 149, 163, 171
internationale Steuerpolitik 158–167, 171ff.
Internet-Konzerne 28, 33, 126, 128
Investitionen 23, 49f., 51, 73f., 89, 120, 123, 127, 151, 154, 160
Iran 52
Irland 29f., 33, 123
Italien 53
IWF 161

Jackson, Tim 46f.
Jagdsteuer 91
Japan 34, 52, 78
Jersey 30
Johnson, Boris 53
Jósika, Peter 147
Jubeljahr 14

Kaffeesteuer 91
Kamprad, Familie 29, 80, 83
Kanada 52, 82, 127, 149
Kapitaleinkommen 101, 106–109
kapitalgedeckte Rente 139f.
Kapitalismus 17, 25, 36–42, 61
Kapitalverkehrsteuer 86
Kennedy, John F. 26, 104
Keynes, John Maynard 85
Kfz-Steuer 92, 136
Kindergeld 25, 78, 136, 141
Kindergrundsicherung 141
Kipppunkt 173
Kirche. *Siehe* Religion
Kirchhof, Paul 66
Kita 72, 78, 151
Klatten, Susanne 7, 105
kleine und mittlere Unternehmen. *Siehe* KMU
Klimaabgabe 69, 89f., 93
Klimawandel 8, 39–55, 62, 71, 74f., 89–93, 154, 157, 167, 171, 173f.
Klimazölle 93
KMU 46, 65f., 84, 101, 118, 126
Kofinanzierung. *Siehe* Förderprogramm
Kohl, Helmut 27
Kommunalsteuern 91, 129, 154
Kommunen 11, 50, 55, 68, 74, 91, 108, 112f., 124, 129f., 136, 142, 144, 147–157, 171
Konglomerat 120
Konsum 53

Konzentration des Vermögens. *Siehe* Vermögensverteilung
Konzerne. *Siehe* internationale Konzerne
Körperschaftsteuer 22f., 27, 29, 68f., 83, 101, 107, 121–134, 158
KPD 22
Krankenversicherung/-versorgung. *Siehe* Gesundheitswesen
Kubicki, Wolfgang 66
Kühne, Familie 28, 80f., 96
Kulturabgaben 91
Kunstwerke 94, 101, 108
Kurtaxe 91

Landwirtschaft 13, 44, 49f., 53, 89
Lastenausgleich 23, 101
Lateinamerikakrise 34
Layard, Richard 57
Lehman-Brothers 31
Leistungsprinzip 27, 65ff., 95ff., 115
Lenkungsteuern/-abgaben 85
Liberalismus 57, 63, 65, 72, 96, 122
Liechtenstein 29
Liquidität 117f.
Lizenzgebühren 29f., 122
LKW-Maut. *Siehe* Straßenmaut
Lohnsteuer 22, 67, 136
Lohnsummensteuer 129, 137
Lotteriesteuer 91
Luxemburg 29, 31, 123
Luxussteuern 22, 93f.

Mackenroth, Gerhard 135
Mafia 171
Malta 29
Maria Theresia, Kaiserin 14
Marshall-Plan 23
Marx, Karl 41
Maximaleinkommen 10, 99f., 108
Maximalvermögen 10, 101f., 106, 112
Mehrwertsteuer 66, 68f., 85, 87f., 129f., 136, 157, 160
Meloni, Georgia 53
Merz, Friedrich 66
Mesopotamien 12
Meta 7, 28
Metamorphose 42, 46
Metöke 16, 60
Mexiko 52
Microsoft 7, 28
Milliardäre. *Siehe* Superreiche
Mill, John Stuart 20
Mindesteinkommen 10, 100f., 136
Mindestlohn 104, 138, 142
Mindeststeuer 37, 131, 165f.
Mineralölsteuer. *Siehe* Energiesteuer
Missbrauchsklauseln 170
Mittelschicht 25, 97f., 104, 113
Monopol 20, 46, 134
Montesquieu 173
Mortuarium 13
Morus, Thomas 63
Mosambik 35
Münchau, Wolfgang 100

Nachfrage 46, 73
Napoleon Bonaparte 85
Nationaleinkommen 158
Nationaleinkommenabgabe 106, 132, 144, 157
Naturschutz 43, 46, 71
Neoliberalismus 26, 34, 36, 73f., 159f.
Netzwerk Steuergerechtigkeit 7, 12, 82, 95, 160
Neue Bundesländer 97
New Deal 77
Niederlande 18–20, 29f., 87, 93, 139, 145
Nigeria 52
Norwegen 118
Nussbaum, Martha 62, 78
NWSG. *Siehe* Netzwerk Steuergerechtigkeit
Obama, Barack 81, 107, 162, 165

Oberschicht 12, 16, 21, 32, 58, 63f., 70, 72, 81, 84, 88, 90, 94, 97ff., 113, 141
OECD 27, 37, 81, 122f., 126, 141, 161–168
öffentliche Dienstleistungen 16, 62, 73, 78
öffentlicher Verkehr 62, 78, 88
Ökosteuern. *Siehe* Umweltabgaben
Oktoberrevolution 23
OPEC 26
Orban, Viktor 53
Osmanisches Reich 20
Osterinsel 40

Pachtgebühren 16
Panama 28
Parkgebühren 81, 91
Parlament 19, 31, 62, 72, 79, 99, 155, 171
Patentbox 29
Payroll Tax 67, 137
Peer-Group 57
Perser, Altertum 13, 15
Pferdesteuer 91
Pflege 10, 62, 73, 78, 136, 141, 143, 148
Pharao 60
Pharma-Konzerne 33
Philosophie 9, 18, 54–63, 99, 114
Phönizier 15
Pickett, Kate 56, 58f.
Piketty, Thomas 19, 24, 27, 32, 37f., 75f., 111f. 116, 175f.
Pinkelsteuer 85
Piraten-Partei 64
Piraterie 15
PKW-Maut. *Siehe* Straßenmaut
Plastiksteuer 91
Platon 60
Portugal 163
Postwachstumsgesellschaft 42
Preußen 20, 73, 87, 129, 149
PricewaterhouseCoopers 30
progressive Besteuerung 20, 22, 25f., 38, 67f., 94, 100, 102, 106ff., 111, 125, 131, 134, 145, 153
Prostitutionsteuer 91
Putin, Wladimir 174

Quandt, Familie 7, 80, 96, 105, 118, 125

Rawls, John 61, 63
Reagan, Ronald 26f., 34, 83f., 158f.
Recycling 43, 46, 48
Regionen 153, 155, 171
Reichsnotopferabgabe 22, 103
Religion 12–15, 34, 72, 79, 160
Rentenfonds 118, 139
Rentensystem 24f., 45, 62, 68, 106, 132, 135–145
Rentenversicherung. *Siehe* Rentensystem
Ressourcenverbrauch 48
Revolution 41, 79, 148, 173
Riester-/Rürup-Rente 140
Rohstoffe 10, 30, 40–46, 48, 121f., 128, 163, 167
Römisches Reich 13, 15, 17
Roosevelt, Franklin D. 38, 76, 99f.
Rousseau, Jean-Jacques 173
Russland 23, 29, 37, 51, 75, 88, 133f.

Sabbatjahr 14
Saez, Emmanuel 83, 100, 158
Sammler und Jäger 12
Sandel, Michael 54
Saudi-Arabien 35, 52
Schenkung. *Siehe* Erbschaftsteuer
Schienenverkehr. *Siehe* Bahnverkehr
Schiffsverkehr 157
Schuldenmoratorium 14
Schuldknechtschaft 14, 17
Schulen. *Siehe* Bildung
Schwarzarbeit 70

Schweden 20, 27f., 52, 58f., 75, 145, 149, 152, 154, 168
Schweiz 21, 29, 34f., 55, 81f., 86, 99ff., 123, 139, 143, 147–152
Sen, Amartya 45, 62, 78
Siemens, Familie 96
Silicon Valley 73
Silicon Valley Bank 36
Singapur 118
Skandinavien 52, 73, 139, 150, 152, 155
Sklaven 16, 20, 60
Slowakei 29
Solms, Otto 66
Sozialabgaben 37, 67, 72, 87ff., 104–107, 132, 135–146, 156f.
soziale Gerechtigkeit. *Siehe* Gerechtigkeit
sozialökologische Transformation 39–55, 89, 173f.
Sozialstaat 24f., 45, 63, 67f., 72ff., 114, 135–146, 148, 174
Sozialsystem. *Siehe* Sozialstaat
Spanien 19, 78
Sparkassen 34, 154
SPD 22, 27, 64f.
Spielautomatensteuer 91
Spitzensteuersatz 21ff., 26f., 102, 104, 106, 110f., 126
Staatsapparat 25, 72
Staatsausgaben 72f., 135, 148, 155, 157
Staatsbürgerschaft 143
Staatsbürgerschaftswechsel 80, 82, 168
Staatseinnahmen 12, 18, 20f., 69f., 72ff., 87, 100f.
Staatsquote 21, 24, 72ff.
Staatsschulden 26, 71
Stadtstaaten 15ff.
Stein, Lorenz von 148
Stempelsteuer 86
Steuerberater 66
Steuererhöhung 76
Steuererklärung 80
Steuerflucht 7, 28, 32, 37, 80–84, 107, 109, 123ff., 158–171
Steuergerechtigkeit. *Siehe* Gerechtigkeit
Steuerhinterziehung 28, 35, 70f., 81–84, 158f., 162, 168f., 171
Steuerkommission 79
Steuermoral 28, 83, 168
Steuern 66–70
  Basiseinkommen-. *Siehe* Basiseinkommensteuer
  Drogen-. *Siehe* Drogensteuer
  Einfach-. *Siehe* Einfachsteuern
  Einkommen-. *Siehe* Einkommensteuer
  Energie-. *Siehe* Energiesteuer
  Erbschaft-. *Siehe* Erbschaftsteuer
  Exit-. *Siehe* Exit-Steuer
  Finanz-. *Siehe* Finanztransaktionssteuer
  Gemeindeertrag-. *Siehe* Gemeindeertragsteuer
  Gesamtkonzern-. *Siehe* Gesamtkonzernsteuer
  Gewerbe-. *Siehe* Gewerbe steuer
  Gewinn-. *Siehe* Gewinnsteuer
  Grund-. *Siehe* Grundsteuer
  Grunderwerb-. *Siehe* Grunderwerbsteuer
  Kfz-. *Siehe* Kfz-Steuer
  Kommunal-. *Siehe* Kommunalsteuern
  Körperschaft-. *Siehe* Körperschaftsteuer
  Lenkung-. *Siehe* Lenkungsteuern
  Lohn-. *Siehe* Lohnsteuer
  Lohnsummen-. *Siehe* Lohnsummensteuer
  Luxus-. *Siehe* Luxussteuern
  Mehrwert-. *Siehe*

Mehrwertsteuer
Mindest-. *Siehe* Mindeststeuer
Öko-. *Siehe* Ökosteuern
Übergewinn-. *Siehe* Übergewinnsteuer
Umsatz-. *Siehe* Umsatzsteuer
Unternehmen-. *Siehe* Unternehmensteuern
Verbrauch-. *Siehe* Verbrauchsteuern
Vermögen-. *Siehe* Vermögensteuer
Steueroase 28–33, 80–84, 122–133, 168f.
Steuerpolitik 22, 37, 77, 167
Steuerprüfer 81, 84
Steuerquote 21, 31
Steuerstrafrecht 159, 170
Steuersystem 7f., 16, 47, 56, 59, 64, 71, 95, 99f., 102, 104, 108, 135f., 147, 164, 173f.
Steuervermeidung 30, 33, 80–84, 119, 158ff., 170
Steuerwettbewerb. *Siehe* Dumping-Wettlauf
Stiftung 84, 99, 112, 117f., 119f., 162
gemeinnützige 119f.
Stiglitz, Josef 7, 26
Straßenmaut 72, 79, 92
Straßenverkehr 92
Stromsteuer 89, 92
Stufentarif 111, 116
Subsidiarität. *Siehe* Dezentralisierung
Substanzbesteuerung 99, 102f.
Subvention 66, 71, 110, 119
Südafrika 31f., 51, 58, 75
Suffizienzstrategie 46f.
Sumer 13f.
Superreiche 7, 28, 33, 38, 65, 78, 80, 83, 95, 101f., 111, 114f., 119, 125

Tabaksteuer 69
Tax Justice Network 31, 123, 160
Teilzeitarbeit 139
Terrorismus 35
Thailand 14
Thatcher, Margaret 26f., 34
Thurn und Taxis, Familie 96
Tobin, James 85
Trabold, Harald 103
Transferzahlungen 62, 70, 78
Transformation. *Siehe* sozialökologische Transformation
Trans National Enterprise. *Siehe* internationale Konzerne
Transparenz 62, 168
Truman, Harry S. 77
Trump, Donald 8, 53f.

Übergewinnsteuer 133
UBS 35
UK. *Siehe* Großbritannien
Ukraine-Krieg 8, 103, 133f., 171
umlagefinanzierte Rente 139
Umsatzsteuer 22, 87
Umverteilung 10, 21–25, 62–65, 67f., 70, 72, 76ff., 94f., 99–104, 106, 111f., 139, 154, 174
Umweltabgaben 69, 75, 79, 92
Umweltschutz 40, 44, 48, 62, 71, 75, 91, 157
Umweltverbände 79
Unfallversicherung 136, 141, 144
Ungerechtigkeit. *Siehe* Gerechtigkeit
Ungleichheit 8, 14, 17, 25, 36ff., 51f., 57–61, 64, 70, 74ff., 78, 95–120, 129, 137, 175f.
UN Tax Convention 37, 166
Unternehmensregister 37, 162f.
Unternehmensstrafrecht. *Siehe* Steuerstrafrecht
Unternehmensteuern 7, 27f., 33, 66, 68, 104f., 119, 157, 160, 164f
Unterschicht 58, 64, 97f., 113, 154
USA 8, 20–23, 26f., 32ff., 37f., 51f., 67, 70, 75ff., 81–84, 88, 99, 101,

104, 107, 109, 127, 137, 141, 159, 162, 165f., 173, 175f.
USPD 22
Utilitarismus 61
Utopia (Roman von Th. Morus) 60

VAE 118
Veranstaltungsteuer 91
Verantwortungseigentum 118
Verbrauchsteuern 17, 37, 68f., 85–94, 104, 106, 136, 159
Verfassung 11, 74–80, 102, 110f., 114, 155, 174
Verfassungsziele 79
Verjährungsfrist 170
Verkehr 8, 53, 113, 157, 171
  Bahn-. *Siehe* Bahnverkehr
  Flug-. *Siehe* Flugverkehr
  öffentlicher. *Siehe* öffentlicher Verkehr
  Schiffs-. *Siehe* Schiffsverkehr
  Straßen-. *Siehe* Straßenverkehr
Verlustgutschrift 108
Vermögensteuer 10, 16f., 23, 27, 38, 64, 68–70, 79, 99–120, 129, 159
Vermögensverteilung 21, 24f., 37, 51f., 59, 62–65, 71, 77ff., 95, 97ff., 101ff., 112, 175
Vermögenswachstum 88, 97, 108, 111, 176
Verpackungssteuer 91
Verrechnungspreise 29, 122, 126, 130
Verursacherprinzip 10, 71, 77
Vespasian, Kaiser 85
Virgin Islands 29
VW 31, 130

Wachstum 18, 26, 39–49
  Bevölkerungs-. *Siehe* Bevölkerungswachstum
  Vermögens-. *Siehe* Vermögenswachstum
  Wirtschafts-. *Siehe* Wirtschaftswachstum
Wachstumsrate 26
Waffenhandel 7, 83, 162
Wahlrecht 21, 60
Währungsreform 23, 103
Walgrafik 136
Weck, Roger de 56
Weizsäcker, Ernst Ulrich v. 48, 85
Weizsäcker, Richard von 39
Weltbank 161
Welteinkommensprinzip 109
Weltfinanzkrise. *Siehe* Finanzkrise
Weltkrieg, 1. 20f., 24f., 38, 74f.
Weltkrieg, 2. 8, 22, 25, 38, 73f., 96
Weltwirtschaftskrise 38, 76, 85
Werbungskosten 66
Wertpapiere. *Siehe* Finanzanlagen
Wertpapierhandel. *Siehe* Finanztransaktionssteuer
Wertzuwächse 68, 102, 106–109
Westindien-Kompanie 20
Whistleblower 170
Wilkinson, Richard 56, 58f.
Windfall-Profit. *Siehe* Zufallsgewinn
Wirtschaft 10, 23, 26, 32, 34, 41f., 45f., 53, 71, 73f., 77, 85f., 93, 121–134, 140, 151ff., 164ff.
Wirtschaftswachstum 26, 41, 46, 73
Wirtschaftswunder 23, 73
Wohlhabende. *Siehe* Oberschicht
Wohngeld 143
Wohnsitz 81, 109, 168
Wohnungseigentum 78
World 3 39

Zacharias-Kampagne 158
Zentralbank 71
Zentrum 22
Zölle 13, 16, 85, 92, 122
Zucman, Gabriel 33, 83, 100, 158
Zufallsgewinn 133f.
Zweitwohnsitzsteuer 91
Zypern 29